《魏书·刑罚志》译注

The Translation and Annotation of Treatise
on Penal Law in the Book of Wei

周东平 主编

人民出版社

国家社科基金后期资助项目
出版说明

后期资助项目是国家社科基金设立的一类重要项目，旨在鼓励广大社科研究者潜心治学，支持基础研究多出优秀成果。它是经过严格评审，从接近完成的科研成果中遴选立项的。为扩大后期资助项目的影响，更好地推动学术发展，促进成果转化，全国哲学社会科学工作办公室按照"统一设计、统一标识、统一版式、形成系列"的总体要求，组织出版国家社科基金后期资助项目成果。

全国哲学社会科学工作办公室

目　　录

前　言

二十五史共有《刑法志》(个别称"刑罚志""刑志")十四篇。本书是继我主编的《〈晋书·刑法志〉译注》(人民出版社 2017 年版)之后,第二部出版的有关中国历代刑法志的译注。正史中前四部《刑法志》(包括还在整理的《汉书》《隋书》之《刑法志》),都是价值独特且难以重复的法史经典史料,值得精读细绎,吟味不已。因此,我最近几年的研究工作之一,是力图结合当前的出土文献和前沿研究,将其重予译注出版,形成四部有机联系的有关早期中国刑法志的系列译注。

一、为何要为《魏书·刑罚志》作新的译注

(一)《魏书》解题

两汉以降迄于隋代,史书皆为私人史家修撰;唐代之后,官修正史成为制度。

北齐天保二至五年(551—554 年),魏收受高洋之命编撰魏史,与房延佑、辛元植、刁柔、裴昂之、高孝干等"博总斟酌",用时三载有余,修成《魏书》一百三十篇(计有本纪十二卷,列传九十八卷,志二十卷),其中就有《刑罚志》一卷。①

《魏书》是第一部专记少数民族政权史事的"正史",公元 4 世纪末至

① 《魏书》卷 111《刑罚志》。按:"前言"部分所引该志文,仅用引号表示,不再一一注明。

6世纪中叶的拓跋魏(亦称元魏、北魏、后魏)王朝历史赖其保存。魏收自认为该书"勒成一代大典",最终却被讥讽为"秽史",被迫两次重订乃成。魏收之前或同时代人曾经编纂的魏史和其他资料,如邓渊撰修的北魏原有的编年体史书邓渊《代记》十余卷,崔浩、高允等继续编写的魏史,再迟一点的李彪、崔光改修为纪传体的史书,以及邢峦、崔鸿、王遵业等撰孝文帝以下三朝《起居注》,宗室元晖业所撰《辨宗室录》等,乃至后来的隋唐时期许多人重撰的魏史,千载而下,惜皆失传。唯《魏书》独存,说明它是历史大浪淘沙的结果。即使唐代李延寿所撰《北史》,其中的北魏部分,也基本上是《魏书》的节录。①

魏收(505—572年),字伯起,巨鹿(今河北晋州)人,"以文华显",是北齐著名文人。早在北魏末年就典起居注,兼修国史。东魏、北齐时,依旧兼领修史之职。撰写《魏书》时,可以直接继承、借鉴的文献并不多。后来书成,引发轩然大波的是他在撰写过程中的取舍褒贬标准。《资治通鉴》卷165元帝承圣三年(554年)三月条记载:

齐中书令魏收撰《魏书》,颇用爱憎为褒贬,每谓人曰:"何物小子,敢与魏收作色! 举之则使升天,按之则使入地!"

其持才傲物、褒贬由己之状跃然纸面。在当时的北齐统治集团中,或有认为《魏书》"遗其家世职位",或者以为"其家不见记录",而史官的祖先姻戚则"多列史传""饰以美言",更有人声称魏收接受贿赂而曲笔,《魏书》记事"妄有非毁",酬恩报怨。

尽管当时新修成奏上的《魏书》引发"众口喧然,号为'秽史'",历经两次修改仍"多憾于人",北齐灭亡后,甚至魏收坟墓"被发,弃其骨于外";②后代对《魏书》也褒贬不一。但学界还是公认魏收"类传分目更

① 参考《魏书》"点校本魏书修订前言(一)",中华书局2017年版,第1—3页。
② 以上俱见《北齐书·魏收传》。

细,次序谨严"①。尤其独力完成的"十志"排列有序,亦见史识,颇具价值。因为自东汉班固的《汉书》到唐初官修的《五代史志》(最终附于《隋书》),近六百年间,除《魏书》以外的各纪传体史书,或书志付之阙如,或虽有书志而无刑法、食货等重要内容。《魏书》弥补了这一缺憾,其《刑罚志》记载北魏一朝从远祖的部落制习惯法逐渐转变为中华法体系的法制概况,涉及立法、司法制度,以及刑罚种类、重大疑狱等,是魏晋南北朝唯一完整流传的《刑法(罚)志》,成为我们了解拓跋魏乃至北朝法制的基础资料,也是进一步研究法律儒家化、胡汉法制融合、理解中华法系形成史的关键一环。又如《魏书》新增的《官氏志》《释老志》两篇,据魏收《前上十志启》所说,其所记述的内容是"魏代之急""当今之重"。《官氏志》首记官制,后叙姓族,记载鲜卑氏族的名称及所改之姓、官制的变化,为研究拓跋部落的发展扩大以及汉化,提供了完备的资料,是反映北魏统治走向汉化乃至门阀化的重要文献。《释老志》更系《魏书》首创,记载佛、道二教,尤其记载佛教发展史实颇为详实,主要介绍佛教在中国传播的过程,尤其在北魏的兴衰史,可以看作是当时的一部中国佛教简史。重姓族,崇佛教,此乃当时的社会风尚和历史特点。《魏书》首辟专篇记录宗教,功不可没。再如《地形志》三卷,以东魏政区为纲目,复以小注叙汉代以降及北魏分合,使后人得以窥知元魏情形。

　　"十志"也存在内容疏略等缺陷,后人杨守敬批评《地形志》"貌似高古,然有详所不当详,略所不当略者"。又如《食货志》不记徭役压迫;《官氏志》不记官府部门,官吏职司;《天象志》四卷、《灵征志》二卷,全是宣扬天命论的灾变祥瑞等。②

---

① 《魏书》"点校本魏书修订前言(三)",中华书局2017年版,第5页。
② 参见《魏书》"出版说明",中华书局1974年版,第6页。

《魏书》在北宋时期发现已有残缺,经刘恕等史学名家校勘补足的《魏书》初刻本,其确切年月已无从考证,大概是出版于北宋徽宗政和年间(1111—1118 年)或稍前。这个初刻本当时就流传不广。南宋高宗绍兴十四年(1144 年),曾经在四川翻刻《魏书》。但初刻本和四川翻刻本《魏书》都早已亡佚。流传下来的《魏书》最早刻本也是南宋翻刻,其中有元、明二朝的补版,被称为"三朝本"。① 以后流行的各种《魏书》版本,都是直接或间接地在"三朝本"的基础上校改而成。中华书局张忱石认为:"'二十四史'里《魏书》的点校最难,因为几百年来被污为'秽史',缺页、遗漏情况严重,而且后人增补也不注明出处。"②

(二)《魏书·刑罚志》目前的译注本概况

目前,学术界对《魏书·刑罚志》的主要译注工作先后有:

1.[日]内田智雄编、冨谷至补:《译注中国历代刑法志(补)》(1964年初版),创文社 2005 年版。所据底本为武英殿本光绪十年(1884 年)上海同文书局影印。

2. 高潮、马建石主编:《中国历代刑法志注译》(徐晶石负责"魏书·刑罚志注译"部分),吉林人民出版社 1994 年版。所据底本为中华书局 1974 年版。

3. 谢瑞智、谢俐莹注译:《中国历代刑法志(一):汉书·晋书·魏书》,文笙书局 2002 年版。未说明底本来源。

4. 周国林主编:《二十四史全译·魏书》,汉语大词典出版社 2004 年版。作者虽未具体说明,但认为中华书局 1974 年点校本是相对比较好的,故应以其为底本。

① 参见《魏书》"出版说明",中华书局 1974 年版,第 7—8 页。
② 单颖文:《〈魏书〉的撰写、点校和修订》,《文汇报》2017 年 4 月 7 日。

上述高氏本、谢氏注译本在译注方面多少存在不够严谨之处,尤其较少吸收近年来发现的简牍等出土资料和学界最新成果,需要补充订正。周氏全译本仅有文白对照译文而无注释。内田氏译注本以日本的中国学"京都学派"学者为中心,由专攻思想史、历史等特定领域的学者完成,加上秦汉法制史名家冨谷至的最新补订,有自己的特色,值得参考,但国内一般学者比较难以利用。

(三)《魏书·刑罚志》的新译注

随着中华书局启动点校本二十四史的修订工程,由何德章负责修订以百衲本为底本的《魏书》修订本在 2017 年面世,对唐长孺负责的以不主一本的校勘方式点校的 1974 年版《刑罚志》的底本乃至句读、校勘记都有所变动(以下分别简称新版、旧版)。但无论新版、旧版,在句读、校勘记乃至极个别文字上都有值得商榷之处,作为记载专门知识的《刑罚志》,也亟须能够反映当今学术前沿的最新译注本,以便相关读者的进一步理解,并助力法史研究的深化。

我们这次的《魏书·刑罚志》轮读会采用的工作底本是中华书局 2017 年修订本《魏书》(新版),并以 1974 年版《魏书·刑罚志》(旧版)等为参对,原书排版字体为竖排繁体,轮读时改为横排简体。前揭该《刑罚志》译注的相关成果,遂成为我们轮读时的基本参考书籍。

我们也借助常用古籍,如二十四史的相关部分,《唐律疏议》《唐六典》《通典》《唐会要》《资治通鉴》《册府元龟》,以及近人沈家本的《历代刑法考》、程树德的《九朝律考》、刘俊文的《唐律疏议笺解》、日本律令研究会编《译注日本律令　唐律疏议译注篇一——四》等,还有《睡虎地秦墓竹简》《二年律令》《清华简》《岳麓简》等新出土简牍,以丰富译注的内容。

此外,北京爱如生数字化技术研究中心的《中国基本古籍库》全文检索版大型数据库、中国国家图书馆的《中华古籍资源库》、中华书局的《中华经典古籍库》、武汉大学简帛研究中心的《简帛网》等,也是我们常用的数据库之一。

这本《〈魏书·刑罚志〉译注》在研究方法上有如下特色:

首先,注重精读文本,及时吸纳包括简牍、考古、校勘等学科的新成果。如志文中的"狱成"及"狱理是诚(成)"(注498。按:以下注释序号均仅用阿拉伯数字表示),在后期整理时发现2019年面世的清华简(玖)《成人》三次出现"狱成",更能印证古书"狱成"的固有用法,不宜从中华书局新版作"诚"。再如"年十四已下,降刑之半"(注136)的矜恤年龄问题,亦参考张家山汉简内容进行梳理。其他诸如谳报(注147)、不孝之罪(注303)、群盗强盗之罪(注428)、首从犯罪(注429、466),以及同居连坐、奏谳程序、拷掠程式,注释中皆注重考察吸收近年来秦汉简牍研究的成果。

其次,以采用注重集体智慧的轮读会方法①为特色。以往的历代刑法志译注本主要限于文义简释,对一般读者而言,虽可以掌握相关术语,理解基本含义,却无法据此进一步全面领会由经典文献所牵引发散的诸如思想智慧、制度源流、社会联系、文化影响等论题。故本《译注》不仅采用轮读会形式,还在轮读结束后,各位成员根据读书会上的意见、注释体例等要求,多次打磨,继续修订、校对所负责的部分。再把各自负责的部分衔接汇集成文后,最后由主编再校读、订正并统一体例。

最后,在完善志文的文本并进行注释、翻译的基础上,注重对所涉法史重要法律概念的厘清、制度沿革的梳理,也涉及重点论题的思想探源、文化阐释,以及典型案例分析。同时,着力于当代学术研究的引介、辨析、

---

① 关于"轮读会"的详细介绍,参见周东平主编的《〈晋书·刑法志〉译注》"前言"(人民出版社2017年版)的相关部分。

整合,以深掘阅读经典史料对研习中国传统法的全面价值,打造最详尽良善的《魏书·刑罚志》译注本。

二、《魏书·刑罚志》轮读会和
译注工作的几点粗浅体会

就轮读会成员多从事法学研究而言,从法学尤其法律史角度解读《刑法(罚)志》,自是本色;而多学科知识的综合运用,方臻良善。我们力图对《魏书·刑罚志》的极个别句读、文字的准确把握,在此基础上,阐释其整体书写风格、法律思想,关注北魏律的胡汉融合与礼法结合、法律儒家化动向,剖析经典案例中的情理法,提炼北魏的法律治理观念,挖掘志文的法学内涵,以及法律制度与社会、民族、宗教、思想、文化等多元而复杂的互动关系,充分挖掘经典史料所蕴含的中国传统法的精髓,以助力读者加深对中国传统法文化的理解。

(一) 阐发《魏书·刑罚志》的书写风格

现存几部反映唐代之前《刑法志》的书写重点未必一致。《魏书·刑罚志》作为正史中第二部出现的《刑法志》①,其书写风格从《汉书》首创

---

① 个别学者或许根据正史所涉时代之先后而非成书之先后,误以为《晋书·刑法志》为正史的第二部《刑法志》。例如张警:《〈晋书·刑法志〉注释》(成都科技大学出版社1994年版)之"前言"称该志"是我国正史中,继《汉书》以后,第二篇刑法志"。也有人认为《魏书·刑罚志》"延续《汉书·刑法志》《晋书·刑法志》的编纂风格"(丘汉平编著:《历代刑法志》所附之"传承中国传统法制文明的不朽经典",商务印书馆2017年版,第629页),其所认为的成书先后时序显属失当。又,《魏书·刑罚志》有关于商鞅《法经》的最早记载:"逮于战国……商君以《法经》六篇,入说于秦,议参夷之诛,连相坐之法。"但广濑熏雄在《秦汉律令研究》(汲古书院2011年版)第48页认为,在今天可知文献范围内,言及李悝《法经》的最早文献,是唐太宗贞观十八年(644年)编纂的《晋书·刑法志》(第41、49页意见见同此);在第51页就"商鞅改法为律"的变造史的说

的"刑主法从",一变而为《魏书》重在狭义刑罚的"详刑略法",主要涉及北魏一朝法律变迁、法典编纂与刑罚改革、重大疑狱的讨论等,这对此后的《晋书》《隋书》之《刑法志》有着重要影响。最终典定为唐初官修《晋书》《隋书》的"刑法并重",为标榜唐制源远流长且集其大成铺垫、正名。自此,名副其实的正史《刑法志》体例确立,并为历代《刑法志》奉为圭臬。正如陈俊强指出的:"《魏志》应是魏收根据国史旧稿而成,究其成立原因,既是师法班固《汉志》,也因北魏刑罚律令屡有更改之故。魏收改易《刑法志》为《刑罚志》,纯论狭义的刑罚,不谈兵事。而且,论述焦点都围绕着刑罚和狱讼而不是律令。"①

（二）呈现《魏书·刑罚志》的法制思想

《刑法志》代表了中国古代法律史编纂的传统。《汉书·刑法志》反映的可以说是徘徊于理想与现实、文与质、经与权、死法与活法的二元论

明中,把《晋书·刑法志》排列在《汉书·刑法志》之后、《魏书·刑罚志》之前,且同页倒数第3、4行的相关论证也没有顾及、说明《魏书》成书在《晋书》之前的事实。第48页所举(1)(2)(3)史料中,竟无《魏书·刑罚志》的相关内容;第49—50页的ABC各项之前,也没有《魏书·刑罚志》关于"商君以法经六篇……"的论述,及ABC可能由此原因之一而层累地造成的任何说明。第54—56页关于历代刑法志的检讨等,亦同样忽略《魏书·刑罚志》的相关最早记录。笔者曾就此请教广濑熏雄。他强调第42页所介绍的贝冢茂树《李悝法经考》(《东方学报》第四册上。后收入《贝冢茂树著作集》第3卷,中央公论社1977年版,第309—345页)的看法很有道理。贝冢先生主要是从目录学角度认为,《晋书·刑法志》关于《法经》的这一段史料来自晋朝张斐的《汉晋律序注》。如果按照这个解释思路,晋志这一段关于《法经》的史料当是晋代形成的,其年代比《魏书·刑罚志》早。并在第52、62页中,也简单重申如上所述的这段史料的史源问题。尽管晋志关于《法经》的史料可能来自张斐的《汉晋律序注》。但《魏书·刑罚志》关于商鞅《法经》的相关记述,是目前可知的最早的直接记载。其史源虽不清楚,但定当有所本,则不容否定。广濑熏雄尊重、赞同贝冢先生的意见,虽不难理解,但毕竟没有太在意《魏书·刑罚志》的成书时间比晋志早,以及商鞅《法经》史料的史源问题,以致考虑欠周,至少该做说明的地方未说明透彻。

① 陈俊强:《汉唐正史〈刑法志〉的形成与变迁》,《台湾师大历史学报》第43期,2010年6月。

基础上展开的汉朝政治。但《刑法志》并非先唐正史必备篇章。魏收说"十《志》实范迁、固"①，他继承班固撰写《刑法志》的传统，志文首段也效法班固《刑法志》，追记晋代之前法的变迁及其原理。故其《刑罚志》不仅志在述古（志文起始总序部分），更重在论今。他认为"志之为用，……理切必在甄明，事重尤应标著"，以便"一统天人之迹"。② 故《刑罚志》尤其关注北魏当朝法制，仅以其所记载的元魏修订法律而言，前后历经道武帝、太武帝、文成帝、孝文帝、宣武帝，共计五帝七次修订，最终修成《北魏律》二十卷。其修订之勤，尤需梳理。又如元魏历朝或蠲除酷刑，或修订个罪，亦屡见不鲜；所引重案疑狱如费羊皮卖女案、李怜生行毒药案、刘辉殴打公主伤胎案、高季贤兄叔坐法（反逆）案等，均足以显示其对刑、狱的关切，正所谓"古之立狱，所以求生；今之立狱，所以求杀人。不可不慎也"。

（三）　关注北魏律的胡汉融合

北魏法制作为中华法系成立的重要节点历来颇受学界关注。《魏书·刑罚志》留下不少反映少数民族政权固有法与中国传统法之间冲突、调和的珍贵法律史料，如北魏政权在从部落到王朝、从分权到集权的发展过程中，其法律内容一方面继承拓跋鲜卑等北方游牧民族固有风俗习惯，从早期"礼俗纯朴，刑禁疏简"，"复置四部大人，坐王庭决辞讼，以言语约束，刻契记事，无囹圄考讯之法，诸犯罪者，皆临时决遣"，渐渐"乃峻刑法，每以军令从事"，"昭成建国二年：当死者，听其家献金马以赎；犯大逆者，亲族男女无少长皆斩；男女不以礼交皆死；民相杀者，听与死家马牛四十九头，及送葬器物以平之；无系讯连逮之坐；盗官物，一备五，私则

①　《魏书·前上十志启》。
②　《魏书·前上十志启》。

备十"。展现出与其他少数民族同样盛行的赔偿主义刑罚。① 再到既定中原,约定科令,神麚定律令,更引入具有其固有法色彩的绞刑,②对"为蛊毒者,男女皆斩,而焚其家。巫蛊者,负杀羊抱犬沉诸渊";其旧有的"门(房)诛"之法③,新创设的流刑等多少都遗留着本族固有法特色。另一方面,出于适应中原农耕生活,建立政治权威,巩固统治的需要,博采先进的汉族法制,继受中国法,也是北魏法律发展的趋势。第一,在立法上逐步确立二十篇的法典体例;第二,在罪名上,增加"不道"罪的新内涵,谋反、大逆、降、大不敬等政治性重罪完全分化成为独立的国事罪之罪名;第三,在刑罚上,削弱赔偿主义刑罚,实刑主义的中古五刑初现体系,诸如死刑大辟区分为死(绞)、斩二等,吸纳流刑,劳役刑更加规范,财产刑降为辅刑,从而迈上汉族风的实刑主义刑罚的快车道;第四,在法律形式上,"以格代科";第五,在司法上,由早期军事行政首领四部大人兼任司法官,继而由胡汉杂糅、职能多样的三都大官担任司法官,再转为设置专门司法机构廷尉和尚书三公郎曹,名称职能一依汉制。

北魏法制兼收并蓄的结果,是创建了胡汉融合的多元法律体系,一帜独树,遂成为"北系诸律之嚆矢"④,被推为"华夏刑律不祧之正统"⑤。

---

① 关于中国古代法与周边民族古刑法之间的交流,尤其实刑主义与赔偿主义刑罚的冲突、调和等问题,参见[日]仁井田陞:《補訂　中國法制史研究刑法》,东京大学出版会1981年版,第301—372页。

② 冨谷至推测,鲜卑族刑罚的目的之一是向神供牺牲、被除,绞杀就是杀害牺牲的方法。参见氏著:《汉唐法制史研究》,创文社2016年版,第246—248页。

③ 韩国磐指出:"北魏有门诛之法,应从这里(笔者按:即《魏书·序纪》)的'举部戮之''室家相携而赴死所',来求其源,这种门诛之法,固非汉晋所有。"参见氏著:《中国古代法制史研究》,人民出版社1993年版,第268页。相关论述还可参见同书第274—275页。

④ 程树德:《九朝律考·后魏律考序》,中华书局1963年版,第339页。

⑤ 陈寅恪:《隋唐制度渊源略论稿·刑律》,生活·读书·新知三联书店2001年版,第112页。

（四）聚焦北魏时期的礼法结合

陈寅恪早就指出："北魏之律遂汇集中原、河西、江左三大文化因子于一炉而冶之,取精用宏,宜其经由北齐,至于隋唐,成为二千年来东亚刑律之准则也。"①所谓"德刑之设,著自神道",强调"百年而后胜残去杀"。如太武帝时神䴥律规定"王官阶九品,得以官爵除刑"。（此后的《正始律》等对官当制度继续修订,其《法例律》规定："五等列爵及在《官品令》从第五,以阶当刑二岁。"）刑法优待老少及孕妇、疑狱依古经义论决,强化死刑复核、登闻鼓等。文成帝主张"齐之以法,示之以礼",提倡"以情折狱","哀矜庶狱"。宣武帝时朝臣们也进言"导之以德化,齐之以刑法""敦风厉俗,以德导民",对于"败风秽化,理深其罚"。其他的如继续沿用八议、经义决狱等。而将同姓相婚、在子女面前裸其妻又强奸妻妹于妻母之侧等违犯宗法伦理的犯罪行为纳入"不道"罪,也是引礼入律的结果。又如学习汉制设立不孝罪,杀害尊亲者处輾刑,对一般的不孝行为则处劳役刑;居丧作乐纳入不孝行为。同时,在孝文帝太和年间（477—499 年）新创存留养亲之法,对相关的死刑、流刑犯人适用缓刑,权留养亲,以光大《周礼》矜老恤刑的精神。确立不孝罪和新创存留养亲之法,是对农耕文明的深化,并被后世法律所继承。

（五）挖掘志文的法学内涵

《魏书·刑罚志》留下的珍贵法律史料,对研究中国古代法律思想与法律制度变迁具有重要的意义,值得深入挖掘。

1. 对神䴥律"分大辟为二科死斩死入绞"（注 123）的认识,事关中古

---

① 陈寅恪:《隋唐制度渊源略论稿　唐代政治史述论稿》,生活·读书·新知三联书店2001 年版,第 119 页。

五刑体系形成史,尤需认真对待。究竟是如新版所认为的"死"是总例,二科死,指正式入刑的死法斩、绞,即采取"判处死刑,处斩;判处死刑,处以绞刑"这两种方式,以明轻重? 还是如笔者所坚定认为的分"大辟"为二科即死、斩二等,其中斩仍旧,无需说明;死采用绞刑(入绞)执行,因为它是北魏胡汉融合新规定于律典的刑罚,故特予说明。

再往后看志文,元魏之律文仍作"大辟"而不作"死(刑、罪)"×××条,据志文,正平元年(451 年)律"门诛四,大辟一四五,刑二百二十一条";太安年间"又增律七十九章,门房之诛十有三,大辟三五,刑六十二";太和五年(481 年)律"凡八百三十二章,门房之诛十有六,大辟之罪二百三十五,刑三百七十七"等。可以推知这么多条的"大辟"罪,均分为死、斩二科(二等)处罚。

而把"大辟"作为死刑的总称,不仅所谓的上古五刑是如此,后代也仍有沿用的。此前的如《汉书·刑法志》载"大辟四百九条,千八百八十二事";《唐六典·尚书刑部》说曹魏律"依古义,制为五刑,其大辟有三",说晋律"其刑名之制,大辟之刑有三:一曰枭,二曰斩,三曰弃市"。此后的如《通典·刑法二·刑制中》记载元魏正平元年改定律制,"凡三百七十条,门房之诛四,大辟百四十五,刑二百二十一"①。又如《唐会要·定格令》记载《贞观律》"[减]大辟者九十二条",《旧唐书·刑法志》"比隋代旧律,减大辟者九十二条",《新唐书·刑法志》"玄龄等遂与法司增损

---

① 韩国磐认为:《通典》卷 164 所载"凡三百七十条"之数为是,盖门诛、大辟、五刑之数相加,正是如此。参见氏著:《中国古代法制史研究》,人民出版社 1993 年版,第 272 页。笔者按:此处所谓的"五刑"应为"刑","五"乃衍误。而《唐六典·尚书刑部》则为"凡三百九十条,门房诛四条,大辟一百四十条,五刑二百三十一条"。陈仲夫点校本、近卫本《唐六典》均把"五"和后面的"刑"连在一起,断句为"五刑",且总条文合计为三百七十五条。韩国磐疑其有误,指出:《魏书·刑罚志》和《通典·刑制中》,于此只写作"刑",而不作"五刑",不知《唐六典》何据? 参见氏著:《中国古代法制史研究》,人民出版社 1993 年版,第 274 页。此点,或可补新版校勘记[五]对《唐六典》材料的遗漏和相关辨析。

隋律,降大辟为流者九十二"等,皆是其例。

"死"若作为总例,为何不如后世之律般,径称"死刑二(或分死为二科):绞、斩"?修订本如此理解的"死",既无法作为总例包容"斩",也与神䴥律前面的"大辟"同义重复而显得赘字。尤其绞斩二等之"绞"如写作"入绞",则不符合律文刑种刑等之"绞"的名目,且与"故事,斩者皆裸形伏质,入死者绞"等法律抵牾。

在北魏律的条文中,"死"作为一种法定刑的名称已出现。如本志前文云:"当死者,听其家献金马以赎;犯大逆者,亲族男女无少长皆斩;男女不以礼交皆死"。冨谷至认为,道武帝之前的拓跋部建国时期的法令中"犯大逆者,亲族男女无少长皆斩"的"斩"与"男女不以礼交皆死"的"死",分别相当于本志后文世祖神䴥四年(431年)"诏司徒崔浩定律令……分大辟为二科:死斩,死入绞"的"斩"与"死",即斩首与绞杀。[①]后文云:"案《盗律》'掠人、掠卖人、和卖人为奴婢者,死'。回故买羊皮女谋以转卖,依律处绞刑。"又云:"案《贼律》云:'谋杀人而发觉者流,从者五岁刑;已伤及杀而还苏者死,从者流;已杀者斩,从而加功者死,不加者流。'"又云:"诸强盗杀人者,首从皆斩,妻子同籍,配为乐户;其不杀人,及赃不满五匹,魁首斩,从者死,妻子亦为乐户。"《魏书·定安王传》:"御史中丞侯刚案以不道,处死,绞刑,会赦免。"可见,"死"的执行方法是"绞"。本志后文就孝文帝时期的情况云:"故事,斩者皆裸形伏质,入死者绞,虽有律,未之行也……司徒元丕等奏言:"臣等谨议,大逆及贼各弃市袒斩,盗及吏受赇各绞刑,踣诸甸师。"又诏曰:'……今犯法至死,同入斩刑……'"

据上述分析可知:首先,此处的"斩"与"死"并列,都是"大辟"的二

---

① 　参见[日]冨谷至:《汉唐法制史研究》,创文社2016年版,第246页。

科(二等)之一,新版此处的"死"并不等同于"大辟",不是"总例",仅是表达新出现的绞刑而已,故其句读不可取。其次,各个条文中分别有"死"的法定刑以外,北魏律中似乎还有"死"处以绞刑的总括性规定("分大辟为二科:死、斩,死入绞")。再次,"死"是法定刑,"绞"是"死"的执行方法(如"入死者绞""处死,绞刑")。最后,虽然当时律中有"入死者绞"的规定,但有时实施,如"御史中丞侯刚案以不道,处死,绞刑"与《魏书·奚康生传》的"亦就市绞刑"。有时未实施,"死"亦以斩刑处理。

2. "祥""详"(注34)二字通于吉善之义,祥刑乃妥善之刑法。但"祥刑""详刑"的混通,却造成思想文化上的众说纷纭。对此,本译注力图从《吕刑》文字渊源、羊神判①、版本学、后世一般通念②等角度,厘清"祥(详)刑"作为妥善之刑的法观念,澄清疑惑。现代学者虽仍莫衷一是,有的取"详刑",阐释审刑之义。③ 顾颉刚、刘起釪对"祥刑"注释有三种观点:"善"则"祥";"祥"与"详"通用,"祥刑"实为"详审之刑";"无刑而民安"则"祥"。④ 此外,有的人认为《吕刑》是祥刑的典范,取"祥刑"阐释善刑之义。⑤ 我们认为:此处可本于《尚书》,作"祥刑",以《吕刑》为正本;作"详刑",以所据点校底版的版本为优:宜出校勘记以说明之。

---

① 参见[日]白鸟清《日本·中国古代法の研究——神判·盟誓の研究》(柏书房1972年版)的相关研究,如《古代支那におけれ神判の一形式》《盟の形式より観たる古代支那の羊神判》,尤其《羊神判の反映した二、三の漢字について》一文认为:祥,有吉凶征兆之义。在判断吉兆恶征的意义上,或者保证将来的盟誓上,使用远古的以羊判定善恶正邪的羊神判传统,该"祥"字凶吉两意均存,其作为反映构成羊神判风习的文字,值得重视。

② 参见史绳祖《学斋占毕·祥刑详刑字义之通》,清文渊阁四库全书本。史绳祖所述将"祥刑"写作"详刑"而引发时人疑惑的轶事,虽有唐之"详刑大夫"为史证,却仍反映南宋多以《吕刑》"祥刑"为正的一般观念。

③ 参见包振宇:《〈尚书〉"祥刑"思想中的司法理性》,《扬州大学学报(人文社会科学版)》2016年第5期。

④ 顾颉刚、刘起釪:《尚书校释译论》,中华书局2005年版,第1996—1997页。

⑤ 参见吕丽:《善刑与善用刑:传统中国的祥刑追求》,《吉林大学社会科学学报》2018年第3期。

3. 对"狱成""狱理是诚"(注 146、493,尤其注 498)的辨析。通过历代奏谳程序,追溯《吕刑》原文、宋版古籍、简牍用法等途径进行考察:

志文所载元志、王靖的上奏文,提供了有关审判程序的重要资料。"覆""检""鞫""证""狱成"等,是表示诉讼程序各阶段的法制用语。[①]"狱理是成"是"处罪案成",即犯罪嫌疑人被起诉后,走完"覆""检""鞫""证"程序,赃状露验,案署分明,并解送至省,只是"尚书省断讫未奏者"。此时就是"狱理是成"。

"狱成"本于《尚书·吕刑》:"其刑其罚,其审克之。狱成而孚,输而孚。其刑上备,有并两刑。"《礼记·文王世子》:"狱成,有司谳于公。"《礼记·王制》亦曰:"凡听五刑之讼……必察小大之比以成之。成狱辞,史以狱成告于正,正听之。正以狱成告于大司寇,大司寇听之棘木之下。大司寇以狱之成告于王,王命三公参听之。三公以狱之成告于王,王三又,然后制刑。"还有学者认为:"中国古代刑狱诉讼,自奴隶制时代起,已有'狱成'和'拟论'两个诉讼阶段。'狱成'是由下级司法官吏,通过查证和庭审,核实被告所犯罪行,作出被告犯罪成立、证据确凿的结论。'拟论'则是由上级司法官员根据传入的'狱成'结论,适用法律,裁量刑罚。"[②]

作为法制用语的"狱成"自《尚书》以来,不仅为一般人所理解和接受,而且检北宋版《通典》亦作"狱成"。[③] 再查爱如生中国基本古籍库,可知有众多版本可以印证是作"狱成"。如宋刻本《端明集·莆阳居士蔡

---

① 参见[日]内田智雄编、冨谷至补:《译注中国历代刑法志(补)》,创文社 2005 年版(1964 年初版),第 286 页。

② 陈晓枫:《决狱平,平于什么?》,收入陈晓枫主编:《中国传统司法理念与司法文明》,武汉大学出版社 2017 年版。

③ 参见[唐]杜佑:《北宋版通典》(第 7 卷),[日]长泽规矩也、[日]尾崎康校订,韩升译订,上海人民出版社 2007 年版,第 186、188、206、255、312 页。

公文集·耿谏议传》，《后山集·后山居士文集》卷14等。"狱成"一词在出土资料方面亦获印证，如新出清华简(玖)《成人》篇与《吕刑》文义多有相通，其"狱成"一词出现三次，曰"狱成而输，典狱时惠"（简19），"狱成有几，日求厥审"（简22），"狱成有耻，勿以不刑"（简23）。①

综上可知"狱成"是法制用语、一贯用法。而"狱诚"用法未见，"狱理是诚"仅此一见，殊难理解。② 故这一改动未必合理，宜从旧版，不应从新版作"诚"；退一步说，即使新版依照百衲本的原文③，至少应出校勘记以说明这一独特现象。

4. 提炼某些反映北魏时期法律治理观念的重要线索。如和平末采纳源贺上言"自非大逆、手杀人者，请原其命，谪守边戍"这一叙述，看似平常，其实品读之前多段志文意旨，从太祖、太宗再到世祖即位一直下来，每一部分都牵涉拓跋魏君臣对刑法轻重繁简问题的考虑，以及史家的叙述。这是从刑网太密转向轻刑治理的重要一步，再往后，也可以看到继续废止重刑的一些政策举措。又如对班禄制与赃罪的关系、留养令格、枷杖定准、除名规则等问题，都能尽量整合古人见解与今人研究，通过详细的注释，对这些重要法律史问题进行较为深入的论述，而不是止步于简单介绍。

5. 剖析经典案例中的情理法，加深对传统司法文化的理解。如对费

----

① 参见黄德宽主编：《清华大学藏战国竹简(玖)》，中西书局2019年版，第155页。
② "狱理是诚"之"诚"，若如《说文解字》的"诚"解释为"信"，《增韵》："纯也，无伪也，真实也。"虽或许可以勉强解释为案情真实可信。但仍不通，因为中国古代理狱断案的最高原则不是诚、信，而是情理平恕。参见高明士：《传统法文化核心价值刍议——情理平恕的实践》，《法律史译评》第7卷，中西书局2019年版，第1—11页。"成""诚"发音同，或许传刻讹误也未必可知，当然这只是一种推测。
③ 据匿名专家意见：百衲本该页，版心有宋代刻工名"方中"，知刻于南宋。参见王肇文：《古籍宋元刊工姓名索引》，上海古籍出版社2012年版，第5页。从版本源流上讲，宋刻页的"诚"字，较三朝本该页为明嘉靖十年补刻页(第19a页)的"成"字可信。但法理、义理上未必比"成"自洽。同时，在此感谢匿名专家的意见。

羊皮卖女案中各方意见,志文叙述较暧昧,通过表格化整理,较清晰完整地呈现不同主体对案情认定、法律适用、定罪观点、量刑建议方面的纷纭各异的见解交锋。费羊皮卖女案通过朝堂争辩,从一个普通刑事案件上升为典型案例载入史志,是当代值得回顾和深掘的古代经典案例。又如本《译注》篇末附录二"驸马刘辉殴打公主伤胎案"的法律分析。此外,如高季贤兄叔坐法(反逆)案等,皆是。

(六) 商榷新、旧版志文存在的问题,以减少句读、文字方面的可能错误

1. 句读问题。对特定法典"律"的书名号有所注意,但未能统一使用;"品令"似应加书名号;对"河东郡民<u>李怜生</u>行毒药"的人名号标示(注546),以及下划线处的"<u>三讯五听</u>""<u>大逆外叛</u>""<u>酿、沽饮皆斩之</u>"等是否应加顿号区隔。尤其对神麚律"分大辟为二科死斩死入绞"的句读和理解,值得再斟酌审断。

2. 文字问题。新版"狱理是诚",改"成"为"诚",未见其妥。退一步说,即使新版依照百衲本的原文(包括另一"祥刑"或"详刑"),至少应出个可以不加对错判断的校勘记,为进一步的研究提供必要线索。

(七) 提供良善的《魏书·刑罚志》译注本

正值中华书局修订本《魏书·刑罚志》出版,本《译注》紧扣中华书局新、旧版志文,结合其他古籍版本和相关译注本,细致研读,对个别志文的句读、文字,乃至文意演绎,都提出有价值的己见和争鸣。这方面的工作,如前揭句读之严谨、文本之准确、注释之周详或富有新意等事例都可以印证。还可以参见诸如注86"魏初"、注88"宣帝"、注89"四部大人"、注99"国落"、注102"金"、注104"男女不以礼交皆死"、注125"害其亲者轘之"、注142"三都"、注184"通情"、注199"讯测"、注255"弃市"、注290

"义赃"、注324"中书外省"、注657"执事苦违"等,都体现注释上能够参照各译注本、新出成果而择优取长,确保注释质量。有些注释比已出版的《〈晋书·刑法志〉译注》更完善,如注37"《法经》六篇"等;有些注释涉及相关事项的落实,如注333"顿丘"这一地名等,反映了我们追求至善的努力。最后,追求译文的可读性,于雅俗、详略之间取得平衡,既尽量能让现代读者读通读懂,又避免某些译本过于口语化,有失典雅。

总之,本《译注》在前人注释的基础上,注意择善而从,更注意吸收学界最新研究成果与相关出土文献资料,通过细致的注释和准确翻译,加深读者对北魏一朝少数民族政权法律发展概貌的了解,深化法典编纂与中古五刑形成史、法律儒家化与鲜卑化、少数民族固有法与中国传统法等关系的认识,厘清该《刑罚志》所涉及特定历史时期的法律思想、法律体系、刑罚种类、典型案例等有关问题,具有较高的学术价值和可读性、可信性。

《魏书·刑罚志》志文近万字,本《译注》除前言之外,正文注释就达678个之多。另外,附录"费羊皮卖女张回转卖案各方观点"表格一张,"驸马刘辉殴打公主伤胎案"的案例分析一个,"《魏书·刑罚志》点校问题评议"一则,加上译文,目前书稿有约二十万字,当是目前最详尽良善的译注本。我们也期望通过本《译注》的争鸣,对将来《魏书》等点校工作的完善有所裨益。

三、《〈魏书·刑罚志〉译注》的注释体例

(一) 引用以下专门注释书籍时,均采用简注方式

1. [日]内田智雄编、冨谷至补:《译注中国历代刑法志(补)》(1964年初版),内田智雄编、梅原郁补:《译注续中国历代刑法志(补)》(1971

年初版），均为创文社 2005 年版。底本为武英殿本光绪十年（1884 年）上海同文书局影印。——（引用时简称）内田氏：《译注》或《续译注》，第××页。

2. 高潮、马建石主编：《中国历代刑法志注译》（徐晶石负责《魏书·刑罚志注译》部分），吉林人民出版社 1994 年版。底本为中华书局 1974 年版。——高氏：《注译》，第××页。

3. 谢瑞智、谢俐莹注译：《中国历代刑法志（一）：汉书·晋书·魏书》，文笙书局 2002 年版。未说明底本来源。——谢氏：《注译》，第××页。

4. 周国林主编：《二十四史全译·魏书》，汉语大词典出版社 2004 年版。作者虽未具体说明，但认为中华书局 1974 年点校本是相对比较好的，故应以其为底本。——周氏：《全译》，第××页。

5. 周东平主编：《〈晋书·刑法志〉译注》，人民出版社 2017 年版。——《晋志译注》，第××页。

（二）引用以下常用工具书，亦均采用简注方式

1. 长孙无忌等：《唐律疏议》，刘俊文点校，中华书局 1983 年版。——《唐律疏议（亦可加"·名例律"之类的篇目）》，第××页。

2. 刘俊文：《唐律疏议笺解》，中华书局 1996 年版。——刘俊文：《唐律疏议笺解》，第××页。

3. 杜佑：《通典》，王文锦等点校，中华书局 1988 年版。——《通典·××·××》，如《通典·刑法一·刑制上》。

4. 李林甫等撰：《唐六典》，陈仲夫点校，中华书局 1992 年版。——《唐六典·××××》，如《唐六典·尚书刑部》。

5. 司马光编著：《资治通鉴》，胡三省音注，中华书局 1956 年

版。——《资治通鉴》卷××《××纪》"××年"条,如《资治通鉴》卷195《唐纪十一》"贞观十四年十二月"条(若有引胡三省音注时,则在"××年"条后加"胡三省注"字样)。

6. 沈家本:《历代刑法考》,邓经元、骈宇骞点校,中华书局1985年版。——沈家本:《历代刑法考(亦可加"·刑法典·刑制上"之类)》,第××页。

7. 程树德:《九朝律考》,中华书局2003年版。——程树德:《九朝律考(亦可加"·汉律考一"之类)》,第××页。

(三) 出土文献的引用体例

1. 引用形式

(简牍名称)《(文献名称)·(篇名)》(案例号码):"……"(简××)。若是引学者之文,则从之所引格式。

2. 引以下出土文献的简文均用简体字,特殊用字从简文

①睡虎地秦简,简号、图版和释文均据睡虎地秦墓竹简整理小组编:《睡虎地秦墓竹简》,文物出版社1990年版。

②张家山汉简,图版、简号、案例号码和释文均据彭浩、陈伟、工藤元男编:《二年律令与奏谳书》,上海古籍出版社2007年版。但该书有些竹简的图版不明确,还需要参照张家山二四七号汉墓竹简整理小组编:《张家山汉墓竹简〔二四七号墓〕》,文物出版社2001年版。

③居延汉简(1930—1931年出土。没有篇名,故引用时不需要记载篇名。下同),简号、释文均据谢桂华、李均明、朱国照:《居延汉简释文合校》,文物出版社1987年版。

④居延汉简(1972—1982年出土),统一称为"居延新简"(没有篇名),图版、简号和释文均据甘肃省文物考古研究所等编:《居延新简》,中

华书局 1994 年版。

⑤敦煌汉简（没有篇名），图版、简号和释文均据甘肃省文物考古研究所编：《敦煌汉简》，中华书局 1991 年版。

⑥清华简（玖，有篇名），据黄德宽主编：《清华大学藏战国竹简（玖）》，中西书局 2019 年版。

⑦岳麓简（伍），图版、简号据陈松长主编：《岳麓书院藏秦简（伍）》，上海辞出版社 2017 年版。

（四）其他情形

1. 引用中国常见古籍（日文常见古籍加［日］），为节约篇幅计，本书所引用的二十四史（一律引用中华书局标点本，以下各书如有中华书局版，亦尽量采用）、四书五经或十三经、先秦诸子著作或佚名文献，一般不标明作者（和所在朝代），采取《×××·××》的注释形式。以上书籍如引用非中华书局版的，则注明版本信息。

2. 引用相对比较生僻的古籍，一般应注明：（作者所在朝代）、作者、书名、卷次（或卷名）及版本。如果是已出版的这类古籍的影印本或整理标点本（在作者后面适当处标明整理标点者），标明页码。

3. 古籍善本、珍本、抄本等文献史料，尽量注明藏本。

4. 引用近代、现代人士撰写的专著或主编、编辑整理及整理的古籍成果，注明作者、书名、出版社及版本、页码。

《〈魏书·刑罚志〉译注》由周东平主编，参加轮读、译注工作的老师和博士研究生、硕士研究生分别如下：

周东平（厦门大学法学院教授）、马腾（暨南大学法学院教授）、水间大辅（日本中央学院大学法学院教授）、李勤通（中国海洋大学法学院教授)、崔超(贵州中医药大学人文与管理学院副教授)、薛夷风(厦门大学法学院副教授)、姚周霞(杭州电子科技大学法学院讲师)、李萌(佛山科学技术学院法学与知识产权学院讲师)、马磊(南京师范大学中国法治现代化研究院研究员、南京师范大学法学院讲师)、齐青、石喜云、方浩长、魏启蒙、袁金莲、张光辉、周道康、刘晓清、毛允佳,共十八人。

　　武汉大学法学院钟盛副教授通读书稿,并提出不少中肯的意见;厦门大学法学院法律史学博士生王舒同学也协助查核资料;人民出版社责任编辑张立女士认真负责。在此一并感谢!

周东平

2023 年 6 月 30 日

《魏书·刑罚志》译注

【原文】

　　二仪¹既判,汇品²生焉,五才³兼用,废一不可。金木水火土,咸相爱恶。⁴阴阳所育,禀气⁵呈形,鼓之以雷霆,润之以云雨,春夏以生长之,秋冬以杀藏之。斯则德刑之设,著自神道⁶。圣人处天地之间,率神祇⁷之

【注释】

　　1　二仪:阴阳,指代天地。《老子》第四章王弼注:"治而不以二仪之道,则不能赡也。地虽形魄,不法于天则不能全其宁。天虽精象,不法于道则不能保其精。"《春秋公羊传·成公八年》何休注:"德合元者称皇,德合天者称帝,仁义合者称王。"徐彦疏:"二仪既分,人乃生焉。"

　　2　汇品:汇,类;品,物;汇品,指群品、万物。汇:百衲本、汲古阁本作"壹"。

　　3　五才:同"五材",指金、木、水、火、土五种物质,即后文所谓"金木水火土"是也。《左传·襄公二十七年》:"天生五材,民并用之,废一不可。"杜预注:"五材,金、木、水、火、土也。"

　　4　咸相爱恶:即相生相克之意。中国古代哲学家把自然界一切事物的性质分别列入这五大类范畴,以说明世界万物的起源。木生火,火生土,土生金,金生水,水生木的五行循环,称为"五行相生"。反之,木克土,土克水,水克火,火克金,金克木,称为"五行相克"。《白虎通义·五行》:"五行者,何谓也? 谓金、木、水、火、土也……木生火,火生土,土生金,金生水,水生木……五行所以相害者,天地之性,众胜寡,故水胜火也;精胜坚,故火胜金;刚胜柔,故金胜木;专胜散,故木胜土;实胜虚,故土胜水也。"

　　5　禀气:天赋的气性。《老子》第一章:"玄之又玄,众妙之门。"河上公注:"天中复有天也,禀气有厚薄。"

　　6　神道:天地自然之道。《周易·观卦·象传》:"圣人以神道设教而天下服矣。"孔颖达疏:"圣人法则天之神道。"

　　7　神祇:天地神灵的总称。在天为神,在地为祇。《论语·述而》:"祷尔于上下神祇。"

意。生民有喜怒之性，哀乐之心，应感而动，动而逾变。淳化所陶，下以惇朴[8]。故异章服，画衣冠，[9]示耻申禁，而不敢犯。其流既锐[10]，奸黠萌

8　惇朴：敦厚朴实。《汉书·成帝纪》：“其与部刺史举惇朴逊让有行义者各一人。”

9　异章服，画衣冠：让罪犯穿戴特殊色质的衣帽服饰以示耻辱惩戒，表明其罪刑。《太平御览》卷645所录《慎子·逸文》：“有虞之诛，以幪巾当墨，以草缨当劓，以菲履当刖，以艾韠当宫，布衣无领当大辟，此有虞之诛也。斩人肢体，凿其肌肤，谓之刑；画衣冠，异章服，谓之戮。”《晋书·刑法志》亦曰：“犯黥者皂其巾，犯劓者丹其服，犯膑者墨其体，犯宫者杂其屦，大辟之罪，殊刑之极，布其衣裾而无领缘，投之于市，与众弃之。”

10　锐：细小，式微。《左传·昭公十六年》：“且吾以玉贾罪，不亦锐乎？”杜预注：“锐，细小也。”

生。是以明法令[11]，立刑赏。故《书》[12]曰："象以典刑，[13]流宥五刑，[14]

11　明法令：《韩非子·和氏》："商君教秦孝公以连什伍，设告坐之过，燔诗书而明法令。"法令：泛指法律。按：令作为法律形式，当始于战国时期。富谷至指出：睡虎地秦简为秦统一以前的遗存，因此秦简所见之"令"相当于后来的"诏"，自然不能视同汉令、晋令中的"令"。亦即以秦简所见之"令"直接解释律令之"令"，务必慎之又慎。（富谷至：《漢唐法制史研究》，创文社2016年版，第25页）故此文中的"令"并非汉代以后作为特定法律渊源的"令"，而是后人追述上古法制时植入的时代术语。

12　《书》：即《尚书》，具体指《尚书·舜典》。

13　象以典刑：上古刑罚，具体涵义大致有四说。

其一，以常刑为治法。《尚书》孔安国传："象，法也。法用常刑，用不越法。"

其二，以画象公布刑法。《朱子语类》卷78曰："问：'象以典刑，如何为象？'曰：'此言正法。象，如悬象魏之象。或谓画为五刑之状，亦可。'"

其三，象征性刑罚。如前揭注9所引《慎子·逸文》。然《荀子·正论》疑之，曰："是不然。以为治邪？则人固莫触罪，非独不用肉刑，亦不用象刑矣。……故象刑殆非生于治古，并起于乱今也。"

其四，以天象为常法。《尚书》孔颖达疏："天垂象圣人则之。是象为仿法，故为法也。"《贞观政要·封建》戈直注："象，如天之垂象以示人。"

14　流宥五刑：用流刑宽宥五刑的罪犯。孔安国传："宥，宽也，以流放之法宽五刑。"对此处的"宥"有两种理解。一为"替代"，即流刑是五刑的替代刑。二为"待罪之稍轻"，即流刑是肉刑的减轻刑，是对罪犯的宽宥。

五刑：《国语·鲁语上》云："大刑用甲兵，其次用斧钺，中刑用刀锯，其次用钻笮，薄刑用鞭扑，以威民也。"又，《史记·五帝本纪》裴骃《集解》引马融注曰："五刑，墨、劓、刖、宫、大辟。"《尚书》孔安国传亦云："五刑，墨、劓、刖、宫、大辟。"按：据滋贺秀三的研究，上古时代的肉刑具有耻辱意味，受刑者如同被本部族之族众驱逐出共同体一般。鞭扑等既名之以"薄刑"，当与用刀锯、钻凿实施的肉刑有别，于个体形象并无损害，不足以显示耻辱之意。若以鞭作官刑，¹⁵扑作教刑，¹⁶金作赎刑，¹⁷怙终贼刑，眚灾肆赦。¹⁸"舜命咎繇¹⁹

———————————

流放代替鞭扑，则不啻从本非驱逐者转向被驱逐者，此或为刑法之加重，难以视之为"宥"。同理，因为肉刑有驱逐之意，以流放来代替肉刑在刑罚的本旨上并无变化，但在身体的保全上似可称之"宥"。由此观之，此处的五刑当以释为"墨、劓、刖、宫、大辟"为佳。有关滋贺氏的观点，参见氏著：《中国上古刑罚考——以盟誓为线索》，载刘俊文主编：《日本学者研究中国史论著选译》（第 8 卷　法律制度），姚荣涛、徐世虹译，中华书局 1992 年版；日文原文《中國上代の刑罰についての一考察—誓と盟を手がかりとして—》，载《石井良助先生還歷祝賀法制史論集》，創文社 1976 年版；后收入同氏著：《中國法制史論集　法典と刑罰》，創文社 2003 年版。

对于上古时期是否存在"五刑"刑罚体系的争议，亦需要注意。所谓上古"五刑"刑罚体系的观点，是受儒家经典学说和战国时期邹衍的"五行"思想等影响而产生的，在迟至秦汉时期律令尚未法典化的背景下，难以确认先秦乃至秦、汉初存在着规范的"五刑"刑罚体系。王充《论衡·谢短》篇亦有"案今律无五刑之文"之说。曹魏《新律》"更依古义制为五刑"的实践探索具有划时代的意义。参见周东平、薛夷风：《北朝胡汉融合视域下中古"五刑"刑罚体系形成史新论——兼评冨谷至〈汉唐法制史研究〉》，《学术月刊》2021 年第 3 期。

15　鞭作官刑：用鞭刑作为惩罚官员的刑罚。《尚书》孔安国传："以鞭治官事之刑。"《周礼·天官·大宰》："以八法治官府……七曰官刑，以纠邦治。"孙诒让正义："鞭，亦官府轻刑之一也。贾疏云'是专施于官府之中'，于义为当也。"

16　扑作教刑:用扑刑作为教育方面的刑罚。《尚书》孔安国传:"扑,榎楚也,不勤道业则挞之。"《礼记·学记》孔颖达疏:"夏楚二物,收其威也,学者不勤其业,师则以夏楚二物以笞挞之。所以然者,欲令学者畏之,收敛其威仪也。"教刑:一般认为是古时学校对学生的惩处。《尚书》孔颖达疏:"官刑鞭扑俱用,教刑惟扑而已,故属扑于教。"然,《唐律疏议·名例律》曰:"笞者,击也,又训为耻。言人有小愆,法须惩诫,故加捶挞以耻之。汉时笞则用竹,今时则用楚。故《书》云'扑作教刑',即其义也。"可见,"扑作教刑"只是说轻刑以示惩戒之意,未必仅适用于教官对生员的惩处。

17　金作赎刑:交纳财物以赎罪的刑罚。《尚书》孔颖达疏:"古之赎罪者,皆用铜,汉始改用黄金。"

18　怙终贼刑,眚灾肆赦:有所仗恃终不悔改的要处死或判刑,因过失造成损害的犯罪可予宽免。此语乃化用《尚书·舜典》"眚灾肆赦,怙终贼刑"而来。孔安国传:"眚,过;灾,害;肆,缓;贼,杀也。过而有害,当缓赦之。怙奸自终,当刑杀之。"另《尚书·康诰》也有类似表达:"人有小罪,非眚,乃惟终,自作不典,式尔,有厥罪小,乃不可不杀;乃有大罪,非终,乃惟眚灾,适尔,既道极厥辜,时乃不可杀。"

19　咎繇:亦作"皋陶""皋繇",咎,通"皋"。《楚辞·离骚》:"汤禹严而求合兮,挚咎繇而能调。"皋陶是传说中上古"五帝"之首黄帝长子少昊的后裔,生于尧统治之时,曾被舜任命为掌管刑法的"士(理官)",以正直闻名天下。《尚书·舜典》:"帝曰:'皋陶,蛮夷猾夏,寇贼奸宄。汝作士,五刑有服,五服三就,五流有宅,五宅三居,惟明克允!'"下文"舜命咎繇曰……"即出自此。

曰:"五刑有服,五服三就[20],五流有宅,五宅三居。[21]"夏刑则大辟二百,膑辟三百,宫辟五百,劓墨各千。[22]殷因于夏,盖有损益。[23]《周礼》:建三典[24],

---

20　五服三就:服:服从,具体指服从罪刑判决。五服:服从适用五种刑罚判决的罪犯。《尚书》孔安国传:"服,从也。言得轻重之中正。……既从五刑,谓服罪也。"孔颖达正义:"经言'五服',谓皋陶所断五刑皆服其罪,传既训'服'为从,故云'既从五刑谓服罪也'。"三就:按罪刑或按犯死罪者的身份到三个地方行刑。孔安国传:"行刑当就三处:大罪于原野,大夫于朝,士于市。"孔颖达疏:"行刑当就三处,惟谓大辟罪耳……惟死罪当分就处所,其墨、劓、刖、宫无常处可就也。"

21　五流有宅,五宅三居:五种流放各有所居,五种居处分为远近三等。《尚书》孔安国传:"五刑之流,各有所居。五居之差,有三等之居。大罪四裔,次九州之外,次千里之外。"

22　夏刑则大辟二百,膑辟三百,宫辟五百,劓墨各千:夏朝刑罚死刑二百条、膑刑三百条、宫刑五百条、劓刑墨刑各一千条。若按此说法,则夏刑合计三千条,总条数同《吕刑》,但膑(劓)、宫条数不同。校勘记[二]"膑""宫"二字疑误倒。据《尚书·吕刑》:"墨罚之属千,劓罚之属千,剕罚之属五百,宫罚之属三百,大辟之罚其属二百,五刑之属三千。"当然,包括《尚书大传·甫刑》曰"夏刑三千条",《孝经》所谓"五刑之属三千",乃至本志沿袭的此类说法,难免有夸大上古刑法条文数之嫌疑。

23　殷因于夏,盖有损益:商代因袭夏代之刑,可能有所损益。虽本志一语带过,然《荀子》言"刑名从商",或透露商代之刑的繁盛。同理,"刑"的这一因袭损益关系也见于"礼"。《论语·为政》子曰:"殷因于夏礼,所损益可知也;周因于殷礼,所损益可知也。"

24　三典:根据不同的国家状况制定的轻、中、重三种刑法。《周礼·秋官司寇·大司寇》:"大司寇之职,掌建邦之三典,以佐王刑邦国,诘四方。一曰刑新国用轻典,二曰刑平国用中典,三曰刑乱国用重典。"刑,治理之意。郑玄注:"典,法也。"

刑邦国，以五听[25]求民情，八议[26]以申之，三刺[27]以审之。左嘉石，平

25　五听：中国古代法官通过察言观色来审断案件的五种审案方法（具体为辞听、色听、气听、耳听、目听）。自西周之后，为历代所沿袭，表明其审判经验的积累，并注意到心理学的运用。《周礼·秋官司寇·小司寇》："以五声听狱讼，求民情：一曰辞听，二曰色听，三曰气听，四曰耳听，五曰目听。"郑玄注："观其出言，不直则烦；观其颜色，不直则赧然；观其气色，不直则喘；观其听聆，不直则惑；观其眸子视，不直则眊然。"贾公彦疏："直则言要理深，虚则辞烦义寡；理直则颜色有厉，理曲则颜色愧赧；虚本心知，气从内发，理既不直，吐气则喘；观其事直，听物明审，其理不直，听物致疑；目为心视，视由心起，理若直实，视盼分明，理若虚陈，视乃眊乱。"可见辞听是观察当事人的表达，理亏则语无伦次；色听是观察当事人的表情，理亏则面红耳赤；气听是观察当事人的呼吸，理亏则气喘吁吁；耳听是观察当事人的听觉，理亏则听觉失灵；目听是观察当事人的视觉，理亏则不敢正视。

　　后世法典亦规定"五听"，《唐律疏议·断狱律》："察狱之官，先备五听，又验诸证信，事状疑似，犹不首实者，然后拷掠。"五听还意味着重视直接性、亲历性的审理工作与言词原则，对司法审讯的言辞、神色、气息、听觉、表情、目光，乃至仪态、举动有更为深入的把握与判断，《晋书·刑法志》对此的论述颇详："夫刑者，司理之官；理者，求情之机；情者，心神之使。心感则情动于中，而形于言，畅于四支，发于事业。是故奸人心愧而面赤，内怖而色夺。论罪者务本其心，审其情，精其事，近取诸身，远取诸物，然后乃可以正刑。仰手似乞，俯手似夺，捧手似谢，拟手似诉，拱臂似自首，攘臂似格斗，矜庄似威，怡悦似福，喜怒忧欢，貌在声色。奸真猛弱，候在视息。"宋代《折狱龟鉴·察奸》结合实际案例阐明"五听"灵活运用的原理及意义："夫察奸者，或专以其色察之，或兼以其言察之。其色非常，其言有异，必奸诈也，但不可逆疑之耳。见其有异，见其非常，然后案之，未有不得其情者。……奸人之匿情而作伪者，或听其声而知之，或视其色而知之，或诘其辞而知之，或讯其事而知之。"

———————

现代法律史学关于"五听"的开创性的研究,参见殷啸虎:《"五听":中国古代审讯艺术》,《法学》1991 年第 2 期。臧否"五听"的观点也有不少,张晋藩先生倾向于积极评价:"中国早在公元前 11 世纪左右便提出'五听'的审讯方法,无疑是中华司法文明先进性和具有人文精神的一个重要例证。"张晋藩:《论中国古代司法文化中的人文精神》,《法商研究》2013 年第 2 期。另外,新近公布清华简《成人》有争讼中"正于五辞"之说,或可参照:"凡民五争,正之于五辞,五辞无屈,正之于五常,五常不逾,正之于五正。"黄德宽主编:《清华大学藏战国竹简(玖)》,中西书局 2019 年版,第 155 页。

26　八议:对八种人减免刑罚的特殊审议,同"八辟"。《周礼·秋官司寇·小司寇》:"以八辟丽邦法附刑罚:一曰议亲之辟,二曰议故之辟,三曰议贤之辟,四曰议能之辟,五曰议功之辟,六曰议贵之辟,七曰议勤之辟,八曰议宾之辟。"亲,天子亲族;故,天子故旧;贤,德高望重者;能,才能出众者;功,有大功勋者;贵,上层贵族;勤,勤于国事者;宾,前朝贵族及其后代。曹魏之后,八议正式入律,其具体规定可参见《唐律疏议·名例律》"八议"条。

27　三刺:审断案件的三道诉讼程序,首先由中央群臣讨论,再由下属官吏讨论,最后由民众商讨决定。《周礼·秋官司寇·小司寇》:"以三刺断庶民狱讼之中:一曰讯群臣,二曰讯群吏,三曰讯万民。"郑玄注:"刺,杀也。三讯罪定,则杀之。讯,言也。"贾公彦疏:"云'群臣'者,士已上。云'群吏'者,府史、胥徒、庶人在官者。云'万民'者,民间有德行不仕者。云'刺杀,三刺罪定即杀之',但所刺不必是杀,余四刑亦当三刺。"

罢民；²⁸右肺石，达穷民。²⁹宥不识，宥过失，宥遗忘；³⁰赦幼弱，赦耄耋，赦惷愚。³¹

28　嘉石：设于朝廷门外左侧刻有"教育嘉言"的石头，作为一项刑制，先让罢民戴刑具在嘉石上坐三至十三天反省罪过，再由司空监督服三个月至一年的劳役，最后由州里取保宥赦。嘉石制度主要针对未达到刑事犯罪程度的行为，大概兼具治安处罚与劳动教养的制度功能。《周礼·秋官司寇·大司寇》："以嘉石平罢民。凡万民之有罪过，而未丽于法，而害于州里者，桎梏而坐诸嘉石，役诸司空。重罪旬有三日坐，期役；其次九日坐，九月役；其次七日坐，七月役；其次五日坐，五月役；其下罪三日坐，三月役。使州里任之，则宥而赦之。"郑玄注："嘉石，文石也。树之外朝门左。平，成也。成之使善。""有罪过，谓邪恶之人所罪过者也。丽，附也。未附于法，未著于法也。木在足曰桎，在手曰梏。役诸司空，坐日讫，使给百工之役也。役月讫，使其州里之人任之，乃赦之。宥，宽也。"关于孔传所谓"文石"，贾公彦疏："文石也者，以其言嘉，嘉善也。有文乃称嘉，故知文石也，欲使罢民思其文理以改悔。"

罢民：不从教化或不事劳作之民。《周礼·秋官司寇·司圜》："掌收教罢民。"郑玄注引郑司农："罢民谓恶人不从化、为百姓所患苦而未入五刑者也。"《周礼·秋官司寇·大司寇》："以圜土聚教罢民。"郑玄注："民不愍作劳，有似于罢。"

29　肺石：设于朝廷门外右侧的肺状赤石，民有不平，得立于肺石鸣冤。《周礼·秋官司寇·大司寇》："以肺石达穷民。凡远近惸独老幼之欲有复于上而其长弗达者，立于肺石。三日，士听其辞，以告于上而罪其长。"郑玄注："肺石，赤石也。穷民，天民之穷而无告者。"贾公彦疏："云'肺石，赤石也'者，阴阳疗疾法：肺属南方，火，火色赤，肺亦赤，故知名肺石，是赤石也。必使之坐赤石者，使之赤心不妄告也。云'穷民，天民之穷而无告者'，《王制》文。彼上文云'少而无父者谓之孤，老而无子者谓之独，老而无妻者谓之矜，老而无夫者谓之寡'，此四者，天民之穷而无告者也。皆有常饩。"但《周礼正义》的说法与此有异："案：贾谓五藏肺属火者，古尚书说也。郑驳异义从今尚书说，肺属金，则不以为火藏。注训肺石为赤石者，盖以肺色本赤，不谓五行属火也。贾说非。五藏所属，详疾医疏。云'穷民，天民之穷而无告者'者，据王制文,谓孤独矜寡,下文'惸独老幼'亦是也。详大司徒疏。"［清］孙诒让著、汪少华整理:《周礼正义》卷 66《秋官大司寇》,中华书局 2015 版,第3319 页。

穷民:即远近惸独老幼之欲有复于上而其长弗达者。郑玄注:"无兄弟曰惸。无子孙曰独。复犹报也。上谓王与六卿也。报之者,若上书诣公府言事矣。长,谓诸侯若乡遂大夫。"贾公彦疏:"案《王制》唯云'老而无子曰独',今兼云孙者,无子有孙不为独,故兼云无孙也。郑不释经'老幼'者,老则无夫无妻,幼则无父可知,故不释也。"

30 宥不识,宥过失,宥遗忘:即"三宥",对无法识别对象的犯罪、主观方面过失的犯罪、因遗忘而未预见后果的犯罪,给予减轻刑事责任的宽宥处理。《周礼·秋官司寇·司刺》:"一宥曰不识,再宥曰过失,三宥曰遗忘。"郑玄注:"识,审也。不审,若今仇雠当报甲,见乙,诚以为甲而杀之者。过失,若举刃欲斫伐,而轶中人者。遗忘,若间帷薄,忘有在焉,而以兵矢投射之。"

31 赦幼弱,赦耄耋,赦蠢愚:即"三赦",未满八岁、八十岁以上、天生精神病的人,除犯故意杀人的重罪外,免予追究刑事责任。《周礼·秋官司寇·司刺》:"壹赦曰幼弱,再赦曰老旄,三赦曰蠢愚。"郑玄注:"蠢愚,生而痴騃童昏者。郑司农云:'幼弱、老旄,若今律令,年未满八岁,八十以上,非手杀人,他皆不坐。'"贾公彦疏:"三赦与前三宥所以异者,上三宥不识、过失、遗忘,非是故心过误,所作虽非故为,比三赦为重,据今仍使出赎。此三赦之等,比上为轻,全放无赎。"可见"三宥"侧重主体的主观心态,"三赦"侧重主体的客观状态。

周道既衰,穆王荒耄,³²命吕侯³³度作详刑³⁴,以诘四方,五刑之属增矣。

32　穆王荒耄:周穆王昏老之时仍任贤治国。穆王,周穆王满(?—前922 年),周昭王之子,西周第五位君主,据夏商周断代工程,其在位时间约为55 年。《尚书·吕刑》:"惟吕命,王享国百年,耄荒,度作刑以诘四方。"孔安国传:"耄,乱;荒,忽。穆王即位过四十矣,言百年大期,虽老而能用贤以扬名。"孔颖达疏:"意在美王年老能用贤而言其长寿。"可见注疏皆作褒义解。

33　吕侯:又称"甫侯",传为炎帝后裔,周穆王之臣,任司寇,制定《吕刑》。

34　详刑:妥善之刑法。殿本、中华旧版、内田氏作"祥";百衲本、汲古阁本、中华新版作"详"。新旧版对此均未出校勘记,说明其他版本的情况。新版《魏书》从底本用字,方法上没有问题;殿本晚出,似不足为据。

但若从渊源看,本志该表述所本的《尚书·吕刑》皆作"祥刑"。《吕刑》:"有邦有土,告尔祥刑。"孔安国传:"有国土诸侯,告汝以善用刑之道。"后文孔颖达疏:"五刑之疑赦刑取赎,五罚疑者反使服刑,是刑疑而输赎,罚疑而受刑,不疑而更轻,可疑而益重,事之颠倒一至此乎?谓之'祥刑',岂当若是?"《吕刑》又云:"受王嘉师,监于兹祥刑。"孔安国传:"有邦有土,受王之善众而治之者,视于此善刑,欲其勤而法之。"

另一方面,《周礼》郑玄注曾引《尚书》云"度作详刑,以诘四方",可见至少汉时已有两者通用或混用迹象。两字相通,古书常见,《汉书》颜师古注引《吕刑》时,正作"详刑",《后汉书》祥刑二见,详刑五见。清代王鸣盛《尚书后案》已有考证:"吕刑'告尔祥刑',后汉《刘恺传》引作'详刑';郑氏《周礼》注亦云:'度作详刑,以诘四方',皆古'祥'字。故《左传》'祴祥',服虔引《公羊》作'详'。今《公羊》作'侵羊'者,《春秋繁露》云:'羊之为言,犹祥与';郑众《百官六礼辞》亦云:'羊者,祥也';郑注'车人'云:'羊,善也',然则'祥'可通'详',又可省作'羊',其实一也。"

关于羊及羊神判,日本学者白鸟清《日本·中国古代法の研究——神判·盟誓の研究》(柏书房 1972 年版)等相关研究值得注意。例如其中的《古代支那におけれ神判の一形式》一文,从《诗经·生民》"诞真之隘巷,牛羊腓字之"，《史记·周本纪》"弃之隘巷，马牛过者皆辟不践"等感生说材料对比（牛羊、牛马）开始，讨论威灵与不祥；《盟の形式より観たる古代支那の羊神判》一文，从《墨子·明鬼》记载的羊神判开始，阐论重神羊的盟誓神判；《羊神判の反映した二、三の漢字について》一文，从《说文解字》"美，甘也，从羊从大。羊在六畜，主给膳也。美与善同意"开始，在回顾讨论狱（犬神判）、告（牛神判）等动物神判之后，进而论及善（竞言、从羊）、详（单言与羊合字）、祥（判凶吉之兆）、佯（人羊合字）等与羊神判有关的古汉字。尤其祥，有吉凶征兆之义。《左传·僖公十六年》："周内史叔兴聘于宋，宋襄公问焉，曰：'是何祥也？吉凶焉在？'"杜预注："祥，吉凶之先见者。"孔颖达疏：《正义》曰：《中庸》云：国家将兴，必有祯祥；国家将亡，必有妖孽。则事之先见，善恶异名。吉之先见谓之祥，凶之先见谓之妖。此总云祥者，彼对文耳……《五行传》云：青祥、白祥之类恶事，亦称为祥，祥是总名。"则在判断吉兆恶征的意义上，或者保证将来的盟誓上，使用远古的以羊判定善恶正邪的羊神判传统，该"祥"字凶吉两意均存，其作为反映构成羊神判风习的文字，值得重视。

　　若进一步考索诸书，《易经·履》："视履考祥。"《释文》："'祥'，本亦作'详'。"《集解》"祥"作"详"。《音训》："祥，晁氏曰：'郑作详。'"惠栋《九经古义二·周易下》："本作'详'（见《释文》），古'祥'字（古文'祥'作'祥'，又见蔡邕《尚书石经》）。"《易经·大壮》："不详也。"《释文》："详，郑王肃作'祥'。"《集解》"详"作"祥"。《易经·困·象传》："不见其妻，不祥也。"《集解》"祥"作"详"。《易经·系辞下》："吉事有祥。"《集解》"祥"作"详"。《尚书·君奭》："其终出于不祥。"《汉石经》"祥"作"详"。《左传·成公十六年》："德、刑、详、义、礼、信，战之器也。德以施惠，刑以正邪，详以事神，义以建利。"孔颖达疏："详者，祥也，古字同。"《公羊传·宣公十二年》："告从不赦不详。"《管子·宙合》："道也者，通乎无上，详乎无穷，运乎诸生。"皆有"祥"之义。《老子》五十五章"益生曰祥"，而遂州龙兴观碑"祥"作"详"。《孟子·公孙丑下》作"申详"，而《礼记·檀弓上》作"申祥"。《荀子·修身》：

"则可谓不详少有者矣。"杨倞注："'详'当为'祥'。"《荀子·成相》："百家之说诚不详。"杨倞注："'详'或为'祥'。"《春秋繁露·王道》"详"作"详"。《史记·太史公自序》："大祥而众犯忌。"《集解》："徐广曰：'祥，一作详。'"《汉书·司马迁传》作"详"。《文子·上义》"详于鬼神"，《淮南子·泛论训》则作"祥于鬼神。"参见高亨：《古字通假会典》，齐鲁书社1989年版，第270—271页。

后世还发生因把"祥刑"写作"详刑"而引发疑惑的实例。南宋史绳祖《学斋占毕·祥刑详刑字义之通》（清文渊阁四库全书本）：

先师鹤山在遂宁漕廨，作极堂碑时，摄宪书详刑字。余后继忝漕节，重新极堂，仍立鹤山之碑。一时僚属咸疑"详刑"字，以为《尚书·吕刑》篇"告尔祥刑""监于兹祥刑"只作"祥"字。余因谓之曰："唐《百官志》改'大理正'为'详刑大夫'，固已用此'详刑'字，然不为无所本也。当时颜师古辈留意经学，故于传注咸通焉。盖《吕刑》篇中'告尔祥刑'只作'祥'字，注谓'善用刑之道'。然《周礼》太宰之职'五曰刑典以诘邦国'，注引《书》曰：'度作详刑，以诘四方。'考今古文《尚书·吕刑》只曰：'度作刑，以诘四方。'即无'详'字。然'详刑'字见于经注，亦可通用也。"

从上述传世经注而言，"祥刑"两见于经，而"详刑"仅见于注而不见于经，且史绳祖所述轶事虽有唐之"详刑大夫"为史证，却仍可反映南宋多以《吕刑》"祥刑"为正的一般观念。

不仅权威注疏，即便后世典籍、皇帝谕告亦取"祥刑"之义。《古今图书集成》有"祥刑典"一百八十卷。《明史·刑法志》载洪武三十年（1397年）谕："古人谓刑为祥刑，岂非欲民并生于天地间哉！"

"祥"本有吉凶征兆之义已如前述，亦有专指吉利福善之义。《逸周书·武顺》："天道曰祥。"《易·系辞》："吉事有祥。"《说文解字注》祥："福也。凡统言则灾亦谓之祥。析言则善者谓之祥。"学者已指出："在汉代以前的文献中'祥'字并无确定意义，甚至可以做完全相反的解释……

汉以后，'祥'的字义逐渐确定为正面的用法。"（包振宇：《〈尚书〉"祥刑"思想中的司法理性》，《扬州大学学报（人文社会科学版）》2016 年第 5 期）如《说文》："祥，福也，从示，羊声，一云善。"《尔雅》："祥，善也。"祥刑，如前引《尚书》（两处）、孔传（两处）、孔疏（一处）均解为"善刑"。南宋蔡沈《尚书集传·吕刑》中对祥刑的解释："夫刑，凶器也，而谓之祥。祥者，刑期无刑，民协于中，其祥莫大焉。"明人丘濬《大学衍义补》卷 101 也认为祥刑："其为器也固若不祥，而其意则至善，大祥之所在也。"盖前述经传谕告等，皆以妥善之刑法为本义。

"祥""详"二字虽通于吉善之义，但其混用造成思想理解上的众说纷纭。据丘澎生的研究，明人丘濬将"祥刑"区分为三个层次：一是"详细"，二是"慈祥"，三是"以中道除去不祥"；嘉靖重编吴讷《祥刑要览》时将"祥刑"解释为"吉祥"；王肯堂《律例笺释》中将"祥刑"与"阴谴"关联，更与"福祚流及子孙"联系。（参见邱澎生：《晚明有关法律知识的两种价值观》，载《当法律遇上经济：明清中国的商业法律》，浙江大学出版社 2017 年版）而现代学者仍莫衷一是，有的取"详刑"，阐释审刑之义。（包振宇：《〈尚书〉"祥刑"思想中的司法理性》，《扬州大学学报（人文社会科学版）》2016 年第 5 期）如顾颉刚、刘起釪对"祥刑"注释有三种观点："善"则"祥"；"祥"与"详"通用，"祥刑"实为"详审之刑"；"无刑而民安"则"祥"。（《尚书校释译论》，中华书局 2005 年版，第 1997 页）有的认为《吕刑》是祥刑的典范，取"祥刑"阐释善刑之义。（吕丽：《善刑与善用刑：传统中国的祥刑追求》，《吉林大学社会科学学报》2018 年第 3 期）

综上，作"祥刑"，以《吕刑》为正本；作"详刑"，以所据版本为优。古来两者多有相通混用之例，亦不乏分疏异解之说。我们认为，此处可本于《尚书》，从旧版作"祥刑"为宜。即使一仍百衲本之底本原文，至少应出校勘记以说明之。

夫疑狱氾问，与众共之，众疑赦之，必察小大之比以成之。先王之爱民如此，刑成而不可变，故君子尽心焉。[35]

逮于战国，竞任威刑，以相吞噬。商君[36]以《法经》六篇[37]，入说于秦，

35　刑成而不可变，故君子尽心焉：一旦执行刑罚就不能逆转，所以君子尽心审慎断案。《礼记·王制》："刑者，侀也。侀者，成也。一成而不可变，故君子尽心焉。"孔颖达疏："上刑是刑罚之刑，下侀是侀体之侀。训此刑罚之刑以为侀体之侀，言刑罚之刑加人侀体。又云'侀者成也'，言侀体之侀，是人之成就容貌，容貌一成之后，若以刀锯凿之，断者不可续，死者不可生，故云'不可变'，故君子尽心以听刑焉，则上悉其聪明，致其忠爱是也。"

36　商君：即商鞅（约前395—前338年），卫国人，又称公孙鞅、卫鞅，因军功被秦孝公赐封商於十五邑，后世称为商鞅或商君。商鞅是战国时期政治家、思想家，法家代表人物，少好刑名法术之学，师从杂家尸佼，侍奉魏相公叔痤任中庶子，深受李悝、吴起变法影响。公叔痤死后未被魏惠王信用，遂携李悝《法经》入秦见孝公，说以霸道，深受赏识，被任命为左庶长，推行变法改革长达二十年，使秦国日益富强。孝公死后，商鞅被车裂，其法仍被沿用。

37　《法经》六篇：传为战国初年魏文侯大臣李悝集诸国刑典所著，分盗、贼、囚、捕、杂、具六篇。《魏志》这段史料是目前可知最早明确指出存在《法经》的。至唐初成书的《晋书·刑法志》和《唐律疏议·名例律》，始有李悝《法经》内容的简要记述。明朝董说《七国考》卷12《刑法·魏刑法·法经》援引东汉思想家桓谭《新论》略述李悝《法经》的内容，但《法经》《新论》皆已亡佚，难以辨明真伪。早在1933年，仁井田陞在《唐令拾遗》（东京大学出版会1933年版）中认为，直到《晋书·刑法志》《唐律疏议》《唐六典》《通典》才见到李悝《法经》六篇的相关记述，而《史记》《汉书》均未见载，因而提出李悝《法经》是否真实存在的问题；贝冢茂树继而提出它是在曹魏任用法术的学问风气中炮制出来的。（贝冢茂树：《李悝法经考》，《贝冢茂樹著作集》第3卷，中央公论社1977年版，第309—345页）此后，关于《法经》是否存在、性质如何、是否保留下来等问题，学者考证研究，聚讼不已，主要形成

————————

四种观点：

其一，《法经》非法典说。此观点认为，李悝《法经》并非魏国法典而只是私家法律著述。参见陈炯：《〈法经〉是著作不是法典》，《现代法学》1985 年第 4 期；张传汉：《〈法经〉非法典辨》，《法学研究》1987 年第 3 期。

其二，《法经》不存在说。此观点认为，商鞅携李悝《法经》入秦，抑或李悝撰《法经》之事均值得怀疑。参见曹旅宁：《关于商鞅变法的几个问题》，载《秦律新探》，中国社会科学出版社 2002 年版，第 57—63 页。近年来，广濑薫雄在《秦漢律令研究》第二章"《晉書》刑法志に見える法典編纂說話について"中，全面梳理了围绕《法经》在历史上存在与否的论争，否认《法经》的存在。他认为：汉代之前不存在国家法典，在层累造成说的原理下，东西汉之际成书的《九章律》，作者假托为萧何；曹魏时，层累上《秦法经》，作者假托为商鞅；司马晋时，再层累上李悝《法经》（译注者按：此点，引用者尤需注意辨识）；至唐代《永徽律疏》，更附加了李悝六法被商鞅改为六律的编造史。因此，所谓的李悝《法经》——商鞅《法经》——萧何《九章律》是一个虚构的法典编纂史，它不能作为研究法制史的资料，但可以作为研究法思想史的资料。见氏著：《秦漢律令研究》，汲古书院 2010 年版，第 41—75 页。另按：最近宋洁也认为《九章律》的形成时间是在《礼经》立为官学的汉武帝之后。（宋洁：《〈九章律〉形成考》，《中国史研究》2021 年第 2 期）

其三，《七国考》所引《法经》条文伪造说。此观点认为，桓谭的《新论》在明清时期已不存在，董说不可能加以引用，由此断定董说在《七国考》中所引用的《法经》条文，是他根据《晋书·刑法志》所载的内容加以伪造的。持此观点的有：捷克斯洛伐克学者鲍格洛于 1959 年发表的论文《李悝〈法经〉的一个双重伪造问题》（Timoteus Pokora. The Canon of Laws by Li K'uei—A Double Falsification?. Archiv Orientalni, XXVII（1959），pp.96-121），另可参见杨宽《战国史·后记》（上海人民出版社 1980 年版）、李力《从几条未引起人们注意的史料辨析〈法经〉》（《中国法学》1990 年第 2 期）、殷啸虎《〈法经〉

考辩》(《法学》1993 年第 2 期)。

其四,《七国考》可信说。此观点认为,桓谭的《新论》至明末依然存在,董说有可能看到并加以引用。持此观点的有:日本学者守屋美都雄《李悝の法經に関する一問題》(氏著:《中國古代の家族と國家》,东洋史研究会1968 年版,第 548—584 页)、肖永清主编《中国法制史简编》(上册,山西人民出版社 1981 年版)、张晋藩主编《中国法制史》(群众出版社 1982 年版)、乔伟《中国法律制度史》(上册,吉林人民出版社 1982 年版)、田昌五《古代社会断代新论》(人民出版社 1982 年版)、张警《〈七国考〉引文真伪析译》(《法学研究》1983 年第 6 期)、金景芳《中国奴隶社会史》(上海人民出版社 1983年版)、钱穆《先秦诸子系年》(中华书局 1985 年版)、何勤华《〈法经〉考》(《中国法制史考证》甲编第 2 卷,中国社会科学出版社 2003 年版)。值得注意的是,中国法律史学界对程树德在《九朝律考·汉律考序》中对李悝《法经》"其源最古"的评价,以及将《法经》列于"律系表"首位的观点,基本上持肯定的态度,认为《法经》是"中国史上第一部比较系统的封建法典";是战国初期魏国的李悝在"总结了春秋以来各诸侯国的立法经验"的基础上而制定的;"商鞅变法以后的秦律和汉朝的汉律,都是在它的基础上逐步发展起来的"。(《中国大百科全书·法学卷》,中国大百科全书出版社 1984 年版,第366 页)

概言之,述立法源流者多目为真,考文献法条者多疑为伪。

议参夷之诛,连相坐之法。**38**风俗凋薄,号为虎狼。**39**及于始皇**40**,遂兼天

38　议参夷之诛,连相坐之法:商鞅在秦国实施的按血缘、地缘的刑事责任连带规则。

议参夷之诛:按血缘的刑事责任连带规则,一人有罪,诛灭三族。《汉书·刑法志》:"秦用商鞅,连相坐之法,造参夷之诛。"颜师古注:"参夷,夷三族。"《史记·秦本纪》:"法初有三族之罪。"张晏曰:"父母、妻子、同产也。"如淳曰:"父族、母族、妻族也。"

连相坐之法:广泛的刑事责任连带规则,一人有罪,连坐他人或他家,可归纳为四种方式:一是全家连坐。《史记·商君列传》:"一人有罪,连其家室。"二是什伍连坐。《史记·商君列传》:"令民为什伍,而相牧司连坐。"司马贞索隐:"一家有罪而九家连举发,若不纠举,则十家连坐。"《淮南子·泰族训》:"商鞅为秦立相坐之法,而百姓怨矣。"高诱注:"相坐之法,一家有罪,三家坐之。"三是军伍连坐。《商君书·画策》:"又曰:'失法离令,若死,我死。乡治之。行间无所逃,迁徙无所入。'行间之治,连以五,辨之以章,束之以令。拙无所处,罢无所生。是以三军之众,从令如流,死而不旋踵。"四是职务连坐。《史记·范雎列传》:"秦之法,任人而所任不善者,各以其罪罪之。"

39　号为虎狼:虎狼有三层涵义,一指凶残暴虐而无信义,二指有狼子野心,三指戎狄异类。《战国策》所载策士之辞,在述及秦国时,常常称秦为"虎狼之国"或"虎狼之秦"。如《战国策·楚策三》:"夫秦,虎狼之国也,有吞天下之心。"具体可参见何晋:《秦称"虎狼"考:兼论秦文化遇到的对抗》,《文博》1999 年第 5 期。

40　始皇:即秦始皇(前 259—前 210 年),嬴姓,赵氏,名政,秦庄襄王之子。十三岁继承王位,三十九岁称皇帝。嬴政在位时期逐步扫灭六国,统一中国,建立秦朝,成为历史上第一个称皇帝的君主。《史记·秦始皇本纪》记载秦始皇制曰:"朕为始皇帝。后世以计数,二世三世至于万世,传之无穷。"

下,毁先王之典,制挟书之禁⁴¹,法繁于秋荼,网密于凝脂,⁴²奸伪并生,赭衣⁴³塞路,狱犴淹积,⁴⁴囹圄⁴⁵成市。于是天下怨叛,十室而九。汉祖⁴⁶

---

41 挟书之禁:秦始皇曾颁布《挟书令》(或《挟书律》),私藏禁书者灭族。《史记·秦始皇本纪》:"非博士官所职,天下敢有藏《诗》《书》、百家语者,悉诣守、尉杂烧之。有敢偶语《诗》《书》者,弃市。以古非今者,族。吏见知不举者,与同罪。令下三十日不烧,黥为城旦。"《汉书·惠帝纪》:"三月甲子,皇帝冠,赦天下。省法令妨吏民者,除挟书律。"张晏曰:"秦律敢有挟书者族。"

42 法繁于秋荼,网密于凝脂:形容秦朝法律繁密。语出《盐铁论·刑德》:"昔法繁于秋荼,而网密于凝脂。"

43 赭衣:古代囚衣。因以赤土染成赭色,故称。《荀子·正论》:"杀,赭衣而不纯。"杨倞注:"以赤土染衣,故曰赭衣……杀之,所以异于常人之服也。"

44 狱犴淹积:狱犴:亦作"狱豻",指牢狱或刑事案件。《盐铁论·刑德》:"幽隐远方,折乎知之,室女童妇,咸知所避。是以法令不犯,而狱犴不用也。"《汉书·刑法志》:"原狱刑所以蕃若此者,礼教不立,刑法不明,民多贫穷,豪杰务私,奸不辄得,狱犴不平之所致也。"故"狱犴"应指刑事案件。淹积:积压之义。

45 囹圄:监牢。《礼记·月令》:"命有司省囹圄,去桎梏。"郑玄注:"囹圄,所以禁守系者,若今别狱矣。"蔡邕云:"囹,牢也;圄,止也,所以止出入,皆罪人所舍也。"孔颖达疏:"云'囹圄所以禁守系者,若今别狱矣'者,蔡云'囹,牢也。圄,止也。所以止出入,皆罪人所舍也'。"《韩非子·三守》:"至于守司囹圄,禁制刑罚,人臣擅之,此谓刑劫。"

46 汉祖:汉太祖高皇帝刘邦(前256—前195年),沛丰邑中阳里人,汉朝开国皇帝。刘邦初仕秦朝任沛县泗水亭长,因释放刑徒,亡匿山中。后来起兵反秦,入关灭秦,废除苛法,约法三章。打败项羽建立汉朝后,注意休养生息,恢复社会经济,稳定统治秩序。

入关,蠲削烦苛,致三章之约⁴⁷。文帝⁴⁸以仁厚,断狱四百,几致刑措⁴⁹。

————————

47　三章之约:即"约法三章",刘邦占领秦都咸阳,废除秦朝严刑峻法,与关中百姓约法三章:杀人者死,伤人及盗抵罪。《史记·高祖本纪》:"与父老约,法三章耳:杀人者死,伤人及盗抵罪。"《汉书·刑法志》:"汉兴之初,虽有约法三章,网漏吞舟之鱼。"约,内田氏译作"简约",冨谷氏认为当作"约定"。([日]内田氏:《译注》"补注"第37,第284页)

48　文帝:汉文帝刘恒(前202—前157年),汉高祖第四子,在位期间与民休息,轻徭薄赋,在法制改革方面除收孥相坐律令,并废除肉刑。《汉书·文帝纪》载汉文帝元年(前179年)"尽除收孥相坐律令"。《汉书·刑法志》载汉文帝十三年(前167年)废除肉刑:"当黥者,髡钳为城旦舂;当劓者,笞三百;当斩左止者,笞五百;当斩右止及杀人先自告,及吏坐受赇枉法,守县官财物而即盗之,已论命复有笞罪者,皆弃市。"《汉书·文帝纪》赞曰:"专务以德化民,是以海内殷富,兴于礼义,断狱数百,几致刑措。"

49　断狱四百,几致刑措:出自前引《汉书·文帝纪》之"赞"。断狱四百:《资治通鉴·汉纪七》"文帝前十三年"条:"是时,上既躬修玄默,而将相皆旧功臣,少文多质。惩恶亡秦之政,论议务在宽厚,耻言人之过失;化行天下,告讦之俗易。吏安其官,民乐其业,畜积岁增,户口寖息。风流笃厚,禁罔疏阔,罪疑者予民,是以刑罚大省,至于断狱四百,有刑错之风焉。"刑措:亦作刑错(错,置也)、刑厝,指刑法放置而不用,形容政治清平。《荀子·议兵》:"传曰:'威厉而不试,刑错而不用。'"

孝武⁵⁰世以奸宄⁵¹滋甚，增律五十余篇。⁵²宣帝⁵³时，路温舒⁵⁴上书曰："夫狱者天下之命，《书》曰：与其杀不辜，宁失有罪。⁵⁵今治狱吏，非不慈仁也。

50　孝武：汉武帝刘彻（前156—前87年），初封胶东王，七岁被立为皇太子，十六岁继承皇位。在位颁行推恩令，制订左官律和附益法，禁止诸侯王参与政事；裁抑丞相职权，形成内外朝体制；设十三州刺史部，加强郡国控制；改革币制，禁止郡国铸钱，实行盐铁官营、均输平准等制度；颁布算缗、告缗令；完善察举制度，令郡国举孝廉及秀才、贤良方正等；尊崇儒术，设五经博士，兴建太学，又令郡国皆立学官。武帝在位期间积极进取，颇有建树，开创汉朝的鼎盛局面。

51　奸宄：为非作歹的人。《尚书·舜典》："蛮夷猾夏，寇贼奸宄。"《国语·晋语六》："乱在内为宄，在外为奸。"

52　增律五十余篇：汉武帝时期所增法律，如张汤制定的《越宫律》和赵禹制定的《朝律》，还有见知故纵、监临部主之法等，然具体内容已不可考。

53　宣帝：汉宣帝刘询（前91—前49年），汉武帝刘彻曾孙，戾太子刘据之孙，秉持"霸王道杂之"的治国理念，在位整顿吏治，以刑名考核臣下；设置治书侍御史和廷尉平，审核量刑轻重；废除苛法，并确立"亲亲得相首匿"的制度。宣帝在位期间吏称其职，民安其业，史称"宣帝中兴"。

54　路温舒：字长君，巨鹿郡东里人，西汉著名官员。起初学律令，任县狱吏、郡决曹史；后习《春秋》经义，举孝廉，先后任廷尉奏曹掾、守廷尉史、郡太守等职。宣帝即位，他上疏请求改变重刑罚、重用治狱官吏的政策，主张"尚德缓刑""省法制，宽刑罚"。见《汉书·路温舒传》。

55　与其杀不辜，宁失有罪：在审理疑难案件时，比起错杀无罪之人，不如错放有罪之人。辜：罪。语出《尚书·大禹谟》："与其杀不辜，宁失不经。"《汉书·路温舒传》所载路温舒上疏亦为："与其杀不辜，宁失不经。"按：志文《书》曰后引此句宜加标单引号。

上下相驱[56]，以刻为明，深者获公名，平者多后患。故治狱吏皆欲人死，非憎人也，自安之道，在人之死。夫人情安则乐生，痛则思死，捶楚[57]之下，何求而不得。故囚人不胜痛，则饰辞[58]以示人。吏治者利其然，则指导以明之；上奏畏却[59]，则锻练[60]而周内[61]之。虽咎繇听之，犹以为死有余罪。何则？文致之罪明也[62]。故天下之患，莫深于狱。"宣帝善之。痛乎！狱吏之害也久矣。故曰，古之立狱，所以求生；今之立狱，所以求杀人。[63]

56　驱：旧版作"殴"，因形近而误。新版作"敺"，读为 qū，同"驱"，作"上下相驱"。

57　捶楚：泛指刑讯。捶，杖击。《说文解字》："捶，以杖击也。"楚，荆条，《说文解字》："楚，丛木也。一名荆。"

58　饰辞：修饰言辞，此处指编造假话。

59　畏却：害怕被驳回。《汉书·路温舒传》："上奏畏却，则锻练而周内之。"颜师古注："却，退也。畏为上所却退。"

60　锻练：即罗织罪名，陷人于罪。武英殿本作"锻炼"，似更准确。《后汉书·韦彪传》："锻炼之吏，持心近薄。"李贤注："言深文之吏，入人之罪，犹工冶陶铸锻炼，使之成孰也。"

61　周内：亦作"周纳"，弥补漏洞，使之周密。引申为罗织罪状，陷人于罪。

62　文致之罪明也：文致：舞文弄法，致人于罪。《后汉书·陈宠传》："其后遂诏有司，绝钻鑽诸惨酷之科，解妖恶之禁，除文致之请谳五十余事，定著于令。"李贤注："文致，谓前人无罪，文饰致于法中也。""明"，殿本作"故"。

63　古之立狱，所以求生；今之立狱，所以求杀人：该语表达传统儒家式的"生道"司法观念。类似表述见《孔丛子·刑论》："古之听讼者，恶其意，不恶其人，求所以生之，不得其所以生，乃刑之，君必与众共焉，爱民而重弃之也。今之听讼者，不恶其意，而恶其人，求所以杀，是反古之道也。"

不可不慎也。于定国⁶⁴为廷尉⁶⁵，集诸法律，凡九百六十卷，大辟四百九

　　64　于定国（？—前40年），字曼倩，东海郯县人。少时随父学法，后为狱吏、郡决曹，宣帝时任廷尉。为人谦恭，能决疑平法，被时人所称赞。后为丞相，封西平侯。见《汉书·于定国传》。

　　65　廷尉：官名，秦置，为九卿之一，掌刑狱，是秦汉至北齐主管司法的最高官吏，主要负责诏狱和重大疑难案件。《汉书·百官公卿表》："廷尉，秦官。"颜师古注："廷，平也。治狱贵平，故以为号。"其沿革大致如下：汉景帝中元六年（前144年）改名大理，武帝建元四年（前137年）恢复旧称，哀帝元寿二年（前1年）又改为大理。新莽时改名作士，东汉复称廷尉，东汉末复为大理。魏黄初元年（220年）改称廷尉，后代沿袭未改，至北齐罢废，改为大理寺。

十条，⁶⁶千八百八十二事，死罪决比⁶⁷，凡三千四百七十二条，⁶⁸诸断罪当用

66　大辟四百九十条：《汉书·刑法志》则载"大辟四百九条"。

67　决比：即决事比，当时凡判案无法律明文规定的，可以比附近似的条文，上报皇帝定案。这种汇编后再奏请皇帝批准的判例，称为"决事比"，即具有法律效力，可作为以后判案的根据。《汉书·刑法志》："死罪决事比万三千四百七十二事。"颜师古注："比，以例相比况也。"《周礼·秋官司寇·大司寇》："凡庶民之狱讼，以邦成弊之。"郑玄注引郑司农曰："邦成谓若今时'决事比'。"贾公彦疏："若今律其有断事，皆依旧事断之，其无条，取比类以决之，故云'决事比'。"杨一凡、刘笃才认为贾公彦所云"其有断事，皆依旧事断之"，当指的是判例；"其无条，取比类以决之"，当指的是类推，然决事比究竟是判例还是类推，或者既是判例又是类推，贾公彦的话不免含糊其辞。他们将秦汉的比分为律令之比、决事比（判例）、春秋决事比、作为行政事例的比。（参见杨一凡、刘笃才：《历代例考》，社会科学文献出版社 2009 年版，第 21 页）

关于决事比是否就是比，比的性质是类推还是判例，学者们有不同的看法。于振波认为比是类推，决事比是判例。吕丽、王侃认为汉魏晋时期的比不是比附而是在各方面有普遍约束力的成例。胡兴东认为秦汉时期的比是比附，是一种司法技术，强调适用过程，魏晋的比强调适用结果。参见于振波：《秦汉法律与社会》，湖南人民出版社 2000 年版，第 39 页；吕丽、王侃：《汉魏晋"比"辨析》，《法学研究》2000 年第 4 期；胡兴东：《比、类和比类——中国古代司法思维形式研究》，《北方法学》2011 年第 6 期。

68　凡三千四百七十二条：《汉书·刑法志》作"万三千四百七十二事"。高氏认为这是汉武帝时律令和决事比的情况，在于定国为廷尉之前，非于定国所集。《汉书·于定国传》亦不载此事，疑有误。（见高氏：《注译》，第 143 页）但"三千四百七十二"的一致恐非巧合。据校勘记［三］可知，这一段话当本于《汉书·刑法志》，《汉志》大辟四百九条，此志"九"下多"十"字，疑衍。又《汉志》死罪决比万三千四百七十二事，此志"万"作"凡"，亦误，疑本作"萬"之俗体字"万"，讹作"凡"字。若可通过校字证实两处死罪决事比条数相同，则可表明武帝（《汉志》）宣帝（本志）死罪决事比的一致。

者,合二万六千二百七十二条。后汉二百年间,律章无大增减。魏武帝[69]造甲子科[70]条,犯釱左右趾者,易以斗械。[71]明帝[72]改士民罚金之坐[73],

---

69　魏武帝:魏太祖武皇帝曹操(155—220年),字孟德,小字阿瞒,沛国谯县人。任东汉丞相,后为魏王,三国曹魏政权的实际缔造者,其子曹丕篡汉称帝后追尊为武皇帝,庙号太祖。执政期间倡导"拨乱之政,以刑为先",抑制不法豪强,强调"唯才是举"。

70　甲子科:曹操受封魏王后制定的法规。甲子:一说是在甲子日颁布;另一说以为甲子居干支首位,用来表始设、首创之义。科:补充一般律令的法规、科条,汉代有律、令、科、比等法律形式。《后汉书·安帝纪》元初五年(118年)诏曰:"旧令制度,各有科品。"三国法多承汉制,通过制订细则的"科"达到修改法律的目的。除曹魏《甲子科》外,还有蜀汉诸葛亮等曾定《蜀科》,东吴也曾颁"科条""科令"。

71　犯釱左右趾者,易以斗械:釱:一种铁制钳足刑具。《说文解字》:"釱,铁钳也。"又《太平御览·刑法部十·钳》:"《说文》曰:钳,以铁有所劫束也。釱,铁钳也。"《急就篇》:"鬼薪白粲钳釱髡"。《汉书·陈万年传》:"或私解脱钳釱,衣服不如法,辄加罪笞。"颜师古注:"钳在颈,釱在足,皆以铁为之。"

釱左右趾:以铁钳束左右趾代替刖刑的刑罚。《史记·平准书》:"敢私铸铁器煮盐者,釱左趾。"裴骃《集解》引韦昭云:"釱,以铁为之,著左趾,以代刖也。"司马贞《索隐》引张斐《汉晋律序》云:"状如跟衣,著(足)[左]足下,重六斤,以代膑,至魏武改以代刖也。"

斗械:即木械,《晋书·刑法志》:"于是乃定甲子科,犯釱左右趾者易以木械,是时乏铁,故易以木焉。"《汉书·公孙贺传》:"南山之竹不足受我辞,斜谷之木不足为我械。"颜师古注:"斜,谷名也,其中多木。械谓桎梏也。"所

———————

谓"桎梏"者，"桎"为木制脚枷，"梏"为木制手械。《周礼·秋官司寇·掌囚》郑玄注："郑司农云，拲者，两手共一木也，桎梏者，两手各一木也。玄谓在手曰梏，在足曰桎，中罪不拲，手足各一木耳。下罪又去桎。"表明木制的手械有两种，"梏"为单手所服用，"拲"则是双手铐在一起。《睡虎地云梦秦简》："公士以下居赎刑罪、死罪者，居于城旦舂，毋赤其衣，勿枸椟欙杕。"整理小组注："枸椟欙杕，均为刑具。枸椟应为木械，如枷或桎梏之类。欙读为缧（音雷），系在囚徒颈上的黑索。杕，读为鈦（音第），套在囚徒足胫的铁钳。"（睡虎地秦墓竹简整理小组：《睡虎地秦墓竹简》，文物出版社 1990 年版，第 51—52 页。）据《岳麓书院藏秦简（伍）》简 1797/223 记载："……诸当钳枸椟杕者，皆以钱〈铁〉当〈铛〉盗戒（械），戒（械）者皆胶致桎梏。不从令，赀二甲。·廷戉十七"（陈松长主编：《岳麓书院藏秦简（伍）》，上海辞书出版社 2017 年版，第 142 页）。反映出钳枸椟杕这些刑具，当时都规定用铁制作。（陈伟：《论岳麓秦简法律文献的史料价值》，《武汉大学学报（哲学社会科学版）》2019 年第 2 期）既有史料作为支撑，应更为准确。此外，校勘记［四］推测：然《隋书·刑法志》记梁陈之制云"囚有械、杻、斗械及钳"，或北朝亦有其制，只不过魏收以时制叙前代事。

72   明帝：魏明帝曹叡（204—239 年），字元仲，沛国谯县人，魏文帝曹丕长子。曹睿是曹魏比较重视法律的皇帝，《三国志·魏书·明帝纪》称其"好学多识，特留意于法理"。在位期间设置律博士制度，重视狱讼，改革刑制，令尚书陈群等人制《魏律》十八篇。

73   改士民罚金之坐：罚金本是汉代法制，曹魏时亦遵行。罚金以外，仍加以笞刑，魏明帝所做的改变则是男子可"以罚代金"。《晋书·刑法志》："魏明帝改士庶罚金之令，男听以罚金。"后来的《通典·刑法一·刑制上》《文献通考·刑考十上·赎刑》所载稍有差异，曰"男听以罚代金"。

除妇人加笞之制。[74]晋武帝[75]以魏制峻密，又诏车骑[76]贾充[77]集诸儒

74　除妇人加笞之制：废止笞刑对妇女的适用。《晋书·刑法志》："妇人加笞还从鞭督之例，以其形体裸露故也。"可见，妇女若加笞打之刑，必裸露形体，因此仅以鞭督之例处理。沈家本引《古今图书集成·祥刑典·鞭刑部》"魏明帝太和年间，定鞭督之令"，并认为妇人鞭督之例似非明帝始创："此事《魏志·明帝本纪》不载，《晋志》云：'明帝改士庶罚金之令，妇人加笞还从鞭督之例。'玩其文意，似本有鞭督之例，妇人还从之，非明帝始创也，当再考。《魏志·明纪》：'青龙二年春二月癸酉，诏曰：鞭作官刑，所以纠慢怠也，而顷多以无辜死。其减鞭杖之制，著为令。'"（沈家本：《历代刑法考·刑法分考十四》，第 379 页）

75　晋武帝：司马炎（236—290 年），字安世，河内温县人，司马懿之孙，司马昭嫡长子，篡魏建立晋朝，统一中原，结束三国鼎立状态。泰始四年（268 年），早在晋文帝时期筹划制定的法律完成并颁布，史称"泰始律令"。《晋书·刑法志》："文帝为晋王，患前代律令本注烦杂，陈群、刘邵虽经改革，而科网本密，又叔孙、郭、马、杜诸儒章句，但取郑氏，又为偏党，未可承用。于是令贾充定法律……泰始三年，事毕，表上。……四年正月，大赦天下，乃班新律。""于时诏书颁新法于天下。"然《晋书·武帝纪》载"又律令既就，班之天下"云云，可知"新律""新法"当包含"律"与"令"二者。参见《晋志译注》，注 67，第 26—27 页。

76　车骑：即车骑将军，古代的高级将军官名。汉制，位次于大将军及骠骑将军，而在卫将军及前、后、左、右将军之上，位次上卿。车骑将军主要掌管征伐背叛，有战事时乃拜官出征，事成之后便罢官。东汉末年开始成为常设的将军官名，唐朝之后废除。

77　贾充（217—282 年），字公闾，平阳襄陵人，曹魏至西晋时期重臣，曹魏豫州刺史贾逵之子，西晋王朝的开国元勋，官至车骑将军、司空、侍中、尚书令。三国魏时历任大将军司马、廷尉等职，亲附司马昭，参与代魏密谋，曾指使成济弑魏帝高贵乡公曹髦。贾充奉晋王司马昭之命定律，至晋武帝泰始三年（267 年）时才完成，所以志文改称晋武帝所命。

学[78],删定名例[79],为二十卷,并合二千九百余条。[80]

晋室丧乱,中原荡然。魏氏承百王之末,属崩散之后,典刑泯弃,礼俗浇薄[81]。自太祖[82]拨乱,荡涤华夏,至于太和[83],然后吏清政平,断狱省简,

---

78　儒学:硕学通儒。由此可见晋律是历史上第一部由大儒制定的二十卷(篇)本的法典,亦与《晋书·刑法志》所载晋律"峻礼教之防,准五服以制罪"的基本特征密切相关。

79　名例:一般意义的名例,相当于现代刑法总则。它源于所谓的《法经》之《具》,位于法典末篇,秦汉沿袭之,岳麓简、张家山汉简都有《具律》。魏新律将《九章律》第六篇的《具律》改为《刑名》,置于律典首篇。晋律始分成《刑名》《法例》。宋、齐、梁、陈、北魏因而不改。北齐把《刑名》《法例》合并成《名例》。北周则分为《刑名》《法例》。隋文帝时再并成《名例》。唐承袭不变,并为历代沿袭。名例本指《刑名》《法例》,但结合上下文来看,此处"名例"当指以《刑名》《法例》开始的《泰始律》二十卷。内田氏也认为,此处的名例不是指作为律篇名的《刑名》《法例》二律,而是意味着律的全体。(〔日〕内田氏:《译注》,第190页)

80　并合二千九百余条:这里指晋律令的总数。前面的"为二十卷"是特指《泰始律》。《晋书·刑法志》:"凡律令合二千九百二十六条,十二万六千三百言,六十卷,故事三十卷。"少了"余"字,并精确到2926条。

81　浇薄:社会风气浮薄。《后汉书·朱穆传》:"常感时浇薄,慕尚敦笃。"

82　太祖:北魏太祖道武皇帝拓跋珪(371—409年),字涉珪,鲜卑族,北魏开国皇帝。385年,拓跋珪趁乱重兴代国,在盛乐即位为王。次年定国号"魏",史称"北魏",改元"登国"。398年,他将国都从盛乐迁到大同,并自称皇帝。在位期间任用汉人治国,推进鲜卑族汉化,晚年政事苛暴,被次子杀死。

83　太和:北魏孝文帝的年号,477—499年。

所谓百年而后胜残去杀[84]。故权举[85]行事，以著于篇。

（马腾注）

84　胜残去杀：感化克服残暴的人使其不再作恶，便可不用死刑虐杀。语出《论语·子路》："善人为邦百年，亦可以胜残去杀矣。"

85　权举：专举，特举。

【今译】

　　自开天辟地以后，万物生长，它们兼具五行而成，缺一不可。金木水火土，相生相克。万物为阴阳所孕育，秉承天地自然之气而呈现形体。它们被雷霆振动，受云雨滋润，于春夏时生发滋长，于秋冬时枯灭敛藏。这表明德刑的设立乃出于自然神妙的造化。圣人居处天地之间，遵奉神祇旨意。人民有喜怒之性、哀乐之心，随感应而动，亦愈变愈杂。淳厚教化的熏陶，可使民众敦厚质朴。所以用异章服、画衣冠的象征惩罚表示耻辱，申明禁令，民众就不敢犯法。这种潮流日趋式微，奸邪诈伪就逐渐萌生。于是申明法令，设立刑赏。所以《尚书》说："公布常用的刑罚，用流刑宽宥五刑罪犯，用鞭打作为惩罚官员的刑罚，用扑挞作为教育的刑罚，用罚金作为赎罪的方式。有所仗恃终不悔改的应处死或判刑，因过失造成损害的犯罪则应宽免。"舜命令皋陶："五种刑罚各有轻重，服从五刑判决的罪犯应依照罪行或其身份在原野、朝、市三处分别执行。五种流放各有居所，分别到远近不同的三个地方。"夏代刑法有死刑二百条，膑刑三百条，宫刑五百条，劓刑、墨刑各一千条。商代沿袭夏代制度，可能有所增减。《周礼》载："建立轻、中、重三种刑法，用以治理邦国，用'五听'的审案方法探求民情，用'八议'的特别规定宽免天子亲族与贵族，用'三刺'的诉讼程序审慎断案。在外朝门左侧立嘉石，惩治不服教化的民众；右侧立肺石，受理起诉无门的案件。对于不能识别对象的犯罪、主观方面过失的犯罪、因遗忘而未预见后果的犯罪，给予减轻刑事责任的宽宥处理。未满八岁、八十岁以上、天生精神病的，除犯故意杀人的重罪外，免予追究刑事责任。"后来周朝政治逐渐衰败，周穆王年老仍治理国事，命令吕侯考虑制定适宜的刑法，用来督察四方，五刑的条文又增多了。当时遇到疑难案件广泛征询意见，与民众共同讨论，若众人有疑议则赦免犯人，务必考察大小不同的案例而参照确定。上古圣王如此爱民，毕竟一旦执行刑罚就不能逆转,所以君子都尽心审慎断案。

到了战国,诸侯国竞相使用严酷刑罚,蚕食吞并。商鞅携《法经》六篇入秦游说秦孝公,议定诛灭三族与连坐的法律。秦国风俗败坏浇薄,被称为虎狼之邦。迨及秦始皇当政时,兼并天下,毁弃先王典章制度,制定《挟书律》等禁令。法律繁如秋荼,法网密如凝脂。社会上奸邪诈伪并生,穿赭衣的囚徒充塞道路,狱案积压,监狱如同闹市。所以天下怨声载道,十家中有九家反叛秦朝。汉高祖刘邦进军关中,废除秦朝烦琐苛刻的法律,与父老约法三章。汉文帝仁慈宽厚,每年仅判决罪案四百件,几乎可以不用刑罚。汉武帝时期,为非作歹的人越来越多,致使法律增加五十多篇。汉宣帝时,路温舒上书说:"狱讼关乎天下生灵,《尚书》说:'与其杀死无罪的人,宁可漏掉有罪的人。'现在的办案官吏并非不仁慈,而是上下争先恐后,以处刑苛刻为执法严明。用刑苛刻者博取公正名声,执法平恕者却后患无穷。所以办案的官吏都想把犯人处死,不是他们憎恨犯人,而是保全自己的方法在于处死犯人。人之常情无非安好就享受生活,痛苦就想一死了之,严刑拷打之下,有什么口供探求不到的呢?所以犯人经受不住痛苦,就会编造假话迎合办案者,官吏则利用这种心理引导犯人招供。上报案情时又担心被驳回,就罗织罪状以弥补漏洞。这样一来,即使由皋陶听讼断案,也会认为罪犯死有余辜。为什么呢?因为经过官吏舞文弄墨,已使罪行看起来明白无误。所以说天下祸患,莫过于狱案的枉滥。"宣帝对此深表赞同。可悲啊!狱吏的危害已经很久了。所以说,古代治理刑案是为了使人活,今天治理刑案是为了让人死。这不能不慎重啊。于定国任廷尉时,收集各种法律共九百六十卷,死罪四百九十条、事例一千八百八十二例、死罪决事比共三千四百七十二条,各种断案应当适用的条文共二万六千二百七十二条。东汉二百年间,法律篇章没有大的增减。魏武帝制定甲子科条,让犯有须用脚镣钳住左右脚之罪的犯人改戴木制的刑具。魏明帝改变士人庶民罚金的律令,废除妇女犯罪加笞的制度。晋武帝考虑到曹魏法制严峻繁密,又下诏令车骑将军贾充召集诸位儒者删订名例,制定晋律二十卷,与晋令合计二千九百余条。

西晋亡于战乱,中原动荡不安。北魏承续历代帝王的事业,正值崩溃离乱之后,常刑泯灭毁弃,礼义风俗虚伪浇薄。自从魏太祖拨乱反正,荡涤中原大地,直至孝文帝太和年间,之后吏治清明,政治平稳,断案简省,正所谓百年后克服残暴,去除刑杀。因此,专门选取所行事务,记载成篇。

（马腾译）

【原文】

魏初，[86]礼俗纯朴，刑禁疏简。[87]宣帝南迁，[88]复置四部大人，[89]坐王庭

【注释】

86　魏初：此处所说的"魏初"在宣帝时期之前，但宣帝时期还没有建立北魏王朝，所以"魏初"并不是指道武帝所建北魏王朝初期，而是指北魏皇室先祖开始扩大势力的时期。但各注释本于此仅泛泛交待为"魏初""北魏初年""拓跋氏政权初期"等，需注意。

87　礼俗纯朴，刑禁疏简：《魏书·序纪》："昔黄帝有子二十五人，或内列诸华，或外分荒服。昌意少子受封北土，国有大鲜卑山，因以为号。其后，世为君长，统幽都之北、广漠之野。畜牧迁徙，射猎为业。淳朴为俗，简易为化。不为文字，刻木纪契而已。世事远近，人相传授，如史官之纪录焉。"

88　宣帝：名推寅。"宣帝"等道武帝以前拓跋部酋帅的谥号，皆是在天兴元年（398年）道武帝即位为皇帝以后追赠的。《魏书·太祖纪》天兴元年条："追尊成帝已下及后号谥。"安帝越死去后，推寅为拓跋部的酋帅。关于推寅的事迹，《魏书·序纪》中仅有以下记载："宣皇帝讳推寅立。南迁大泽，方千余里，厥土昏冥沮洳。谋更南徙，未行而崩。"另外，《三国志·魏书·鲜卑传》裴松之注引王沈《魏书》中亦可见"推演"："从上谷以西至炖煌，西接乌孙为西部，二十余邑。其大人曰置鞬落罗、日律推演、宴荔游等，皆为大帅，而制属檀石槐。"胡三省认为，王沈《魏书》所说的"推演"是指宣帝推寅。（《资治通鉴》卷77《魏纪九·元皇帝上》景元二年条胡三省注）若然，则宣帝是檀石槐属下的西部大人。关于此问题，学界目前有三种观点：①赞同胡三省的解释；②西部大人推演是指献帝邻，而不是指宣帝；③宣帝、献帝均与西部大人推演没有关系。参见倪润安：《拓跋南迁匈奴故地研究述评》，《东北史地》2012年第1期。

另，清人王鸣盛《十七史商榷》卷66《北史合魏齐周隋书二》"追尊二十八帝"条云："二十八帝谥号皆道武所定，而二十八帝中惟猗㐌、猗卢、郁律、翳槐、什翼犍名通于晋为可据。其余凡单名者，与猗㐌等不同，疑皆道武

时所追撰也。"志田不动麿亦曰:"《魏书》卷1《帝纪序纪》所见成皇帝毛以下至圣武皇帝诘汾的十四帝,均无非是后世所加虚构的帝王,这是无需等待论证之事。"([日]志田不动麿:《代王世系批判》,《史学杂志》第48编第2号,1937年)白鸟库吉亦认为,献帝邻以前君主的系谱均是后世所粉饰,但只有宣帝推演似非虚构人物。([日]白鸟库吉:《白鳥庫吉全集》第4卷,岩波书店1970年版,第149—152页)内田吟风认为,将十四帝视为虚构人物的观点没有积极性证据,这些帝王均是东汉时期鲜卑或东胡的部落大人,非世袭,此记载基于口授传说。([日]内田吟风:《北アジア史研究　匈奴篇》,同朋舍1975年版,第346页;《北アジア史研究　鲜卑柔然突厥篇》,同朋舍1975年版,第97—98页)

宣帝南迁:据《魏书·序纪》,宣帝时拓跋部由原住地南迁到"大泽"。学界一般认为,拓跋部的原住地在今大兴安岭北段,大泽是指今内蒙古自治区的呼伦贝尔湖一带。但是,有些学者提出异议。关于拓跋部的原住地,张博泉认为在今外兴安岭西麓及大兴安山(雅布洛诺夫山)。(参见张博泉:《嘎仙洞刻石与对拓跋鲜卑史源的研究》,《黑龙江民族丛刊》1993年第1期)郑君雷认为在贝加尔湖地区。(参见郑君雷:《早期东部鲜卑与早期拓跋鲜卑族源关系概论》,载吉林大学考古系编:《青果集——吉林大学考古系建系十周年纪念文集》,知识出版社1998年版)关于大泽,除了认为在呼伦贝尔湖以外,还有以下各种观点:①在今赤峰地区的达里诺尔湖;②在今西伯利亚地区的贝加尔湖;③在今嫩江流域;④在今蒙古国西部的科布多一带;⑤在今俄罗斯境内的通古斯河上游及安可剌河流域,即叶尼塞河上游地区;⑥在今河套一带。(参见前引倪润安:《拓跋南迁匈奴故地研究述评》)

关于"宣帝南迁"的年代,诸家说法不一。曹熙认为当在西汉武帝时期,陈可畏认为公元前40年代,马长寿认为建武年间(25—55年),杨军认为1世纪上半叶,黄烈认为东汉前期,郑君雷认为东汉前中期,温玉成认为公元90年左右,田余庆认为东汉桓帝时期(147—167年),姚大力认为2世纪中

———————

叶。（分别参见曹熙：《早期鲜卑史初探》，《齐齐哈尔师范学院学报》1985 年第 1 期；陈可畏：《拓跋鲜卑南迁大泽考》，《黑龙江民族丛刊》1989 年第 4 期；马长寿：《乌桓与鲜卑》，上海人民出版社 1962 年版，第 242 页；杨军：《拓跋鲜卑早期历史辨误》，《史学集刊》2006 年第 4 期；黄烈：《拓跋鲜卑早期国家的形成》，载中国社会科学院历史研究所魏晋南北朝隋唐史研究室编：《魏晋隋唐史论集》第 2 辑，中国社会科学出版社 1983 年版；郑君雷：《早期东部鲜卑与早期拓跋鲜卑族源关系概论》；温玉成：《论拓跋部源自索离》，《新疆师范大学学报》（哲学社会科学版）2012 年第 6 期；田余庆：《拓跋史探》，生活·读书·新知三联书店 2003 年版，第 24 页；姚大力：《论拓跋鲜卑部的早期历史——读〈魏书·序纪〉》，《复旦学报》（社会科学版）2005 年第 2 期）

89　复置四部大人：复置一般作为恢复设置之意使用，如《魏书·高宗纪》和平元年条："崔浩之诛也，史官遂废，至是复置。"从"复置"的表达来看，宣帝南迁以前应已有四部大人，后被废除；南迁以后又恢复设置，但文献中无载。

大人：有关东汉以后的文献中，将匈奴、乌桓、鲜卑、把娄、东沃沮、倭等非汉人部族的首领称为"大人"。各个部族均推选勇健并能处理争讼之人为大人，其地位原来未必世袭，但后来有些部族的大人为强大氏族所世袭。松田寿男认为，诸大人聚集在一处，通过集议选出"大人之大人"即最高地位的王者，或议决大事；拓跋部开始进入中国后，其属下大人的地位逐渐演化为官僚。（参见［日］松田寿男：《松田壽男著作集》第 2 卷《游牧民の歷史》，六兴出版社 1986 年版，第 327—340 页）

四部大人：关于四部大人的性质，诸家说法不一。内田吟风认为，四部大人是拓跋部属下有力部族的四个酋长。（参见前引内田吟风：《北アジア史研究　鲜卑柔然突厥篇》，第 142 页、第 160 页）山崎宏认为，在普通的部族大人之中，将诉讼决断能力特别高的人选任为四部大人；他们未必是专职从事司法的官僚，而是具有拓跋国家重臣的性质。（参见［日］山崎宏：《北魏の大人官に就いて（上）》，《東洋史研究》第 9 卷第 5—6 号，1947 年）曹永年认为，

决辞讼,[90]以言语约束,刻契记事,[91]无囹圄考讯之法,[92]诸犯罪者,皆临时

四部大人是专职从事司法的大人。(参见曹永年:《早期拓跋鲜卑的社会状况和国家的建立》,《历史研究》1987 年第 5 期)

复置四部大人:曹永年认为,四部大人之置,当是献帝邻率领部落南迁匈奴故地前夕所为,而不是宣帝南迁大泽之时,《刑罚志》的误解大概是因为宣、献二帝并号推寅的缘故。(参见前引曹永年:《早期拓跋鲜卑的社会状况和国家的建立》)

90　王庭:高氏认为"王庭"是指北方游牧民族大酋长居住的大帐幕,相当于汉族王朝的朝廷。(高氏:《注译》,第 145 页)

坐王庭决辞讼:内田吟风认为,四部大人举行的审判属于一种合议制审判,审理部族内不能处理的大问题。(参见前引[日]内田吟风:《北アジア史研究　鲜卑柔然突厥篇》,第 142 页)南匈奴亦有与此相似的制度。《后汉书·南匈奴列传》:"呼衍氏为左,兰氏、须卜氏为右,主断狱听讼,当决轻重,口白单于,无文书簿领焉。"

91　以言语约束,刻契记事:尚未发明文字,以契刻记录数目。《周易·系辞下传》:"上古结绳而治,后世圣人易之以书契。"《释名·释书契》中说:"契,刻也,刻识其数也。"前引《魏书·序纪》中亦有"不为文字,刻木纪契而已"的记载。乌桓亦有与此同样的情况。《三国志·魏书·乌丸传》裴松之注引王沈《魏书》:"大人有所召呼,刻木为信,邑落传行,无文字,而部众莫敢违犯。"

92　无囹圄考讯之法:没有监禁讯问的法律。曹永年认为,拓跋部不设囹圄,主要是因为游牧社会,人们逐水草而迁徙,无法建立庞大的监狱。(参见前引曹永年:《早期拓跋鲜卑的社会状况和国家的建立》)

决遣[93]。神元[94]因循,亡所革易。

　　穆帝[95]时,刘聪[96]、石勒[97]倾覆晋室。帝将平其乱,乃峻刑法,每以军

　　93　决遣:解决案件。西晋陆机《陆士衡文集·议论碑·晋平西将军孝侯周处碑》:"转为广汉太守。郡多滞讼,有经三十年不决者。处以评其枉直,一朝决遣。"

　　94　神元:即始祖神元帝力微(174—277 年),圣武帝诘汾之子,220—277 年在位。继位之初,西部大人来攻,国民离散,因此,力微投靠没鹿回部大人窦宾。窦宾死去后,力微杀害其二子,吞并其部众。258 年,迁都于盛乐(在今内蒙古自治区和林格尔县土城子乡土城子村)。

　　95　穆帝(?—316 年):名猗卢。神元帝力微之孙,文帝沙漠汗之子,桓帝猗㐌之弟。295—316 年在位。295 年,叔父昭帝禄官将拓跋部分为三部,禄官、猗㐌、猗卢分别率领一部,猗卢定居于盛乐。待猗㐌、禄官相继死去后,又统一了拓跋部。310 年,支援晋将刘琨击败鲜卑白部大人与匈奴铁弗部刘虎,因此西晋愍帝以猗卢为大单于,封代公。313 年,以盛乐为北都,以平城(今山西省大同市)为南都。315 年,被西晋愍帝封为代王。316 年,率军讨伐长子六修,反为六修所败,被擒获杀害。

　　96　刘聪(?—318 年):五胡十六国时期汉朝第三代国君。光文帝刘渊之子,废帝刘和之弟。他杀害刘和,即位为国君,310—318 年在位。谥号昭武帝。311 年,攻略洛阳,俘虏西晋怀帝。316 年,攻略长安,灭亡晋朝。《晋书》有载记。

　　97　石勒(274—333 年):字世龙。羯族,上党武乡人。部落小头目周曷朱之子。少年时被掠为奴,长大后为群盗。后来归属成都王司马颖部下的公师藩及汉朝光文帝刘渊,灭亡晋朝有功。与前赵皇帝刘曜对立,自称大单于、赵王,在襄国(今河北省邢台市)建立后赵。灭亡前赵,平定华北大半。330 年即位为皇帝。《晋书》有载记。

令从事。民乘宽政，多以违命得罪，死者以万计。[98]于是国落[99]骚骇。平文[100]承业，绥集离散。

98　帝将平其乱……死者以万计：《魏书·序纪》中亦有与此相关的记载："帝忿聪、勒之乱，志欲平之。先是，国俗宽简，民未知禁。至是，明刑峻法，诸部民多以违命得罪。凡后期者皆举部戮之。或有室家相携而赴死所，人问何之，答曰当往就诛。其威严伏物，皆此类也。"松永雅生认为，在拓跋部的传统上，部大人聚集而制定法规，部大人对部人适用之，但穆帝不顾这种传统，制定专制君主性质的法规并执行之。（参见［日］松永雅生：《北魏の三都（下）》，《東洋史研究》第 29 卷第 4 号，1971 年）

99　国落：内田氏将此翻译为"全国"，谢氏翻译为"境内"，周国林翻译为"国家各部落"，高氏翻译为"国势衰落"。（［日］内田氏：《译注》，第 191 页；谢氏：《注译》，第 328 页；周氏：《全译》，第 2345 页；高氏：《注译》，第 146 页）松永雅生认为，"国"是"国人"即拓跋部王室的属下，"落"是最少单位的部人聚落。（参见前引［日］松永雅生：《北魏の三都（下）》）按，"落"，聚落。"国落"疑为全国聚落之意；高氏的翻译恐误。

100　平文：即太祖平文帝郁律（？—321 年）。猗卢之弟思帝弗之子。317—321 年在位。猗卢死去后，桓帝猗㐌之子普根与其子相继即位，皆数月死去，郁律继位，击退刘虎的袭击，西兼并乌孙故地，东兼并勿吉以西之地。后为猗㐌之后妃所害。

昭成建国二年:[101]**当死者,听其家献金马以赎;**[102]**犯大逆者,亲族男**

101　昭成:即高祖昭成帝什翼犍(318—376 年)。郁律之子,烈帝翳槐之弟。翳槐死后,继承为代王。338—376 年在位。他此前作为人质在后赵国都邺,受到中原文明的影响,故即位后起用汉人,推行官制、法律的汉化,并扩大拓跋部的势力。后来为前秦苻坚所大败,被其子寔君杀害(一说为前秦所抓捕而押送到长安),代国灭亡。

建国二年:即 339 年。"建国"是代国什翼犍即代王位后改元的年号。

102　金:高氏将此翻译为"金钱"。(参见高氏:《注译》,第 147 页)按,《魏书·食货志》:"魏初至于太和,钱货无所周流,高祖始诏天下用钱焉。"钱币连北魏建国以后也未必流通,什翼犍时更不可能流通,故此处所说的"金"当是黄金。

"当死者,听其家献金马以赎",反映了鲜卑等北方游牧民族盛行的对即使应判死罪的犯罪也能以黄金、马匹等财物替代赔偿了结的赔偿主义刑罚的固有传统。参见[日]仁井田陞:《補訂　中國法制史研究　刑法》第七章"東アジア古刑法の發達過程と賠償制(ブーセ)",东京大学出版会 1981 年版,第 301—372 页。

女无少长皆斩；¹⁰³男女不以礼交皆死；¹⁰⁴民相杀者，听与死家马牛四十九头，

103　犯大逆者，亲族男女无少长皆斩：汉律中亦有与此相似的法规。《汉书·孔光传》："光议以为：'大逆无道，父母、妻子、同产无少长皆弃市，欲惩后犯法者也。……'"魏崴认为，"犯大逆者，亲族男女无少长皆斩"是汉人儒家文化影响的结果。（参见魏崴：《北魏法律的封建化进程》，《文史杂志》2001年第3期）但是，这条法规也有可能只不过是用汉语翻译的鲜卑法规。

大逆：汉律中的"大逆"是指"取代现在的天子，或加害于天子之身的企图及行为""破坏宗庙及其器物""危害天子的后继者的企图及行为"，包括谋反在内。（参见［日］大庭脩：《漢律における"不道"の概念》，载氏著《秦漢法制史の研究》，创文社1982年版）相对于此，唐律中的"大逆"仅是指"毁宗庙、山陵及宫阙"的行为，与谋反俨然有别。这段记载又见于《资治通鉴》卷122《宋纪四·太祖文皇帝上之下》元嘉八年条，但其中作"反逆者，族"。并且，"亲族男女无少长皆斩"在汉代作为对"大逆不道"罪的处罚适用（参见下文），谋反亦作为大逆不道罪处罚。因此，此处所说的"大逆"之意似乎与汉律所说的"大逆"近似。

104　男女不以礼交皆死：魏崴认为，这种法规是汉人儒家文化影响的结果。（参见前引魏崴：《北魏法律的封建化进程》）冨谷至认为，北魏制定这种法规有两个意图：其一，为了建设与汉人国家同等或其以上的文化国家，将儒教礼典引进到现实规范；其二，为了抹掉胡族是禽兽这一观念。（参见［日］冨谷至：《漢唐法制史研究》，创文社2016年版，第465—466页）相对于此，邓奕琦认为，这非谓违犯儒家婚礼"六礼"之制，而是指妨害破坏他人家庭的奸罪。（参见邓奕琦：《北朝法制研究》，中华书局2005年版，第34页）松永雅生认为，为了保持种族、姓族的纯种性，北魏以后再三禁止与卑类结婚，制定"男女不以礼交"法规的背景在于此。（参见前引［日］松永雅生：《北魏の三都（下）》）

死：冨谷至认为，"亲族男女无少长皆斩"的"斩"与"男女不以礼交皆死"的"死"分别相当于本志后文所说"世祖即位，以刑禁重，神䴥中，诏司徒崔浩定律令。……分大辟为二科：死、斩，死入绞"的"斩"与"死"，即斩首与绞杀。（参见前引冨谷至：《漢唐法制史研究》，第246页）另可参见后文注123。

及送葬器物以平之；[105]无系讯连逮[106]之坐；盗官物，一备[107]五，私则备十。[108]法令明白，百姓晏然。

105 民相杀者……及送葬器物以平之：杀人应赔偿马牛四十九头，赔偿额颇高。这种对杀人罪（包括伤害、盗窃、奸罪等）的赔偿规定主要见于非汉民族的法律，仁井田陞将其概称为"赔偿主义刑罚"，以与汉族传统的"实刑主义刑罚"相对。（参见［日］仁井田陞：《補訂　中国法制史研究　刑法》，东京大学出版会 1981 年版，第 326—340 页）

106 连逮：内田氏、高氏均将此翻译为"连坐"。（［日］内田氏：《译注》，第 191 页；高氏：《注译》，第 147 页）按，"逮"是县等某个机构需要拘束的犯罪嫌疑人、证人等人在其管辖之外时，该机构请求有关机构拘束并解送之。（参见［日］宫宅洁：《秦漢時代の裁判制度——張家山漢簡『奏讞書』より見た》，《史林》第 81 卷第 2 号，1998 年）连逮是指基于犯罪嫌疑人或证人的供述，还拘束别的犯罪嫌疑人或证人。《史记·酷吏列传·杜周传》："章大者连逮证案数百，小者数十人。远者数千，近者数百里。"

107 备：即赔偿。对此，《唐律疏议》卷 4、卷 19 等有"倍赃"的规定，即向盗窃犯征收盗窃物品的倍额的规定。如《名例律》"以赃入罪"条就规定："盗者，倍备"。疏议曰："谓盗者以其贪财既重，故令倍备。"倍备，"谓盗一尺，征二尺之类。"倍赃即是"倍备"，是特别处分。《资治通鉴》卷 122《宋纪四·太祖文皇帝上之下》元嘉八年条胡三省注："备，赔偿也，今人多云陪备。"

108 盗官物，一备五，私则备十：这种赔偿制度多见于北方亚细亚诸民族的法律。（参见前引仁井田陞：《補訂　中国法制史研究　刑法》，第 351—352 页）

这条法规涉及侵犯公、私财物的赔偿比例，赔私多于赔公。邓奕琦指出，这与汉律、唐律均对盗官物的科刑重于窃私财恰恰相反。对此原因，他认为，这是由于游牧民族个体经济分散经营，地缘关系相对薄弱，文化特质中蕴涵着比农耕民族更深刻的个体独立性；盗一匹马，也许致一户远离部落的贫苦牧民丧失大半家产，生产和生活难继，故侵犯私有财产被认为是社会危害性很大的犯罪。（参见前引邓奕琦：《北朝法制研究》，第 33—34 页）

太祖幼遭艰难，备尝险阻，具知民之情伪。[109]及在位，[110]躬行仁厚，协和民庶。既定中原，患前代刑网峻密，乃命三公郎[111]王德[112]除其法之酷

109　太祖(371—409 年)：名珪，谥号道武帝。拓跋寔之子，什翼犍之孙子(一说什翼犍之子)。少时其父寔、祖父什翼犍相继被杀，代国为前秦所灭亡，致其流寓匈奴独孤部。386 年，为贺兰部等诸部族所推举，即位为代王，改国号为魏。攻击独孤部、铁弗部、高车、柔然而扩大势力，进出中原，征服黄河以北之地。398 年，迁都于平城，即位为皇帝。409 年，为其子绍所杀。

太祖幼遭艰难，备尝险阻，具知民之情伪：《左传·僖公二十八年》中有与此相似的表达："楚子入居于申，使申叔去谷，使子玉去宋，曰：'……晋侯在外十九年矣，而果得晋国。险阻艰难，备尝之矣。民之情伪，尽知之矣……'"拓跋珪亦与晋文公一样，年轻时在国外流浪，故此处可能是特地模仿关于晋文公的记载。

110　及在位：后文有"既定中原"，故"及在位"应指登国元年(386 年)拓跋珪即位为代王以后，而不是指天兴元年(398 年)即位为皇帝以后。

111　三公郎：又作"三公郎中"，下文注 112 引《魏书·太祖纪》亦作"三公郎中"。尚书的属下，主掌刑狱。《唐六典·尚书刑部》注："后汉有二千石曹尚书，掌刑法，因立二千石郎曹。魏、晋、宋、齐并以三公郎曹掌刑狱，置郎中各一人……后魏、北齐三公郎中各置二人。"《资治通鉴》卷 167"陈武帝永定二年"条胡三省注三公郎中曰："三公郎，自魏、晋以来有之。《五代志》：后齐尚书列曹，三公郎中属殿中尚书，掌五时读律令，诸曹囚帐、断罪、赦日建金鸡等事。"

112　王德：其传未详。

切于民者,约定科令,大崇简易。[113]是时,天下民久苦兵乱,畏法乐安。帝

113　患前代刑网峻密……大崇简易:楼劲认为,"刑网峻密"一方面是指拓跋部以往每以军令从事的严刑酷法,另一方面也是指华夏法律系统相较于北族的繁多细密;"大崇简易"的含义一方面改变部落制及其军令约束之况,另一方面则要大幅度简化华夏之法以便于统治。(参见前引楼劲:《魏晋南北朝隋唐立法与法律体系》,第81页)

　　乃命三公郎王德……约定科令:《魏书·太祖纪》天兴元年条:"十有一月辛亥,诏尚书吏部郎中邓渊典官制,立爵品,定律吕,协音乐;仪曹郎中董谧撰郊庙、社稷、朝觐、飨宴之仪;三公郎中王德定律令,申科禁;太史令晁崇造浑仪,考天象;吏部尚书崔玄伯总而裁之。"同书《崔玄伯列传》:"(太祖)命有司制官爵,撰朝仪,协音乐,定律令,申科禁,玄伯总而裁之,以为永式。"同书《邓渊列传》:"渊明解制度,多识旧事,与尚书崔玄伯参定朝仪、律令、音乐。"这些记载皆说"定律令",而《刑罚志》却说"约定科令",没有提到"律令"。楼劲认为,"科令"魏晋以来常指律令之外随时随事形成的科条诏令,一般是并不以此来指代律令的;但是,五胡十六国时期所称的"律令",除仍在某种程度上流播或被沿用的汉、魏、西晋旧物外,主要是指时君随宜下达或制定的科条诏令,此处所说的"定律令"亦当是承此传统而来;天兴律是一部集诸刑事科令编纂而成的条制集,天兴令是相关诏令集,两者的性质和形态均深受汉代律令体制和律令观的影响,而相当不同于魏晋以来定型的律令。(参见楼劲:《魏晋南北朝隋唐立法与法律体系》,中国社会科学出版社2014年版,第77—99页)

知其若此,乃镇之以玄默[114],罚必从轻,兆庶欣戴焉。然于大臣持法不舍。季年灾异屡见,[115]太祖不豫,纲纪褫顿,刑罚颇为滥酷。[116]

114　玄默:清静无为,在此以"罚必从轻"为主要含义。《文选·赋戊·畋猎下·杨子云长杨赋》李周翰注:"玄默,无事也。"多见于《文子》《淮南子》《抱朴子》等道家或受道家思想影响的书籍。西汉文帝、景帝时期均流行所谓黄老思想,其清静无为的政策概称为"玄默"。如《汉书·刑法志》:"及孝文即位,躬修玄默。"《汉书·西域传》:"遭值文、景玄默,养民五世,天下殷富,财力有余,士马强盛。"

115　季年:晚年、末年。季年灾异屡见:《魏书·太祖纪》:"(天赐)六年夏,帝不豫。初,帝服寒食散,自太医令阴羌死后,药数动发,至此逾甚。而灾变屡见,忧懑不安,或数日不食,或不寝达旦。"

116　太祖不豫,纲纪褫顿,刑罚颇为滥酷:这是指太祖晚年因精神失调而引起政治混乱。褫:废弛。《荀子·非相》:"故曰:文久而息,节族久而绝,守法数之有司极礼而褫。"清王念孙《读书杂志·荀子二》:"念孙案,褫之言弛也,言疲于礼而废弛也。"《魏书·太祖纪》接着前注115所引记载云:"归咎群下,喜怒乖常,谓百僚左右人不可信,虑如天文之占,或有肘腋之虞。追思既往成败得失,终日竟夜独语不止,若旁有鬼物对扬者。朝臣至前,追其旧恶皆见杀害,其余或以颜色变动,或以喘息不调,或以行步乖节,或以言辞失措,帝皆以为怀恶在心,变见于外,乃手自殴击,死者皆陈天安殿前。于是朝野人情各怀危惧,有司懈怠,莫相督摄,百工偷劫,盗贼公行,巷里之间人为希少。"

太宗即位，¹¹⁷修废官，恤民隐¹¹⁸，命南平公长孙嵩、北新侯安同对理民讼，¹¹⁹庶政复有叙焉。帝既练精庶事，为吏者浸以深文避罪。

117　太宗（392—423 年）：名嗣，谥号明元帝。拓跋珪之长子，北魏第二代皇帝，409—423 年在位。拓跋珪为其子绍所杀，拓跋嗣杀绍，即位为皇帝。南朝宋武帝死后，他乘机攻宋，占领了司州及衮、豫州大部。

太宗即位：事在 409 年。

118　民隐：民众的痛苦。《国语·周语上》："是先王非务武也，勤恤民隐而除其害也。"韦昭注："隐，痛也。"

119　命南平公长孙嵩、北新侯安同对理民讼：《魏书·安同列传》亦云："太宗即位，命同与南平公长孙嵩并理民讼。"

长孙嵩（358—437 年）：拓跋部南部大人长孙仁之子，十四岁代父统军。前秦灭代，率部归刘库仁。淝水战后，拓跋珪复国，仍任南部大人。历任冀州刺史、侍中、司徒、相州刺史、太尉。《魏书》《北史》均有传。

安同（？—429 年）：辽东人，东汉安息国高僧安世高之后，前燕殿中郎将安屈之子。前燕灭亡后，随其父友人公孙眷经商，为拓跋珪所留。珪复国后，历任外朝大人、征东大将军、冀青二州刺史。《魏书》《北史》均有传。

世祖即位,[120]以刑禁重,神䴥中,诏司徒崔浩定律令。[121]除五岁四岁

120　世祖(408—452年):名焘,谥号太武帝,明元帝之长子,北魏第三代皇帝,423—452年在位。击退柔然,灭亡夏、北燕、北凉,统一华北。进攻南朝宋,大破之。镇压佛教,破坏寺院与佛像,坑杀僧侣。为宦官宗爱所害。

世祖即位:事在423年。

121　神䴥中,诏司徒崔浩定律令:据《魏书·世祖纪上》,神䴥四年(431年)"冬十月戊寅,诏司徒崔浩改定律令。"

司徒:北魏三公之一(原作"即丞相")。西汉哀帝元寿二年(前1年)改丞相为大司徒,与大司马、大司空并列三公。东汉光武帝建武二十七年(51年)改称司徒。东汉献帝建安十三年(208年)废除三公官,又置丞相、御史大夫,而三国魏文帝黄初元年(220年)改相国为司徒。北魏以太尉、司徒、司空为三公。但司徒"并非仅仅为荣誉性职位,而是握有一定的实权"。"唐长孺先生甚至直接把崔浩所担任的司徒目为宰相。"姚立伟:《北魏司徒职掌考略》,《淮南师范学院学报》2015年第1期。

崔浩(381—450年):字伯渊,清河郡东武城(今山东省武城县)人,汉族,天部大人崔宏(崔玄伯)之子。历任博士祭酒、太常卿等官职,后迁司徒,参与国政机谋。奉诏监修国史,而因其内容无所忌讳,故被夷九族。

刑,增一年刑。[122]分大辟为二科:死,斩;死,入绞。[123]大逆不道腰斩,诛其

122　除五岁四岁刑,增一年刑:本志后文亦云:"(太和十一年)秋八月诏曰:'律文刑限三年,便入极默……'"但是,本志后文却说:"(永平)三年……太保、高阳王雍议曰:'……案《贼律》云:谋杀人而发觉者流,从者五岁刑……'"又说:"神龟中……尚书三公郎中崔纂执曰:'……案《斗律》:祖父母、父母忿怒,以兵刃杀子孙者五岁刑,殴杀者四岁刑……'"可见永平三年(510年)、神龟年间(518—520年)又已有五岁刑、四岁刑。关于此问题,沈家本说:"神麚中虽曾删除,其后仍复旧制,但不知在何年。"(参见沈家本:《历代刑法考·刑制总考三·北魏》,第36页)乔伟认为,此时废除五岁刑、四岁刑只不过是一时的权宜之计。(参见乔伟:《五刑沿革考(下)》,《山东大学学报(哲学社会科学版)》1989年第2期)

《唐六典·尚书刑部》注中有相当于这段记载的部分,其中作"于汉魏以来律除髡钳五岁、四岁刑,增二岁刑。"

123　分大辟为二科:死、斩,死入绞:斩:冨谷至认为,对于大逆不道罪则另设特别重刑腰斩,故此"斩"乃"斩首"之谓。(参见前引冨谷至:《漢唐法制史研究》,第241—242页)

绞:"绞刑为死刑中的最轻者,可以全尸而殁,至北魏方明文规定入律,这亦为事实之证。"(韩国磐:《中国古代法制史研究》,人民出版社1993年版,第275页)沈家本则认为,三国魏以后的"弃市"是指绞刑。(参见沈家本:《历代刑法考·刑法分考四·绞》,第135—137页)而有些学者更认为,秦汉时期"弃市"的执行方法是绞杀。(参见张建国:《秦汉弃市非斩刑辨》、《"弃市"刑相关问题的再商榷——答牛继清先生》,载氏著《帝制时代的中国法》,法律出版社1999年版;曹旅宁:《从天水放马滩秦简看秦代的弃市》,载氏著《秦律新探》,中国社会科学出版社2002年版;李均明:《简牍法制论稿》,广西师范大学出版社2011年版,第32—33页)据这些观点,北魏以前已有绞刑。然而,程树德《九朝律考·晋律考上》指出:"其以绞为刑名,盖自北魏始。"冨谷至也认为,这些观点皆站不住脚,秦汉时期与南朝"弃市"的执

行方法是斩首,绞刑在北魏时才成为正刑。(参见[日]富谷至:《究極の肉刑から生命刑へ——漢—唐死刑考》,载《漢唐法制史研究》,创文社 2016 年版,第 241—250 页)按:其说可从。北魏的"弃市"亦未必是指绞刑。本志后文云:"司徒元丕等奏言:'……臣等谨议,大逆及贼各弃市袒斩,盗及吏受赇各绞刑,踏诸甸师。'"在这条记载中,"弃市"与"绞刑"之间有别,而且有"弃市袒斩"的说法,可见至少在此处所说的"弃市"不应是指绞刑。但是,《唐六典·尚书刑部》云:"至太武帝,始命崔浩定刑名……大辟有轘、腰斩、殊死、弃市四等。"沈家本认为,此处所说的"殊死"是指斩首。(参见沈家本:《历代刑法考·刑法分考三·斩》,第 131—132 页)若据此,我们不得不认为,此处所说的"弃市"是指绞刑。然而,《唐六典》是唐玄宗时代编纂的文献,成书晚于《魏书》,其中关于北魏的记载未必可靠。唐代确实有将"弃市"视为绞刑的观点,如《史记·高祖本纪》司马贞《索隐》云:"故今律谓绞刑为弃市,是也。"《唐六典》亦可能根据这种唐代的观点将北魏的绞刑称为"弃市"。

沈家本又认为,北周、北齐时才将"弃市"改称为"绞"。(参见沈家本:《历代刑法考·刑法分考四·绞》,第 135—136 页)按:这种观点无据。本志后文记述孝文帝时期的情况云:"入死者绞,虽有律,未之行也。"可见北魏律中已有"绞"。

富谷至推测,鲜卑族刑罚的目的之一是向神供牺牲、被除,绞杀就是杀害牺牲的方法。(参见前引[日]富谷至:《漢唐法制史研究》,第 246—248 页)

目前争议比较大的是对志文"分大辟为二科:死、斩;死,入绞"的不同句读及其理解。

①分大辟为二科死,斩死,入绞。(旧版、高氏、谢氏)

②分大辟为二科:死,斩;死,入绞。(新版)

③分大辟为二,科死斩死入绞。(程树德)

④分大辟为二科,死斩,死入绞。(布目氏、内田氏、富谷氏)

⑤分大辟为二科:死、斩,死入绞。(轮读会)

对"分大辟为二科死斩死入绞"这句话,旧版、高氏、谢氏皆从①句读,高氏翻译为"死刑分为两种处死,砍杀,绞死";谢氏翻译为"死刑分为两种行刑方式,一为斩首,一为绞死。"(高氏:《注译》,第148—149页;谢氏:《注译》,第334页)新版从②句读,把"死"作为"大辟"的代称,故句读为:分大辟为二科:死,斩;死,入绞。认为"死"是总例,二科死,指正式入刑的死法斩、绞,即"判处死刑,处斩;判处死刑,处以绞刑"。采取这两种方式,以明轻重。但作为"分大辟为二科"之后总例的"死"似乎是多余的说明,未必符合当时情况。程树德或句读为"分大辟为二,科死斩死入绞";或为"分大辟为二,科死斩死,入绞"。(分别见氏著:《九朝律考·后魏律考上》,中华书局1963年版,"魏数次改定律令"条,第346页;"死刑"条,第361页)。当然,程著最早版本为上海商务印书馆1927年版,以及1934年版并无标点,直至1955年版才加上新式标点,它与中华书局1963年版的标点均为后人所加,未必是程式原意,但可反映标点者的意见。程氏句读难以通读。相对于此,布目氏、内田氏、冨谷至句读为"分大辟为二科,死斩,死入绞",翻译为"分大辟为二种,即'死'与'斩'。处'死'时用绞刑"。([日]布目潮渢:《唐律研究(一)》,《立命馆文学》163号,1958年,后收入《布目潮渢中国史論集(上卷)》,汲古书院2003年版,第240页;内田氏:《译注》,第194页;冨谷至:《漢唐法制史研究》,创文社2016年版,第241页)

按:内田氏等的句读之意可从,可完善句读为:"分大辟为二科:死、斩,死入绞。"分大辟为二科,即死、斩二等。其中"斩"仍旧,无需说明;"死"采用绞刑(入绞)执行,因为它是北魏胡汉融合新出现的刑罚,隋唐绞斩二等死刑起源于北魏(前揭布目潮渢:《唐律研究(一)》等),故特予说明。

再往后看,元魏之律文仍作"大辟"而不作"死(刑、罪)"×××条,如据志文,正平元年(451年)律"门诛四,大辟一四五,刑二百二十一条";太安年间(455—459年)"增律七十九章,门房之诛十有三,大辟三五,刑六十二";太和五年(481年)律"凡八百三十二章,门房之诛十有六,大辟之罪二百三十五,刑三百七十七"等。可以推知这么多条的"大辟"罪,均分为死、斩二科(二等)处罚。

而把"大辟"作为死刑总称,不仅上古五刑如此,后代也仍有沿用的。如此前的《汉书·刑法志》"大辟四百九条,千八百八十二事";《唐六典·尚书刑部》说魏律"更依古义,制为五刑,其大辟有三";晋律"其刑名之制,大辟之刑有三:一曰枭,二曰斩,三曰弃市"。

此后的如《通典·刑法二·刑制中》记载元魏正平元年(451年)改定律制,"凡三百七十条,门房之诛四,大辟百四十五,刑二百二十一"。按:韩国磐认为:《通典》卷164所载"凡三百七十条"之数为是,盖门诛、大辟、五刑之数相加,正是如此。见氏著:《中国古代法制史研究》,人民出版社1993年版,第272页。此处所谓的"五刑"应为"刑","五"乃衍误。而《唐六典·尚书刑部》则记为"凡三百九十条,门房诛四条,大辟一百四十条,五刑二百三十一条"。陈仲夫点校本、近卫本《唐六典》均把"五"和后面的"刑"连在一起,断句为"五刑",且总条文合计为三百七十五条。韩国磐疑其有误,指出:《魏书·刑罚志》和《通典·刑制中》,于此只写作"刑",而不作"五刑",不知《唐六典》何据? 见氏著:《中国古代法制史研究》,人民出版社1993年版,第274页。此点,或可补新版校勘记[五]对《唐六典》材料的遗漏和相关辨析。

又如《唐会要·定格令》记载贞观律"[减]大辟者九十二条",《旧唐书·刑法志》"比隋代旧律,减大辟者九十二条",《新唐书·刑法志》"玄龄等遂与法司增损隋律,降大辟为流者九十二"等,皆是。

而"死"若作为总例,为何不如后世之律径称"死刑二(或分死为二科):绞、斩"? 修订本如此理解的"死",既无法作为总例包容"斩",也与神麚律前面的"大辟"同意重复而显得赘字? 尤其绞斩二等之"绞"如写作"入绞",不符合律文刑种刑等之"绞"的名目,且与"故事,斩者皆裸形伏质,入死者绞"等法律抵牾。

在北魏律的条文中,"死"作为一种法定刑的名称已出现。如本志前文云:"当死者,听其家献金马以赎;犯大逆者,亲族男女无少长皆斩;男女不以礼交皆死"。前揭冨谷至已指出,道武帝之前的拓跋部建国时期的法令中"犯大逆者,亲族男女无少长皆斩"的"斩"与"男女不以礼交皆死"的"死",分别相当于本志后文世祖神䴥四年(431年)"诏司徒崔浩定律令。……分大辟为二科:死斩,死入绞"的"斩"与"死",即斩首与绞杀。(参见冨谷至:《漢唐法制史研究》,创文社2016年版,第246页)后文云:"案《盗律》'掠人、掠卖人、和卖人为奴婢者,死'。回故买羊皮女谋以转卖,依律处绞刑。"又云:"案《贼律》云:'谋杀人而发觉者流,从者五岁刑;已伤及杀而还苏者死,从者流;已杀者斩,从而加功者死,不加者流。'"又云:"诸强盗杀人者,首从皆斩,妻子同籍,配为乐户;其不杀人,及赃不满五匹,魁首斩,从者死,妻子亦为乐户。"《魏书·定安王传》:"御史中丞侯刚案以不道,处死,绞刑,会赦免"。可见,"死"的执行方法是"绞"。本志后文就孝文帝时期的情况云:"故事,斩者皆裸形伏质,入死者绞,虽有律,未之行也……司徒元丕等奏言:"臣等谨议,大逆及贼各弃市袒斩,盗及吏受赇各绞刑,踣诸甸师。"又诏曰:'……今犯法至死,同入斩刑……'"

据上述分析可知:首先,此处的"斩"与"死"并列,都是"大辟"的二科(二等)之一,新版此处的"死"并不等同于"大辟",不是"总例",仅是表达新出现的绞刑而已,故其句读不可取。其次,各个条文中分别有"死"的法定刑以外,北魏律中似乎还有"死"处以绞刑的总括性规定("分大辟为二科:死、斩,死入绞")。再次,"死"是法定刑,"绞"是"死"的执行方法(如"入死者绞""处死,绞刑")。最后,虽然当时律中有"入死者绞"的规定,但有时实施,如"御史中丞侯刚案以不道,处死,绞刑";《魏书·奚康生传》的"亦就市绞刑"。有时未实施,"死"亦以斩刑处理。

同籍,年十四已下腐刑,女子没县官。[124]害其亲者轘之。[125]为蛊毒者,

124　大逆不道腰斩,诛其同籍,年十四已下腐刑,女子没县官:这种法规又见于汉魏晋南朝的律中。如《汉书·晁错传》:"后十余日,丞相青翟、中尉嘉、廷尉歐劾奏错曰:'……(晁错)亡臣子礼,大逆无道。错当要斩,父母、妻子、同产无少长皆弃市。臣请论如法。'"前引《新律序略》:"又改《贼律》,但以言语及犯宗庙园陵,谓之大逆无道,要斩,家属从坐,不及祖父母、孙。至于谋反大逆,临时捕之,或污潴,或枭菹,夷其三族,不在律令,所以严绝恶迹也。"《隋书·刑法志》就南朝梁的律云:"其谋反、降叛、大逆已上皆斩。父子同产男,无少长,皆弃市。母妻姊妹及应从坐弃市者,妻子女妾同补奚官为奴婢。赀财没官。"

不道:大庭脩认为,汉律中的"不道"是诸如背弃为臣之道,祸乱民政,危害君主及国家,颠覆当时社会体制的行为;不道是界限较宽的罪名概念,其中又有"大逆""罔上""狡猾"等诸种限制性小概念。(参见前引[日]大庭脩:《漢律における「不道」の概念》)但是,《晋书·刑法志》引《新律序略》云:"又改《贼律》,但以言语及犯宗庙园陵,谓之大逆无道,要斩,家属从坐,不及祖父母、孙。至于谋反大逆,临时捕之,或污潴,或枭菹,夷其三族,不在律令,所以严绝恶迹也。"据此,三国魏《新律》中的"大逆无道"与汉律不一样,不包括谋反等行为在内。北魏律的"大逆不道"是沿袭三国魏《新律》的,还是沿袭汉律的,则难以判断。《魏书·刘尼列传》云:"尼驰还东庙,大呼曰:'宗爱杀南安王,大逆不道……'"南安王是北魏第四代皇帝,杀害他的行为应该属于谋反,故此处所说的"大逆不道"中包括谋反在内。但此处所说的"大逆不道"是指律中所规定的罪名,还是只不过是刘尼批评宗爱所为的词语,则难以判断。

腰斩:截断腰部的死刑。原为秦制,汉魏晋南朝、北魏皆沿袭之。

同籍:《资治通鉴》卷129《宋纪十一》"大明三年四月"条胡三省注:"同籍,诸同宗属之籍者。"王承斌认为,北朝的"同籍"基本是户主的直系血亲,包括直系血亲中男性之配偶,但不是全部,分家独立成户的男性直系血亲不在同一户籍。(参见王承斌:《"门房诛"考辨》,《德州学院学报》2011年第3期)

腐刑：冨谷至认为，腐刑与宫刑不是完全相同的刑罚，只适用于男性。而宫刑是肉刑腐刑＋劳役刑的总称（如"腐为宫隶臣"），是绝对的终身刑。腐刑在西汉中期以后倾向于不执行，在隋《开皇律》中消除而不复存在，但其间唯一复活的就是北魏；腐刑是鲜卑族历来执行的行刑方法，故神䴥四年（431 年）作为正刑予以立法化。（参见前引氏著：《漢唐法制史研究》，第371—376 页，第 248 页）

县官：官方、国家。（参见［日］水间大辅：《秦漢"县官"考》，载早稻田大学长江流域文化研究所编：《中国古代史論集——政治·民族·術数》，雄山阁 2016 年版。）

125　害其亲者，轘之：害：内田氏认为是杀害之意。（［日］内田氏：《译注》，第 194 页）

亲：内田氏认为是父母之意，谢氏认为是父母等尊亲，高氏认为是尊亲之意，周国林认为是亲人之意。（［日］内田氏：《译注》，第 194 页；谢氏：《注译》，第 334 页；高氏：《注译》，第 149 页；周氏：《全译》，第 2346 页）按：杀害自己"亲"的行为应判处"轘"这一特别重刑，故此处所说的"亲"至少不应是指全部亲属。"亲"有父母之意，如俗语"天地君亲师"，而没有尊亲之意，故此处应是指父母。

轘：车裂。《说文·车部》："轘，车裂人也。"冨谷至认为，北魏的"轘"亦与汉代的车裂一样，是杀害受刑人后，用车引裂其尸体，而不是将活着的人用车引裂其身体。（参见前引冨谷至：《漢唐法制史研究》，第 251—253 页）楼劲认为，轘刑在汉魏晋时皆罕见，却广泛地出现于十六国时期；北魏亦在道武帝时适用过轘刑，故轘刑入律当不始于神䴥四年，而应在天兴定制之时。（参见前引楼劲：《魏晋南北朝隋唐立法与法律体系》，第 90—92 页）

害其亲者，轘之：对于杀害自己父母的行为，汉律亦严格处罚。汉律中一般将故意杀人处以弃市，但杀害自己父母的，处枭首。如张家山汉简《二

男女皆斩，而焚其家。[126]**巫蛊者，负羖羊抱犬沉诸渊。**[127]**当刑者**

年律令·贼律》："子贼杀伤父母、奴婢贼杀伤主、主父母妻子，皆枭其首市。"（简 34）南朝宋亦有与此同样的法律，如《宋书·孔渊之列传》："律文，子贼杀伤殴父母，枭首。"

邓奕琦认为："鲜卑法杀父兄无罪。神麚律列害亲罪，对之适用重于常事犯之轘刑，以此强调国家法律维护封建宗法伦理，强制改造少数民族落后风习。"（参见前引邓奕琦：《北朝法制研究》，第 51 页）

126　为蛊毒者，男女皆斩，而焚其家：汉律亦有关于蛊毒的处罚规定，如《周礼·秋官司寇·庶氏》郑玄注引《贼律》："敢蛊人及教令者，弃市。"

蛊毒：以邪术用虫等材料制造的毒药。《周礼·秋官司寇·庶氏》郑玄注："毒蛊，虫物而病害人者。"《唐律疏议·贼盗律》疏议曰："蛊有多种，罕能究悉，事关左道，不可备知。或集合诸蛊，置于一器之内，久而相食，诸虫皆尽，若蛇在即为蛇蛊之类。"北宋孙奭《律音义》："律言'蛊毒'者，谓聚诸毒虫，共在一器，使之相食，独在者将以毒人，谓之'蛊毒'。"

男女皆斩：内田氏翻译为"一家男女皆处斩刑"。

127　负羖羊抱犬沉诸渊：瞿同祖认为，"负羖羊抱犬沉诸渊"具有仪式制裁的意义，水有被除不祥的清洁作用，狗在邪术的破除上是常用的动物。（参见瞿同祖：《中国法律与中国社会》，中华书局 1981 年版，第 268—269 页）"沉诸渊"这种方式也符合林富士指出的，作为沉入水以杀害的"处决"方式，有沉河、沉渊与污潴两种的其中一种。且是神麚律令中独见的。（参见［日］宫宅洁：《中国古代"罪"的概念——罪秽、净化、分界》，载柳立言主编：《史料与法史学》，"中央研究院"历史语言研究所 2016 年版，第 69—102 页）冨谷至认为，这种刑罚在汉、晋诸律中全然不见，是一种带有胡族巫术性、宗教性仪式的处刑方式，其目的是被除或者对天供奉以净化罪恶。（参见前引冨谷至：《漢唐法制史研究》，第 246—247 页）

巫蛊：用邪术加害于人。

羖羊：《说文·羊部》："羖，夏羊牡曰羖。"《尔雅·释畜》郭璞注就"夏羊"

赎,¹²⁸贫则加鞭二百。¹²⁹畿内民¹³⁰富者烧炭于山,贫者役于圊溷¹³¹,女子

云:"黑羖羬。"学者一般根据这些记载认为,羖羊是指黑色的牡羊。但是,高启安认为,羖羊非公羊,更非黑色公羊,而是家山羊;由于南方蓄养之山羊多为黑色,故将"羖"讹为"黑羊"或"黑色公羊"。(参见高启安:《敦煌文献中羊的称谓研究——以"羖羊"为中心》,载波波娃、刘屹主编:《敦煌学:第二个百年的研究视角与问题》,Slavia,2012年版;《"羖羊"及敦煌羊只饲牧方式论考》,《西北民族大学学报(哲学社会科学版)》2013年第2期)

渊:这段记载又见于《通典·刑法二·刑制中》,其中"渊"作"泉",应是避唐高祖李渊之讳。

128　当刑者赎:沈家本指出:"迨崔浩定律令,当刑者赎。刑罪即年刑也。惟年刑许赎,则死罪不得赎,已不用金马之法矣。"(参见沈家本:《历代刑法考·刑法分考十六·赎》,第448页)内田氏认为,"当刑者"就徒刑而言,而且有些身份、年龄的人,及罪人有残疾、过失等事情,才能允许赎罪。([日]内田氏:《译注》,第196页)

129　加鞭二百:内田氏认为,赎的多少应该按照本来适用的刑罚有别,故鞭打次数亦应有别,"加鞭二百"是指其最高鞭数。([日]内田氏:《译注》,第196页)

130　畿内民:松永雅生认为是泛指北人。(参见[日]松永雅生:《北魏の三都(下)》,《東洋史研究》第29卷第4号,1971年)

畿内:马志强、张焯认为,北魏前期京畿的地理范围为:北阻阴山、东跨太行、南逾恒山、西沿黄河到达河套;太武以后,西、北、东南大面积回缩,定型为北邻六镇,东阻太行,南逾恒山(今原平以北),西傍黄河、朔州(治今托克托)。(参见马志强、张焯:《北魏平城京畿行政区划的演变》,《洛阳大学学报》2003年第1期)

131　役于圊溷:圊溷:厕所。《释名·释宫室》:"厕……或曰溷,言溷浊也。或曰圊,言至秽之处宜常修治使洁清也。"

春秋时期有豫让作为刑徒在厕所服役的例子,《史记·刺客列传·豫让传》:

入春槁;¹³²其固疾不逮于人,¹³³守苑囿。王官阶九品,得以官爵除刑。¹³⁴

"(豫让)乃变名姓为刑人,入宫涂厕,中挟匕首,欲以刺襄子。襄子如厕,心动,执问涂厕之刑人,则豫让,内持刀兵。"亦可见于战国军法,《墨子·号令》:"请〈诸〉有罪过而可无断者,令杙(抒)厕利之。"

132　女子入春槁:内田氏翻译为"女子从事晒或春谷物的工作"。([日]内田氏:《译注》,第194页)相对于此,高氏认为,"春槁"是《周礼·地官》所见"春人""槁人"的统称,"女子入春槁"是"女子入官府,服春米、烧饭等苦役"之意。(高氏:《注译》,第149页)可从。

133　其固疾不逮于人:固疾,长久不愈之病。《礼记·月令》:"(季冬)行春令,则胎夭多伤,国多固疾,命之曰逆。"郑玄注:"生不充性,有久疾也。"

其固疾不逮于人:内田氏翻译为"残疾废疾而不如常人的人"。([日]内田氏:《译注》,第194页)相对于此,松永雅生认为是"其疾病非传染性的痼疾者"。(参见前引[日]松永雅生:《北魏の三都(下)》)

134　王官阶九品,得以官爵除刑:王官阶,多释为朝廷的官阶([日]内田氏:《译注》,第194页)、朝廷命官(高氏:《注译》,第149页)。佐立治人疑"王"应为"其"或"百"之误,如"王官"为"百官"之误,则"王官阶九品"应为"百官的阶是九品的"或者"百官是阶九品的",并认为,这是文献中所见最早的"官当"制度。唐律中的官当是以自己的官职去抵当因犯罪而受的刑罚,但在北魏,除了"官"以外,还可以以"爵"抵当刑罚。(参见[日]佐立治人:《北魏の官當制度——唐律の官當規定の淵源をたずねて》,载梅原郁编:《前近代中國の刑罰》,京都大学人文科学研究所1996年版)不过,官爵除刑渊源有自,睡虎地秦简所见秦律即有以爵抵罪,《晋书·刑法志》载曹魏新律有"杂抵罪七",程树德认为:"按杂抵罪,殆即除名夺爵之类,今不可考。"(参见程树德:《九朝律考·魏律考》,第195页)张建国认为除了"殆即除名夺爵之类"之外,还有免官、夺俸。(参见张建国:《魏晋五刑制度略论》,《中外法学》1994年第4期)另,《太平御览》卷651《刑法部·除名》引晋律:"除名比三岁刑";"免官比三岁刑;其无真官而应免者,正刑召还也"。

妇人当刑而孕,产后百日乃决。[135] 年十四已下,降刑之半,[136] 八十及九岁,非杀人

135　妇人当刑而孕,产后百日乃决:妇人:有些学者认为,唐律所说的"妇人"是指已婚女人。然而,滋贺秀三认为,唐律所说的"妇人"是女人的总称,不论是否已婚。(参见[日]滋贺秀三:《唐律令における「婦人」の語義——梅村惠子氏の批判に答えて》,载氏著:《中國法制史論集　法典と刑罰》,創文社 2003 年版)其说可从。此处所说的"妇人",亦可能未必仅指已婚女人。

《春秋繁露·三代改制质文》:"法不刑有怀任新产,是月不杀。……法不刑有身怀任,是月不杀。"西汉末期有实施这种措施的例子。如《汉书·王莽传上》:"(王)宇妻焉怀子,系狱,须产子已,杀之。"唐律亦有与此相似的规定。如《唐律疏议·断狱律》:"诸妇人犯死罪,怀孕,当决者听产后一百日乃行刑。"又云:"诸妇人怀孕,犯罪应拷及决杖笞,若未产而拷,决者杖一百,伤重者依前人不合捶拷法;产后未满百日而拷决者减一等。"

136　年十四已下,降刑之半:北魏以前的律令中亦有对少年犯罪减免刑罚的规定。如《汉书·惠帝纪》:"民年七十以上,若不满十岁,有罪当刑者,皆完之。"张家山汉简《二年律令·具律》:"公士、公士妻及□□行年七十以上,若年不盈十七岁,有罪当刑者,皆完之。"(简 83)又云:"有罪年不盈十岁,除。其杀人,完为城旦春。"(简 86)《汉书·刑法志》:"至成帝鸿嘉元年(前 20 年),定令:'年未满七岁,贼斗杀人及犯殊死者,上请廷尉以闻,得减死。'"《周礼·秋官·司刺》郑众注:"幼弱、老旄,若今律令年未满八岁,八十以上,非手杀人,他皆不坐。"《晋书·刑法志》就西晋《泰始律》云:"轻过误老少女人,当罚金杖罚者,皆令半之。"(参见《晋志译注》,注 526,第 249—251 页)《太平御览·刑法部十七》"收赎"条:"晋律曰:'其年老小、笃癃病及女徒,收赎。'"但是,在上述律令条文中,皆未以 14 岁为减刑标准,故这可能是北魏独自的减刑标准。相对于此,"降刑之半"或是模仿《泰始律》中的"令半之"。

不坐。¹³⁷拷讯不踰四十九。¹³⁸论刑¹³⁹者,部主¹⁴⁰具状,公车鞫辞,¹⁴¹而三都¹⁴²

137　八十及九岁,非杀人不坐:八十及九岁,即八十岁以上及九岁以下。《通典·刑法二·刑制中》《册府元龟·刑法部·定律令》均有近似记载,但其中将"九"作"九十",误。《周礼·秋官司寇·司刺》郑众注:"幼弱、老旄,若今律令年未满八岁,八十以上,非手杀人,他皆不坐。"《晋书·刑法志》引张斐《律表》:"若八十,非杀伤人,他皆勿论。"可见"八十……岁,非杀人不坐"系沿袭汉律或晋律。

138　拷讯不踰四十九:一般认为此处的"四十九"表示杖打次数,但姜小川认为表示年龄。(姜小川:《中国古代刑讯制度及其评析》,《证据科学》2009 年第 5 期)按:本志后文:"理官鞫囚,杖限五十。"据此,北魏献文帝规定,法官拷讯犯罪嫌疑人时,刑杖数限于五十下,与"四十九"近似。而且,隋唐律亦有这种限制,如《隋书·刑法志》:"至是尽除苛惨之法,讯囚不得过二百。"《唐律疏议·断狱律》:"诸拷囚不得过三度,数总不得过二百,杖罪以下不得过所犯之数。"因此,此处的"四十九"似乎表示杖打次数。

139　论刑:论,作出判决。《后汉书·鲁丕列传》李贤注:"决罪曰论。"

刑:内田氏认为是徒刑之意。([日]内田氏:《译注》,第 195 页)

140　部主:内田吟风认为是监临部主之意,此处具体是指州国以外的诸司长官,即殿中尚书、兰台中丞御史、九豆和官、太官、尚方之长官等吏。(参见前引内田吟风:《北アジア史研究　鲜卑柔然突厥篇》,第 146 页)相对于此,松永雅生认为是指部族长。(参见前引松永雅生:《北魏の三都(下)》)

141　公车鞫辞:公车,原为汉代官署名称,为卫尉的下属机构,掌管宫殿司马门的警卫。天下上事及征召等事宜,经由此处受理。(关于公车的相关文献记载,参见安作璋、熊铁基:《秦汉官制史稿》,齐鲁书社 2007 年版,第130—132 页)《魏书·高宗纪》亦云:"(太安元年夏六月)癸酉,诏曰:'……使者受财,断察不平,听诣公车上诉……'"内田吟风认为,太和十六年(492 年)

废除三都大官(参见下注 142)时,公车亦丧失司法官厅的作用。(参见前引
[日]内田吟风:《北アジア史研究　鲜卑柔然突厥篇》,第 147 页)

　　鞫,审讯。《汉书·车千秋传》颜师古注:"鞫,问也。"同书《邹阳传》颜
师古注:"讯谓鞫问也。"同书《张汤传》颜师古注:"鞫,穷也,谓穷核之也。"

　　辞,供词。睡虎地秦简《封诊式》:"讯狱　凡讯狱,必先尽听其言而书
之,各展其辞。虽智(知)其詑,勿庸辄诘。其辞已尽书而毋解,乃以诘者诘
之。诘之有(又)尽听书其解辞。有(又)视其它毋解者以复诘之。诘之极而
数詑,更言不服,其律当治(笞)谅(掠)者,乃治(笞)谅(掠)。治(笞)谅
(掠)之必书曰:'爰书:以某数更言,毋解辞,治(笞)讯某。'"(简 2—5)

　　公车鞫辞,内田氏举出两种解释。一种解释是"公车审理其文书"之意,
另一种解释是"公车直接就罪人审理其讼词"之意。([日]内田氏:《译注》,
第 195—196 页)按:"鞫"有审讯之意,后一种解释可从。

　　142　三都:"中都""内都""外都"三个司法机构的总称,主掌狱讼。其
长官分别称为"中都(坐)大官""内都(坐)大官""外都(坐)大官",总称为
"三都(坐)大官"。关于三都大官名称的起源、设置和废除年代、职责等问
题,学界尚有分歧。关于其名称起源,周兆望认为,三都大官首先应是"都
官",再冠以"大"字;"都官"名号自汉魏以来早已有之,而且拓跋氏所置高
级官吏喜冠以"大"字,如"诸部大人"等;三都大官是华夷杂糅型职官。(参
见周兆望:《北魏"三都大官"若干问题考辨》,《文史哲》2002 年第 1 期)相对
于此,内田吟风认为,三都大官的"大官"又称为"大达官","达官"是土耳
其、蒙古语的"达干"(Tarqan)。(参见前引[日]内田吟风:《北アジア史研
究　鲜卑柔然突厥篇》,145 页)柏俊才认为,"都坐"是大臣商量政事的地
方,即政事堂;"大官"的起源是拓跋鲜卑族的"大人官";三都大官是个胡汉
杂糅的官制,既吸收了汉族"都坐"的传统,又融合了拓跋鲜卑族大人官的特
点。(参见柏俊才:《北魏三都大官考》,《中南大学学报(社会科学版)》2011
年第 1 期)

关于其设置年代,柏俊才认为,三都在昭成帝什翼犍时始建,但太祖道武帝登国元年(386 年)以后开始履行刑狱之事。(参见前引柏俊才:《北魏三都大官考》)严耀中认为,三都大官始设于道武帝登国、皇始年间(386—397 年)。(参见严耀中:《北魏前期政治制度》,吉林教育出版社 1990 年版,第 136 页)内田吟风认为,至晚在道武帝末期已有三都大官之制。(参见前引[日]内田吟风:《北アジア史研究　鲜卑柔然突厥篇》,第 143 页)周兆望认为,至迟在天兴二年(399 年)已设立了三都大官。(参见前引周兆望:《北魏"三都大官"若干问题考辨》)松永雅生认为,皇始元年(396 年)设"都坐大官",太宗泰常二年(417 年)将其分为"中都大官""内都大官""外都大官"三职。(参见[日]松永雅生:《北魏の三都(上)》,《東洋史研究》第 29 卷第 2、3 合并号,1970 年)

关于三都大官的废除年代,内田吟风、松永雅生均认为,三都在太和十六年(492 年)颁布新律令时被废除。(参见前引[日]内田吟风:《北アジア史研究　鲜卑柔然突厥篇》,第 147 页;前引松永雅生:《北魏の三都(下)》)周兆望认为,三都大约在太和十七年(493 年)被废除。(参见前引周兆望:《北魏"三都大官"若干问题考辨》)柏俊才认为,太和九年(485 年)改革官制时被废除。(参见前引柏俊才:《北魏三都大官考》)

关于就任三都大官的人的出身,内田吟风认为几乎均是北方民族。(参见前引内田吟风:《北アジア史研究　鲜卑柔然突厥篇》,第 145 页)松永雅生认为是拓跋氏宗室、属下部族酋帅及通晓北人传统习俗的汉人。(参见前引[日]松永雅生:《北魏の三都(上)》)

关于三都大官的职责,内田吟风认为,他们分别具有中都、内都、外都三个管辖区域,处理各自管辖下发生的犯罪案件,但对于重大的犯罪案件,以三人合议审理。(参见前引内田吟风:《北アジア史研究　鲜卑柔然突厥篇》,第 142—146 页、第 161 页)相对于此,松永雅生认为,三都大官分别承担各自管辖地域的审判;中都掌管的主要是皇室直辖的京畿四郡(代、上谷、

决之。当死者,部[143]案奏闻。以死不可复生[144],惧监官[145]不能平,狱成皆

雁门、广宁),及北魏建国以前京城周边的归国部族;内都是以京官为中心的北人;外都是畿内周边的八部大人管辖下的部族及其他族部;但是,他们分别处理的是到检察的阶段为止,审议裁决由全体三都大官协议。(参见前引[日]松永雅生:《北魏の三都(上)(下)》)要瑞芬认为,三都大官专门受理鲜卑部民的案件。(参见要瑞芬:《北魏前期法律制度的特征及其实质》,《中央民族大学学报(社会科学版)》1997年第3期)严耀中认为,由三都大官来裁决的案件仅限于京畿之内;后来,三都大官除了折狱判决以外,还负责品评官吏。(参见前引严耀中:《北魏前期政治制度》,第140—142页)周兆望认为,中都大官掌京城刑狱,内都大官掌畿内刑狱,外都大官掌畿外刑狱;三都大官除了刑狱以外,还有率兵征战、参与军国大事的决策等职责;任此职者绝大多数为武夫,不少人同时兼任将军等军职。(参见前引周兆望:《北魏"三都大官"若干问题考辨》)柏俊才认为,虽然三都大官有刑律之责,但刑律之事非三都大官的主要职责,其主要职责是行军打仗。(参见前引柏俊才:《北魏三都大官考》)

关于三都大官的定员,松永雅生认为,三都大官未必分别设一人,而有时设二人以上。(参见前引[日]松永雅生:《北魏の三都(上)》)严耀中亦认为,在三都大官中,每一种约有二人。(参见前引严耀中:《北魏前期政治制度》,第138页)

关于其属下,严耀中认为,三都大官起先可能并未有属下,后来设置令、下大夫、奏事中散等下属官员。(参见前引严耀中:《北魏前期政治制度》,第141页)柏俊才认为,三都大官的最高长官为令,其僚属有曹和尉。(参见前引柏俊才:《北魏三都大官考》)

143　部:高氏认为是指中央主管官署。(高氏:《注译》,第149页)

144　死不可复生:见于西汉文帝时期所谓的"缇萦上书"中。《史记·孝文本纪》载缇萦上书曰:"……妾伤夫死者不可复生,刑者不可复属。"

145　监官:承担相关事务的官吏。《后汉书·百官志五》本注:"里魁掌一里百家。什主十家,伍主五家,以相检察。民有善事恶事,以告监官。"

呈,¹⁴⁶帝亲临问,无异辞怨言乃绝之。诸州国之大辟,皆先谳报乃施行。¹⁴⁷

146　论刑者……狱成皆呈:狱成:一直是专门法律术语,即通过刑事程序,犯罪事实已经确定。《唐律疏议·名例律》"除名"条注:"狱成,谓赃状露验及尚书省断讫未奏者。"疏议曰:"犯十恶等罪,狱成之后虽会大赦犹合除名。狱若未成,即从赦免。注云赃状露验者,赃谓所犯之赃,见获本物;状谓杀人之类,得状为验。虽在州县,并名狱成。'及尚书省断讫未奏者',谓刑部复断讫,虽未经奏者,亦为狱成。"亦可参见下文注493、498。

松永雅生认为,通过这种程序审理的是,超出部族审判(参见注147)规定的大纲或传统的罪行,及罪行性质特别重大的案件。(参见前引[日]松永雅生:《北魏の三都(下)》)

147　诸州国之大辟,皆先谳报乃施行:州国,当时所说的"州国"是指州郡及鲜卑特别居住地域八国。(参见前引[日]内田吟风:《北アジア史研究鲜卑柔然突厥篇》,第146页)松永雅生认为,"诸州"是指汉人居住的"州郡",而"国"是指北人部族居住地,但这条法规应该适用于汉人(参见本注下文),故本志记载为误,当作"州囚"。(参见前引[日]松永雅生:《北魏の三都(下)》)

谳:将案情上报,请示。《礼记·文王世子》:"狱成,有司谳于公。其死罪,则曰:'某之罪在大辟。'其刑罪,则曰:'某之罪在小辟。'"郑玄注:"谳之言白也。"孔颖达疏:"谳,言白也。谓狱断既平定其罪状,有司以此成辞言白于公。"《后汉书·孔融列传》李贤注引《前书音义》:"谳,请也。"

报:回报,此处是指上级机关对"谳"的批复。例如,张家山汉简《奏谳书》案例1:"·疑毋忧罪,它县论,敢谳(谳)之……·廷报:当要(腰)斩。"(简6—7)

诸州国之大辟,皆先谳报乃施行:内田吟风认为,州国中发生犯罪案件时适用这条法规,不属于州国而隶属于官府的人犯罪时适用"论刑者,部主具状,公车鞫辞,而三都决之。当死者,部案奏闻。……狱成皆呈,帝亲临问,无异辞怨言乃绝之"。(参见前引[日]内田吟风:《北アジア史研究　鲜

阙左悬登闻鼓[148]，人有穷冤则挝鼓，公车上奏其表。是后民官渎货，帝思

卑柔然突厥篇》，第 146 页）相对于此，松永雅生认为，这条法规与"除五岁、四岁刑……贫则加鞭二百"均适用于汉人，而"畿内民……无异辞怨言乃绝之"适用于"畿内民"即北人；"畿内民……拷讯不踰四十九"属于部族审判，是各部大人对属下部众的罪行实施的审判。（参见前引［日］松永雅生：《北魏の三都（下）》）要瑞芬认为，这条法规与"当死者，部案奏闻。……狱成皆呈，帝亲临问，无异辞怨言乃绝之"，均是对畿外汉人的审判程序，而"论刑者，部主具状，公车鞫辞，而三都决之"是鲜卑八部民众居住的京畿地区，由三都大官负责审理案件。（参见前引要瑞芬：《北魏前期法律制度的特征及其实质》）

这种所谓死刑复奏制度已见于汉初，如张家山汉简《二年律令·兴律》："县道官所治死罪及过失、戏而杀人，狱已具，勿庸论，上狱属所二千石官。二千石官令毋害都吏复案，问（闻）二千石官。二千石官丞谨掾，当论，乃告县道官以从事。彻侯邑上在所郡守。"（简 396—397）据这条律文，汉初县、道均无权作出死刑判决，郡守等二千石官才有作出死刑判决的权限。但是，鹰取祐司认为，至晚在西汉武帝时期郡亦已无权作出死刑判决，必须向御史大夫呈报，若御史大夫判断为应判处死刑，则上奏皇帝请求认可。（参见［日］鹰取祐司：《漢代の死刑奏請制度》，《史林》第 88 卷第 5 号，2005 年）唐代以后亦有这种制度，州县及中央机构均无权作出死刑判决，必须请求皇帝的批准。

148　登闻鼓：在宫阙外所悬之鼓，臣民有谏议或冤情时，可击之上闻。《水经注·谷水》："今阙前水南道右，置登闻鼓，以纳谏也。昔黄帝立明堂之议，尧有衢室之问，舜有告善之旌，禹有立鼓之讯，汤有总街之诽，武王有灵台之复，皆所以广设过误之备也。"《周礼·夏官司马·大仆》："建路鼓于大寝之门外而（大仆）掌其政，以待达穷者与遽令，闻鼓声，则速逆御仆与御庶子。"三国魏似已有关于登闻鼓的法规，如《晋书·刑法志》引《新律序略》："科有登闻道辞。"史籍亦载有击登闻鼓上闻的实例，如同书《武帝纪》："西平

有以肃之。太延三年，[149]诏天下吏民，得举告牧守之不法。[150]于是凡庶之凶悖者，专求牧宰[151]之失，迫胁在位，取豪于闾阎。而长吏咸降心以待之，苟免而不耻，贪暴犹自若也。

（［日］水间大辅注）

人樴路伐登闻鼓，言多祅谤。有司奏弃市。帝曰：‘朕之过也。’舍而不问。”《世说新语·规箴》：“元皇帝时，廷尉张闿在小市居，私作都门，蚤闭晚开，群小患之，诣州府诉，不得理；遂至挝登闻鼓，犹不被判。”

149　太延三年：即 437 年。

150　得举告牧守之不法：该诏书的内容详见《魏书·世祖纪上》：“（太延三年）夏五月己丑，诏曰：‘方今寇逆消殄，天下渐晏。比年以来，屡诏有司，班宣惠政，与民宁息。而内外群官及牧守令长，不能忧勤所司，纠察非法，废公带私，更相隐置，浊货为官，政存苟且。夫法之不用，自上犯之。其令天下吏民，得举告守令不如法者。’”太宗明元帝时亦发出过与此同样的诏书，如《魏书·太宗纪》：“（神瑞元年）冬十一月壬午……诏守宰不如法，听民诣阙告言之。”

151　牧宰：泛指州县长官。州之长官称为“牧”，县之长官称为“宰”。《旧唐书·良吏上·韦仁寿列传》：“仁寿将兵五百人至西洱河，承制置八州十七县，授其豪帅为牧宰。”

【今译】

拓跋部初期,礼仪风俗纯朴,刑法疏略简省。宣帝南迁后,恢复设置四部大人,他们坐在王庭判决诉讼案件,凭语言约束,刻木记事。没有牢狱、拷打审讯的做法,凡是犯罪的人,都是临时判决。神元帝仍沿袭旧法,没有什么变革。

穆帝时,刘聪、石勒颠覆晋朝。穆帝为平定叛乱,严刑峻法,常以军令治事。而民众已习惯于宽政,很多人因违犯命令而获罪,被处死的人数以万计。于是,全国骚乱惊骇。平文帝继承前代基业,招集安抚离散人户。

昭成帝建国二年制定法规:犯罪当死的,允许其家属献黄金或马匹赎罪;犯大逆的,其亲属男女无论老少皆处斩;男女之间不遵守礼法通奸的,皆处死;民众有杀人的,允许杀人者给死者家马牛四十九头,以及送葬器物,用此平息事态;没有拘囚、审讯和连逮的法律;盗窃官方物品,赔偿五倍,盗窃私人财物就赔偿十倍。法令明白,百姓安逸。

太祖幼时遭受艰难,备尝险阻,熟悉民情。即位后,亲自实行仁慈宽厚的政策,使民众和睦协调。既已平定中原,忧虑前代刑法严峻细密,就命令三公郎王德废除其中对民众严酷的规定,约定科令,大力推崇简易刑法。当时,天下民众苦于兵乱已久,畏惧法律而乐于安宁。太祖知道这种状况,就用清静无为的方式治理国家,刑罚必定从轻,获得天下百姓的喜爱与拥戴。但对大臣却不放弃严格执法。太祖晚年灾异屡次出现,太祖又疾病缠身,致使法纪废弃,刑罚颇为酷滥。

太宗即位,恢复废弛的官职,抚恤民众的疾苦,命令南平公长孙嵩、北新侯安同共同处理民众诉讼,各种政务重新有序。太宗既精通各种事务,官吏就逐渐采用严刑酷法来避免获罪。

世祖即位,因刑法过重,在神麚年间诏令司徒崔浩修定律令。废除五岁刑、四岁刑,增加一年刑。死刑分为斩、死两种,死以绞执行。犯大逆不道的处腰斩,诛杀其同籍之人,年龄十四岁以下者(指男子)处腐刑,女子没入官府。杀害父母的处轘刑。制造蛊毒的,不论男女皆处斩,并焚烧其家。用巫术害人的,判处背负黑公羊怀抱狗沉入渊池的刑罚。其所犯之罪应判徒刑的,可以赎罪,贫穷的则鞭打二百下。畿内民众富有的进山烧炭,贫穷的在厕所服役,女子服舂米、烧饭等劳役;患有痼疾不如常人的罪犯则罚守苑囿。官员官阶在九品之内者,可以用官爵抵刑。妇女应当处以刑罚而已怀孕,等待产后百日再执行刑罚。年龄十四以下的,减刑一半,八十以上及九岁以下的,只要不是杀人的不论罪。拷打讯问犯罪嫌疑人时,不能超过四十九下。判处徒刑时,由部主提出案状,公车再审讯嫌疑人,三都作出判决。其所犯之罪应当判处死刑时,由其所辖中央主管官厅提出判决意见,再上奏皇帝。由于人死不可复生,惧怕主办官员作出不公平的处理,故凡是判处死刑的案件一旦犯罪事实已经确定,皆要呈报皇帝,由皇帝亲自审问嫌疑人,嫌疑人没有异词、怨言后才执行死刑。各州国的死罪案件都要先上报,得批准后才能执行。宫门外左面悬登闻鼓,百姓有无法解决的冤案可击鼓告状,公车将其申状向皇帝上奏。此后地方官吏贪污钱财,于是太武帝想肃清这种弊病。太延三年,诏令天下吏民,可以告发地方长官的不法行为。于是,民众中的凶恶之徒专找州县长官的过失,逼迫威胁在职的官员,在民间称霸。而地方长官皆谨慎小心地对待他们,只求能够免除这种灾祸却不以为耻,贪暴仍一如既往。

（[日]水间大辅译）

【原文】

时舆驾[152]数亲征讨及行幸[153]四方,真君五年,[154]命恭宗[155]总百揆[156]监国[157]。少傅[158]游雅[159]上疏曰:"殿下亲览百揆,经营内外,昧旦而兴,[160]

【注释】

152　舆驾:亦作"轝驾",皇帝或帝后乘坐的车驾,即乘舆。此处指北魏太武帝。蔡邕《独断》:"天子至尊,不敢亵渎言之,故托于乘舆也。"后世以"乘舆"代称皇帝,如唐律"指斥乘舆罪"。

153　行幸:此处专指天子出行。据蔡邕《独断》:"天子车驾所至……赐以食帛,民爵有级,或赐田租,故谓之幸。"《汉书·元帝纪》:"四年春正月,行幸甘泉,郊泰畤。三月,行幸河东,祠后土。"

154　真君五年:即 444 年。真君,即太平真君,世祖太武帝拓跋焘的第五个年号。

155　恭宗(428—451 年):太武帝拓跋焘长子,名拓跋晃。延和元年(432年)封皇太子;太平真君五年(444 年),太武帝西征凉州时监国;正平元年(451年)卒。后被其长子高宗追尊为景穆帝,庙号恭宗。见《魏书·恭宗纪》。

156　总百揆:总:统领,统管。《荀子·哀公》:"总要万物于风雨。"百揆:此处指百官及各种政务。《后汉书·张衡传》:"百揆允当,庶绩咸熙。"此词另指总理国政之官。《尚书·舜典》:"纳于百揆,百揆时叙。"蔡沉集传:"百揆者,揆度庶政之官,惟唐虞有之,犹周之冢宰也。"

157　监国:监管国事。有两层含义:其一,专指太子代君主管理国事。《国语·晋语一》:"君行,太子居,以监国也。"其二,君主因故不能亲政,由权臣或近亲摄政。《新五代史·周太祖纪》:"太后制以威监国。"

监国制度对于研究北魏政权具有重要意义,曹文注详疏史料,指出:北魏建国初在皇位继承上"不崇储君"和"待成人而择"原则,造成魏初政治动乱,成为监国制度之缘起;明元帝拓跋嗣既确立嫡长子继承制,又迫于贵族联盟之势而设置了辅弼机构,可谓对旧制的突破与妥协;明元一世的太子监国较为顺利,而《刑罚志》此处所提及太子监国则隐含了新形势下的皇帝与太子之间的权力争夺,颇为复杂与曲折。(参见曹文柱:《北魏明元、太武两朝的世子监国制度》,《北京师范大学学报》1991 年第 4 期)李凭指出:明元帝采纳汉族士人崔浩建议,以太子监国制消除拓跋部落兄终弟及遗制的影响,确立了父子相承的皇位继承制,之后却演变为太子集团,膨胀成为与皇权对抗的势力,酿成太武帝末年的正平事变。事变结果,皇权与太子势力两败俱伤,与母权制遗俗相关的母后势力乘机抬头,因之而起矫枉过正的子贵母死制度,进而形成保母抚养太子的惯例,又发展为保母干预政治。乳母常氏干政最终导致文明太后临朝听政,出现了与道武帝建立子贵母死制度的初衷恰恰相反的结果。直至 494 年文明太后去世,拓跋皇权方得重新伸张。(参见李凭:《北魏平城时代》,社会科学出版社 1999 年初版,上海古籍出版社 2011 年修订版)关于此处所提"命恭宗总百揆监国"的解读,张志雄在《一条线索贯穿一个时代、于细微处显考证功夫——评〈北魏平城时代〉》(《晋阳学刊》2001 年第 4 期)一文中对李凭的观点有所补充,洼添庆文在《关于北魏的太子监国制度》(《文史哲》2002 年第 1 期)一文中,结合皇帝出京时设置的留台制度进一步分析与解读北魏的太子监国制度,亦可参看。

　　158　少傅:太子少傅,辅导太子的职官。

　　159　游雅(404—481 年):字伯度,广平任(原河北省任县东南,今属邢台市任泽区)人。太武时,拜中书博士、东宫内侍长,迁著作郎、散骑侍郎,曾与中书侍郎胡方回一起改定律令。和平二年(461 年)卒,赠相州刺史,谥曰宣侯。见《魏书·游雅列传》。

　　160　昧旦而兴:昧旦,天将明未明之时,破晓。《诗经·郑风·女曰鸡鸣》:"女曰鸡鸣,士曰昧旦。"兴,起来。

诸询国老[161]。臣职忝[162]疑承[163]，司是献替[164]。汉武时，始启河右四郡[165]，

161　国老：《大戴礼记·千乘》："于时有事，蒸于皇祖皇考，息国老六人，以成冬事。"内田氏、谢氏分别释为"国家的老臣们""朝廷元老重臣"，并无大异，可从。（［日］内田氏：《译注》，第 197 页；谢氏：《注译》，第 338 页）此词另有他义，一为掌教化之官，《孔子家语·弟子行》："宜为国老。"王肃注："国老，助宣德教。"二为告老退职的卿、大夫、士。《左传·僖公二十七年》："国老皆贺子文。"孔颖达疏："然则国老者，国之卿大夫士之致仕者也。"高氏即基于此意而释为"告老退职的卿大夫"。（高氏：《注译》，第 150 页）

162　忝：辱，有愧于，常用作谦辞，如忝为人师。

163　疑承：疑，内田氏所据武英殿本作"凝"，而百衲本、宋明本、南监本均作"疑"。（［日］内田氏：《译注》，第 197 页）疑承，亦作"疑丞"，古官名，供天子咨询的四辅中的二臣，后泛指辅佐大臣。《礼记·文王世子》："虞、夏、商、周，有师保，有疑丞。"《尚书大传》："古者天子必有四邻，前曰疑，后曰丞，左曰辅，右曰弼。"

164　献替："献可替否"的省略表达，进献可行者，废去不可行者；指对君主进谏，劝善规过。语出《左传·昭公二十年》："君所谓可而有否焉，臣献其否以成其可。君所谓否而有可焉，臣献其可以去其否。"

165　河右四郡：河右，即河西，古代泛指黄河以西的地区，相当于今宁夏回族自治区和甘肃省一带。河右四郡，即河西四郡，指汉武帝时所设武威、酒泉、张掖、敦煌四郡。汉武帝即位后，经卫青、霍去病几次打击，匈奴势力渐衰而向西转移，汉遂于元鼎二年（前 115 年）在令居以西初置酒泉郡，"稍发徙民以充实之"，同年由酒泉郡分出武威郡，又于元鼎六年（前 111 年）从酒泉、武威二郡分出张掖、敦煌二郡。见《汉书·西域传》《资治通鉴》卷 20"武帝元鼎二年"及"武帝元鼎六年"。

议诸疑罪[166]而谪徙[167]之。十数年后，边郡充实，并修农戍[168]，孝宣因之，

166　疑罪：难以决断的嫌疑罪行，或事实认定存疑，或事实确定而适用法律存疑。汉武帝时，将疑罪人犯谪徙边陲，并非常行之法。张建国指出，汉代有狱疑报谳的法律规定，张家山汉简《奏谳书》所见相关案例，基本是事实确证而定罪量刑存疑；至于一些在犯罪事实方面就产生疑狱的情况，对疑罪不罚将放纵罪人，而疑罪要罚又必须减轻，减等处罚与实刑不符，故而对疑罪适用对应于实刑的替代刑——赎；且正是疑罪从赎的存在构成了汉初赎刑存在的基础。（参见张建国：《论西汉初期的赎》，《政法论坛》2002 年第 5 期）

刘柏纯指出中国古代关于疑罪有如下处理方法：一是罪疑从赦。《尚书·吕刑》："五刑之疑有赦，五罚之疑有赦，其审克之。"二是罪疑从轻。《汉书·于定国传》："其决疑平法，务在哀鳏寡，罪疑从轻，加审慎之心。"三是罪疑从赎。四是罪疑从实，即将疑罪按已查证属实的犯罪认定并处罚。（参见刘柏纯：《我国疑罪处理原则的嬗变》，《政法学刊》2009 年第 5 期）前三种处理均有史料参证，唯"罪疑从实"的理解似有欠周延。至唐，疑罪及从赎的处理明晰规范于法律之中。《唐律疏议·断狱律》："诸疑罪，各依所犯，以赎论。"注："疑，谓虚实之证等，是非之理均。或事涉疑似，傍无证见，或傍有闻证，事非疑似之类。"

167　谪徙：义同"谪戍"。贾谊《过秦论》："谪戍之众，非抗于九国之师也。"指因罪而被遣送至边远地方担任守卫，并非特指职官因罪而被遣送。故释为"指职官因罪，遣戍远方"（见谢氏：《注译》，第 342 页注（15）），或有不妥。武帝时，疆域扩张，尤其首开河西和重夺岭南，给边界的防守带来极大压力，为巩固防守，朝廷通过各种方法向边地移民，谪徙边陲便成为策略之一。《汉书·武帝纪》载，汉武帝元狩五年（前 118 年）"徙天下奸猾吏民于边"，元封六年（前 105 年）"益州、昆明反，赦京师亡命，令从军，遣拔胡将军郭昌将以击之"，天汉元年（前 100 年）"发谪戍屯五原"。此外，还有犯人家属随同迁徙充实边陲的记载，如《汉书·地理志下》："自武威以西，本匈奴昆邪王、休屠王地，武帝时攘之，初置四郡，以通西域，鬲绝南羌、匈奴。其民或以关东下贫，或以报怨过当，或以悖逆亡道，家属徙焉。"

168　农戍：屯垦戍边，是古时一项重要的治边政策。朱绍候认为：屯田

以服北方[169]。此近世之事也。帝王之于罪人，非怒而诛之，欲其徙善而惩

始于西汉，由秦朝的更戍制、汉初的"募民实边"和"北假田官"发展演变而来。汉通西域过程中军队粮草供应、商路保护以及西域各国动向的监护，均须在西域驻军并屯田。（参见朱绍候：《两汉屯田制研究》，《史学月刊》2012年第 10 期）

169　孝宣因之，以服北方：孝宣：指汉宣帝，前 74—49 年在位，原名刘病已，即位后改名询，汉武帝曾孙，戾太子刘据长孙，史皇孙刘进长子，生母为王翁须。见《汉书·宣帝纪》。宣帝屯田戍边在史籍中多见记载，赵充国再上《屯田十二便》奏议后，宣帝最终确定河湟屯田，稳定羌患。

以服北方：汉朝的屯田主要在西域与北边，此处即指征服、稳定北方匈奴。

恶。谪徙之苦,其惩亦深。自非大逆[170]正刑[171],皆可从徙[172],虽举家投远,

170　大逆:沈家本认为,汉代的不道罪并非固定概念;大逆不道是不道中的最重者,相当于后世法典中的谋反大逆罪。(参见沈家本:《历代刑法考·汉律摭遗·贼律》,第1413—1414页)大庭脩认为,大逆包括:取代现在的天子或加害天子之身的企图及行为、破坏宗庙及其器物、危害天子的后继者的企图及行为。(参见[日]大庭脩:《汉律中"不道"的概念》,载杨一凡总主编:《中国法制史考证》丙编第1卷,籾山明卷主编:《日本学者考证中国法制史重要成果选译·通代先秦秦汉卷》,徐世虹译,中国社会科学出版社2003年版,第369—433页)另参见前文注103及下文注171。

171　正刑:《汉书·刑法志》:"周有乱政而作九刑。"颜师古注引韦昭曰:"谓正刑五(墨、劓、剕、宫、大辟),及流、赎、鞭、扑也。"而《周礼·秋官·司刑》"掌五刑之法"贾公彦疏:"九刑者,郑注《尧典》云:正刑五,加之流、宥、鞭朴、赎刑,此之谓九刑者。"正刑指墨、劓、剕、宫、大辟五刑。

此处"大逆正刑"指犯大逆按律当处死刑。《魏书·刑罚志》中多次强调对死罪的减免不得适用于大逆罪,如"昭成建国二年:当死者,听其家献金马以赎;犯大逆者,亲族男女无少长皆斩","延兴四年,诏自非大逆干纪者,皆止其身","使受戮者免裸骸之耻……大逆及贼各弃市袒斩"。此处减免罪刑徙边的处理亦排除大逆罪。与后文"自非大逆、手杀人者,请原其命,谪守边戍"相照应。

172　徙:大庭脩在《汉代的徙迁刑》中指出:"汉代的徙迁刑(迁徙刑),首先保留着《尚书·舜典》中'流宥五刑'的代刑的痕迹……另一方面,可以认为,它已经作为一种制度,几乎是与正刑相等的处置方式,而且,因罪行轻重而有徙迁地点远近的区别等,与后世比较完备的流刑相类似。"(参见[日]大庭脩:《秦汉法制史研究》,林剑鸣等译,上海人民出版社1991年版,第161—162页)尽管如此,两汉时期的迁徙刑并未列入国家法定的常用刑,其适用仍多属临时、变通、例外采用的措施,如上述为边防需要而对疑罪人犯适用徙边刑。

忻[173]喜赴路,力役终身,不敢言苦。且远流分离,心或思善。如此,奸邪可息,边垂足备。"恭宗善其言,然未之行。

六年[174]春,以有司断法不平,诏诸疑狱皆付中书[175],依古经义论决[176]之。初,《盗律》[177],赃[178]四十匹致大辟,民多慢政[179],峻其法,赃三匹

173　忻:同"欣"。

174　六年:指太平真君六年,即445年。

175　中书:指中书省,魏晋始设,在北魏亦称西台,是职掌诏命奏事等机密的中央机构。在此,应具体指中书省的长官中书令或者中书侍郎等官员。详见注271。

176　依古经义论决:汉以来"经义决狱"的延续,又称"春秋决狱",是司法官在无法律明文规定的情形下援用儒家经义,尤重以《春秋》为据审理案件的做法。其代表人物董仲舒的有关断狱原则与案例曾汇编成《春秋决事比》十卷(今仅存六事),广泛影响两汉及后世司法,此处亦可见其对北魏司法之作用。

177　《盗律》:谢氏释为"惩治偷盗的律令"。(见谢氏:《注译》,第339页)高氏释为"盗律"。(见高氏:《注译》,第151页)后文有:"律:'枉法十匹,义赃二百匹大辟。'"故从高氏注。旧版作"初盗律",没有逗号及律之篇名的书名号,不妥。

178　赃:此处指盗窃所得财物。《晋书·刑法志》:"货财之利谓之赃。"至唐律有"六赃":强盗、窃盗、受财枉法、受财不枉法、受所监临财物、坐赃。滋贺秀三认为唐律的"赃是指在财物的夺取或授受而构成犯罪时,成为夺取或授受对象的财物。比起我们所说的赃物仅指盗赃而言,具有更广泛的意义。与赃有关的犯罪,都要与赃的评价额相对应来决定各等级的刑罚的轻重"。([日]滋贺秀三:《唐律疏议译注篇一》名三二,解说,载日本律令研究会编:《译注日本律令》第5卷,东京堂1979年版,第187页)

179　慢政:轻慢政策或法令。

皆死。正平元年[180]，诏曰："刑网大密[181]，犯者更众，朕甚愍之。其详案律令，务求厥中[182]，有不便于民者增损之。"于是游雅与中书侍郎胡方回[183]等改定律制。《盗律》复旧，加故纵、通情、止舍之法[184]及他罪，

180　正平元年：指 451 年。正平，世祖太武帝第六个年号。

181　大密：大，殿本作"太"，百衲本、南监本作"大"。（［日］内田氏：《译注》，第 199 页）

182　厥中：指不偏不倚、中正平允之道。《尚书·大禹谟》："人心惟危，道心惟微，惟精惟一，允执厥中。"孔颖达疏："信执其中正之道。"

183　胡方回：胡义周之子，后秦姚泓在位时任黄门侍郎，夏赫连屈丐执政时任中书侍郎。他博览史籍，写有《统万城铭》《蛇祠碑》等文。赫连昌被灭后，入北魏。后为北镇司马，为太武帝所赏识，召为中书博士，官至侍郎。见《魏书·胡方回列传》。

184　故纵、通情、止舍之法：内田氏所用武英殿版本此处句读为"加故纵通情止舍之法"。（［日］内田氏：《译注》，第 199 页）故纵，谓知人犯法而不检举，或故意开脱其罪。《汉书·刑法志》："于是招进张汤、赵禹之属条定法令，作见知故纵、监临部主之法。"颜师古注："见知人犯法不举告为故纵……"通情，传递消息或情况，此处指向罪犯通风报信。《三国志·魏书·董卓传》："卓闻之，以为慗琼等通情卖己，皆斩之。"富谷氏指出，《魏书》卷 21《献文六王》、卷 40《陆俟传》、卷 93《恩幸传》均有"通情"之语，意同。汉律有"知情"的法律术语，是与罪人交通之意，如《后汉书·孔融传》引汉律："汉律，与罪人交关三日已上皆应知情"，与"通情"意同。（［日］内田氏：《译注》"补注"第 38，第 284—285 页）止舍，止息的屋舍。《梁书·吕僧珍传》："高祖颇招武猛，士庶响从，会者万余人，因命按行城西空地，将起数千间屋，以为止舍。"此处指知情而为罪犯提供安顿之处，即限于主观故意之行为。

凡三百九十一条[185]。门诛[186]四，大辟一百四十五，刑二百二十一

185　凡三百九十一条：《资治通鉴》卷 126"文帝元嘉二十八年"亦作"三百九十一条"，而《唐六典·尚书刑部》为"凡三百九十条"。《通典·刑法二·刑制中》为"凡三百七十条"。校勘记［五］：按下"门诛""大辟""刑"之条目相加，正得三百七十条。当是。韩国磐句读为"及他罪凡三百九十一条"，与此略有不同。（氏著：《中国古代法制史研究》，人民出版社 1993 年版，第 271 页）

186　门诛：又称"门房之诛"，北魏特有的缘坐形式，此后多有变化。《资治通鉴》卷 133"苍梧王元徽二年"胡三省注"始罢门、房之诛"为："门诛者，诛其一门；房诛者，诛其一房。时河北大族如崔、如李，子孙分派，各自为房。"将门诛与房诛相区分。韩国磐指出：北魏有门诛之法，应从《魏书·序纪》所谓的"举部戮之""室家相携而赴死所"，来求其源，这种门诛之法，固非汉晋所有。（氏著：《中国古代法制史研究》，人民出版社 1993 年版，第267—268 页）《刑罚志》记录北魏于正平元年（451 年）定门诛四章；太安四年（458 年），"又增律七十九章，门房之诛十有三"；又于"延兴四年，诏自非大逆干纪者，皆止其身，罢门房之诛"；太和"五年冬讫，凡八百三十二章，门房之诛十有六，大辟之罪二百三十五，刑三百七十七；除群行剽劫首谋门诛，律重者止枭首"；（太和）十一年（487 年）春，又诏曰："前命公卿论定刑典，而门房之诛犹在律策，违失《周书》父子异罪。推古求情，意甚无取。可更议之，删除繁酷。"亦可参见［日］内田氏：《译注》，第 200 页。

"门诛""房诛""门房诛（门房之诛）"三个概念似乎界定不明，从上述《刑罚志》记载以及《通典·刑法五·杂议下》《唐六典·尚书刑部》对"门诛四"的对应记载分别为"门房之诛四""门房诛四条"可知，"门诛""门房诛"与"门房之诛"指代统一，而其与"房诛"的关系则尚存疑惑。前述胡三省注将门诛与房诛相区分。然，何为一门，何为一房，二者在北魏时期是否如胡三省所注的在法律上有明确区分，限于史籍所载欠缺有关房诛的内容，故尚难以界定。

条。[187]有司虽增损条章,犹未能阐明刑典。

―――――――――

187　门诛四,大辟一百四十五,刑二百二十一条:《通典·刑法二·刑制中》为"凡三百七十条,门房之诛四,大辟百四十五,刑二百二十一"。韩国磐认为:《通典》卷 164 所载"凡三百七十条"之数为是,盖门诛、大辟、五刑之数相加,正是如此。(氏著:《中国古代法制史研究》,人民出版社 1993 年版,第 272 页。按:唯此处所谓门诛、大辟、五刑的"五刑"应为"刑"。断句无误而列举刑罚"五刑"有误)而《唐六典·尚书刑部》则为"凡三百九十条,门房诛四条,大辟一百四十条,五刑二百三十一条"。陈仲夫点校本、近卫本《唐六典》均把"五"和后面的"刑"连在一起,断句为"五刑",且总条文合计为三百七十五条。韩国磐疑其有误,指出:《魏书·刑罚志》和《通典·刑制中》,于此只写作"刑",而不作"五刑",不知《唐六典》何据?(氏著:《中国古代法制史研究》,人民出版社 1993 年版,第 274 页)

高宗[188]初,仍遵旧式。太安四年[189],始设酒禁[190]。是时年谷屡登,士

188　高宗:北魏文成帝拓跋濬,少年聪慧,深受祖父拓跋焘的器重,年长常参决大政。正平二年(452年),宗爱暗杀拓跋焘,立南安王拓跋余,后又弑之,殿中尚书源贺等即拥立拓跋濬即位,杀宗爱,改元兴安,是为文成帝。见《魏书·高宗纪》。

189　太安四年:即458年。太安为文成帝的第三个年号。

190　酒禁:禁酒的法令。受"酒祸"论影响,加之酿酒靡谷耗粮(尤其歉年或须财物之力备战时),或为化解天意、消除天灾,历朝均有不定期禁酒令。《尚书·酒诰》有"饮惟祀","群饮,汝勿佚,尽执拘";睡虎地秦简《秦律十八种·田律》:"百姓居田舍者,毋敢醢(酤)酉(酒),田啬夫、部佐谨禁御之,有不从令者有罪。"(第12号简)汉律有"三人以上,无故群饮,罚金四两";后世发展出国家垄断的榷酒制度。另有与之对应的赐酒令,通常在军事大捷、改元、立皇太子、五谷丰登之时,宣布开禁并赐酒。《汉书·元帝纪》:"四年春正月,行幸甘泉,郊泰畤……赐民爵一级,女子百户牛酒"。禁酒与赐酒成为古代酒政措施一张一弛的不同表现。(黄修明:《中国古代酒禁论》,《重庆大学学报(社会科学版)》2002年第1期)

民多因酒致酗讼，或议主政[191]。帝恶其若此，故一切禁之，酿、沽饮皆斩之，[192]

191　主政：主，汲古阁本作"王"，殿本作"主"。主政，指帝王政事。

192　酿、沽饮，皆斩之：内田氏句读为"酿沽饮皆斩之"，译为造酒、卖酒或者饮酒，均处斩刑。（参见［日］内田氏：《注译》，第 200 页）高氏、谢氏句读同中华版，但译为：酿酒、买卖酒和饮酒的全都处斩。（高氏：《注译》，第152 页；谢氏：《注译》，第 343 页）

酿，酿酒；沽，商贩，与"酤"通，指在市场上买卖酒，例如前引睡虎地秦简《秦律十八种·田律》："百姓居田舍者，毋敢酤（酤）酉（酒），田啬夫、部佐谨禁御之，有不从令者有罪。田律。"（简 12）岳麓书院藏秦简《田律》曰："黔首居田舍者，毋敢酤（酤）酒，有不从令者迁之。田啬夫、工吏、吏部弗得，赀二甲。·第乙"（0993）。转引自陈松长：《岳麓书院所藏秦简综述》，《文物》2009 年第 3 期。饮，饮酒。酿、酤、饮，为酒禁的三种行为与对象，《通典·刑法八·峻酷》正作"酿、酤、饮斩"，故此处句读似如内田氏所断或为"酿、沽、饮，皆斩之"更为合适。

吉凶宾亲[193]，则开禁，有日程[194]。增置内外候官[195]，伺察诸曹外部州镇，至有微服杂乱于府寺[196]间，以求百官疵失[197]。其所穷治[198]，有司苦加讯

193　吉凶宾亲：内田氏认为，只在庆吊时招待人们可以解除酒禁，但有时限。（［日］内田氏：《译注》，第 200 页）可从。则此处泛指庆喜与吊唁、祭祀等须以礼招待亲朋的场合。或认为吉凶军宾嘉为古代之五礼……亲指婚嫁迎亲之意（谢氏：《注译》，第 345 页）；或认为亲即姻亲，婚嫁之事（高氏：《注译》，第 152 页）。凡此等释亲为嘉礼或为合姻好之意，恐均不确切。至于认为泛指除军礼外的各种礼仪场合，近于古来吉凶军宾嘉五礼中之四礼的场合，如《隋书·礼仪志一》："以吉礼敬鬼神，以凶礼哀邦国，以宾礼亲宾客，以军礼诛不虔，以嘉礼合姻好，谓之五礼。"亦不确。

194　日程：程，限度、定额。日程，每日的定额或时限。

195　候官：北魏的监察之官，有专门的办事机构为候官曹。《魏书·官氏志》："初，帝欲法古纯质，每于制定官号，多不依周汉旧名……以伺察者为候官，谓之白鹭，取其延颈远望。"此处言"增置"乃因中途曾废，而以兰台御史为替。"监察官兰台御史与候官的兴废体现了北魏前期官制中胡汉杂糅的特征"。（参见熊伟：《魏晋隋唐政治制度史研究：以监察制与府兵制为中心》，郑州大学出版社 2015 年版，第 65 页）

196　府寺：原指古时公卿官舍，此处指官署。《左传·隐公七年》："戎朝于周，发币于公卿。"杜预注："朝而发币于公卿，如今计献诣公府卿寺。"孔颖达疏："自汉以来，三公所居谓之府，九卿所居谓之寺。"

197　疵失：疵，与失同义，指过失、缺点。《韩非子·大体》："不吹毛而求小疵。"

198　穷治：着力追究、彻底查办。《汉书·武五子·戾太子据传》："是时，上春秋高，意多所恶，以为左右皆为蛊道祝诅，穷治其事。"

测[199]，而多相诬逮[200]，辄劾以不敬[201]。诸司官赃二丈皆斩。又增律七十九

199　讯测：讯，审讯。测，刑具名，据《隋书·刑法志》：“其有赃验显然而不款，则上测立。立测者，以土为垛，高一尺，上圆，劣容囚两足立。鞭二十，笞三十讫，著两械及杻，上垛。”

“测”，旧版（第2875页）、内田氏《译注》（第200页）均作“恻”，无任何说明。据校勘记［六］：有司苦加讯测，“测”，原作“恻”，据《通典》卷170《刑八·峻酷》改。按《陈书》卷33《沈洙传》见“测囚之法”，“讯恻”无义，“恻”乃“测”之形讹。（此处所指的“《陈书》”，内田氏在《译注　续中国历代刑法志（补）》释《隋书·刑法志》“测罚”时，误引为“《梁书》”。见［日］内田氏：《续译注》，第24页）

恻，忧伤、悲痛。《说文解字·心部》：“恻，痛也。”“讯恻”相连作为一个词组，各注释本在词义解释上多解释为极其苛酷的审讯，颇显勉强。校改为“测”，亦有《通典》的支持，十分正确。北魏高宗（440—465年）时的讯测，固可引《陈书·沈洙传》“测囚之法”加以印证，但最好指明梁武帝（464—549年）时已有“测罚”之制，这在时间上更接近北魏的讯测之制。据《隋书·刑法志》介绍梁武帝创始的刑讯手法：“凡系狱者，不即答款，应加测罚，不得以人士为隔。”即靠断绝饮食、上垛审问，逼使其招供。前引《沈洙传》亦云：“梁代旧律，测囚之法，日一上，起自晡鼓，尽于二更。”“且测人时节，本非古制，近代以来，方有此法。”明确陈承梁制，从“测罚”发展为“测立”，不仅让囚犯著械上垛，而且兼施鞭杖，比梁制更残酷。隋朝后废除。

梁之测罚，虽非古制，但究竟渊源于“近代”的何时何处，甚或是否仿效北魏的讯测，目前不详。

200　诬逮：陷人于罪并加以逮捕。

201　不敬：不敬罪名早已有之。《周礼·夏官·祭仆》：“既祭，帅群有司而反命，以王命劳之，诛其不敬者。”汉代也有“不敬”之罪。对此，若江贤三认为：一，汉不敬罪实例包括：在宫廷中为非礼；关于宗庙等的罪；对宗室

章,门房之诛十有三,大辟三十五,刑六十二。和平[202]末,冀州刺史[203]源

与近臣的非礼;作为臣下怠慢或不谨慎。二,对不敬案件的量刑未必固定。其原因是,不敬罪的主要适用对象是身份地位高、近于皇帝的统治阶级。皇帝是礼秩序的维持者,不敬罪的存在是为了控制接近皇帝的人,即统治阶级内部人员。礼为理想的自律秩序,其愿望是尽量排除强制手段(刑)。(氏著:《漢代の「不敬」罪について》,载[日]野口铁郎编:《中國史における亂の構圖》,雄山阁 1986 年版)汉及以后既有"不敬"罪名,也有"大不敬"罪名,二者关系微妙。西晋时周嵩因"大不敬"弃市论罪。(《晋书·周嵩传》)南朝梁时王亮被"御史中丞乐蔼奏大不敬,论弃市刑"。(《梁书·王亮传》)《北齐律》"重罪十条"有"七曰不敬",隋《开皇律》"十恶"中"六曰大不敬"。《唐律疏议·名例律》沿袭之,具体罪状包括"盗大祀神御之物、乘舆服御物;盗及伪造御宝;合和御药,误不如本方及封题误;若造御膳,误犯食禁;御幸舟船,误不牢固;指斥乘舆,情理切害及对捍制使,而无人臣之礼"。

202　和平:高宗文成帝的第四个年号,460—465 年。

203　冀州刺史:冀州:①古"九州"之一。《尔雅·释地》:"两河间曰冀州。"《周礼·职方》:"河内曰冀州。"《尚书·禹贡》的冀州,西、南、东三方都以当时的黄河与雍、豫、兖、青等州为界,指今山西和陕西间黄河以东、河南和山西间黄河以北和山东西北、河北东南部地区。②州名。汉武帝时十三刺史部之一。辖境相当今河北中南部、山东西端及河南北端。东汉治所在高邑(今河北柏乡北),三国魏移治邺县(今河北临漳西南),晋移治信都(今河北省衡水市冀州区)。慕容垂治信都。北魏皇始二年(397 年)平信都,复治信都。(参见《魏书·地形志上》,以及谭其骧主编:《辞海·历史地理分册》"冀州"条,上海辞书出版社 1978 年版)

刺史:古代官名。原为朝廷所派督察地方之官,后沿为地方官职名称。汉武帝时,分全国为十三部(州),部置刺史。成帝改称州牧,哀帝时复称刺史。魏晋于要州置都督兼领刺史,职权益重。

贺[204]上言："自非大逆、手杀人[205]者，请原[206]其命，谪守边戍。"诏从之。[207]

（李萌注）

204　源贺：鲜卑族人，原名破羌，私署河西王秃发傉檀之子，其父被乞伏炽盘所灭后，从乐都投奔北魏，受太武帝重用，赐名贺。正平二年（452 年）在拥立文成帝拓跋濬即位过程中起重要作用，后任征南将军、冀州刺史，撰写军事著作《十二阵图》。太和三年（479 年）逝世。源贺的这段上书，详见《魏书·源贺传》："臣闻人之所宝，莫宝于生全；德之厚者，莫厚于宥死。然犯死之罪，难以尽恕，权其轻重，有可矜恤……臣愚以为自非大逆、赤手杀人之罪，其坐赃及盗与过误之愆应入死者，皆可原命，谪守边境。是则已断之体，更受生成之恩；徭役之家，渐蒙休息之惠。刑措之化，庶几在兹。"

205　手杀人：亦作"赤手杀人"，特指不持器械而徒手杀人或殴杀伤人之时，与"手刃杀人""兵刃杀人"等以器械杀人相区分。有时亦泛指杀人而不区分是否借助器械，如《资治通鉴》卷 166《梁纪二二》载北齐文宣帝"每醉辄手杀人，以为戏乐。"《北史·齐本纪中》具体记为"每至将醉，辄拔剑挂手，或张弓傅矢，或执持牟槊。游行市鄽，问妇人曰：'天子何如？'答曰：'颠颠痴痴，何成天子。'帝乃杀之。"此处"手杀人"，按《魏书·源贺传》所载当指"赤手杀人"，即亲手杀人。其与大逆相提并论，同被排除适用"免死徒边"的处理。

正文"自非大逆、手杀人者"中间的顿号，旧版及各注释本的正文都没有，但注释本的译文中都区分大逆罪及亲手杀人两者，故新版增加顿号更为合适。

206　原：宽恕，赦免。《庄子·天道》："因任已明而原省次之。"

207　诏从之：下诏依源贺所奏。《魏书·源贺列传》："高宗嘉纳之，已后入死者，皆恕死徒边。久之，高宗谓群臣曰：'昔源贺劝朕，宥诸死刑，徒充北藩诸戍。自尔至今，一岁所活，殊为不少。济命之理既多，边戍之兵有益。卿等事朕，致何善意也？苟人人如贺，朕临天下，复何忧哉！'"可见源贺"原命戍边"政策实施效果甚好。

【今译】

当时太武帝多次亲自率兵出征讨伐,同时巡行四方,太平真君五年,下令太子统理政务、监管国事。少傅游雅上疏进言:"殿下亲自主持政务,处理内外大事,天未亮就起身向朝廷重臣咨询国事。我愧为辅佐之臣,担负着进谏诤言的责任。汉武帝时始设置河西四郡,商议将疑罪难决的人犯遣送至这些地方。十多年后,边陲人口充实,农垦与边防也得以修缮。汉宣帝沿袭这一做法,以征服北方。这是近代可考之事。帝王对于人犯(更务实的处理),不是因盛怒而诛杀,而是设法使其改过从善以惩罚罪恶。谪戍徙边十分艰苦,惩罚力度也很深。故除犯大逆罪当处死刑之外,都可处以徙边。这样,人犯虽然全家被投送远方,也还是欣然前往,终身在边城服苦役,而不敢言苦。况且流放异地远离原有生活环境,可能会悔过向善。这样,便可止息奸邪,并充实边陲。"恭宗虽赞许其言论,却未能实行。

太平真君六年春,因主管官员断案执法不公,太武帝下诏,将那些疑难案件交付中书省,依古代经典义理决断。最初,《盗律》规定盗窃赃物价值四十四绢才处死,百姓普遍轻慢法令,于是便修改法令使之更为严峻,盗窃赃物价值三匹绢便处死。太武帝正平元年,下诏:"刑网过于严密,触犯之人日渐增多,朕十分怜悯哀伤。要详细审查律令,务必做到公正平允,若有于民不便的法令要及时增损修订。"于是少傅游雅与中书侍郎胡方回等改定律令制度。《盗律》仍依旧制,增加有意宽纵罪犯、通风报信及容留人犯及其他罪行,共三百九十一条。门诛四条,死刑一百四十五条,徒刑二百二十一条。主管官员虽改定不少律文,但此举仍未阐明刑典的本义。

文成帝即位之初,仍然遵循旧法。至太安四年,才开始颁布酒禁。当时谷物连年丰收,士人、百姓往往因饮酒而导致争讼,甚至有人议论帝王政事。文成帝对此深恶痛绝，因而下令一概予以禁止，凡私自酿酒、卖买酒、饮酒者均处斩刑，只在喜庆或吊唁等红白之事须以礼招待来客时，可以解除酒禁，但仍有时限。同时朝廷增设内外候官，用以伺察内部各官署及外部州镇官员的言行。甚至有候官着便服潜伏混杂于官署，以窥视官员的疏失。他们极尽所能来追究罪责，主管官吏苦加拷问，导致官吏往往相互诬告陷人入罪，动辄以不敬之罪检举他人。各级官吏的赃物价值绢二丈的一律处斩刑。此外，又增订律七十九章、门房之诛十三条、死刑三十五条、徒刑六十二条。文成帝和平年末，冀州刺史源贺进言："除非犯大逆罪及亲手杀人的，其他人犯请原免其性命，流放戍边。"文成帝下诏如其所奏。

（李萌译）

【原文】

显祖²⁰⁸即位，除口误²⁰⁹，开酒禁。帝勤于治功²¹⁰，百寮²¹¹内外，

【注释】

208　显祖：北魏献文帝拓拔弘（454—476 年），文成帝拓跋濬长子。即位初期，丞相乙浑专权，其母冯太后定策杀浑，临朝听政。献文帝在位共六年，期间北魏取刘宋淮北四州及豫州淮西之地，后禅位于其子孝文帝拓拔宏。承明元年（476 年），献文帝被冯太后毒死；一说自杀。（参见周思源：《北魏献文帝死因考》，《中国文化研究》2005 年第 3 期）

209　口误：指臣下给皇帝奏事时，有可能出现的两种情形，一是奏事犯讳，二是奏事有误。从前者来说，秦汉时期奏事避讳制度逐渐产生，但秦时的避讳似乎不太严格。《史记·李斯列传》载，李斯上书秦二世称"地非不广，又北逐胡、貉，南定百越，以见秦之强"。该上书并不避讳秦二世的"胡"字，故知当时奏议中的避讳是有限的。到汉代，避讳制度趋于严格。陈垣《史讳举例》卷 8 称："大约上书言事，不得触犯庙讳，当为通例。至若临文不讳，诗书不讳，礼有明训。汉时近古，宜尚自由，不能以后世之例绳之。"按照这个说法，避讳主要涉及本朝先皇帝的庙号等。（在先秦时候，避讳存在"生者不相避名"的规则。参见何忠礼：《略作历史上的避讳》，《浙江大学学报（人文社会科学版）》2002 年第 1 期）但实际上汉代上书也要避讳当朝天子之名，如《汉书·宣帝纪》载汉宣帝诏书："闻古天子之名，难知而易讳也。今百姓多上书触讳以犯罪者，朕甚怜之。其更讳询。诸触讳在令前者，赦之。"当时百姓上书没有避讳汉宣帝刘询的"询"因而犯罪，这说明至少到汉宣帝时，上书奏事就要避讳当朝皇帝的名讳，而违反者会因之而受刑。口误而犯讳并非不可能，尤其要注意音讳的情况。不过，北魏献文帝与孝文帝父子，一名弘一名宏，音讳而不讳，可以推测到此时音讳可能不罚。从后者来说，古代早有奏议过误定罪的制度。如《后汉书·钟离意传》载："时，诏赐降胡子缣，尚书案事，误以十为百。帝见司农上簿，大怒，召郎将笞之。"到隋唐时期，唐律中对口误有比较明确的规定。《唐律疏议·职制律》"上书奏事犯

讳"和"上书奏事误"条亦分两种情况:第一,口误犯讳。"诸上书若奏事,误犯宗庙讳者,杖八十;口误及余文书误犯者,笞五十。"疏议曰:"上书若奏事,皆须避宗庙讳。有误犯者,杖八十。若奏事口误及余文书误犯者,各笞五十。即为名字触犯者,徒三年。若嫌名及二名偏犯者,不坐。"第二,奏事口误。"诸上书若奏事而误,杖六十;口误,减二等。口误不失事者,勿论。"

210　治功:谓制订法则并有效实施的政绩。《周礼·夏官·司勋》:"治功曰力。"郑玄注:"制法成治,若咎繇。"

211　百寮:旧版作"僚"。意为百官。寮,古同僚,官。《尚书·皋陶谟》:"百僚师师,百工惟时。"孔安国传:"僚、工,皆官也。"

莫不震肃[212]。及传位高祖[213]，犹躬览万机，刑政严明，显拔清节[214]，沙汰

212　震肃：因慑于威猛之政而风气肃然。蔡邕《蔡中郎集》卷5《太尉汝南李公碑》："百司震肃，饕餮风靡。"

213　高祖：北魏孝文帝拓跋宏（467—499年），献文帝拓跋弘的长子，北魏王朝的第六位皇帝，原名拓跋宏，后改名为元宏，杰出的政治家、改革家。孝文帝即位时年仅5岁，至太和十四年（490年）亲政后，孝文帝进一步推行汉氏改革：在政治方面，他在太和十九年（495年）从平城迁都洛阳，并改革官制、加强吏治，评定士族门第，加强鲜卑贵族和汉人士族的联合统治，参照南朝典章制度，制定官制朝仪；在经济方面，他推动均田制、三长制，并改革租税制度；在文化方面，他鼓励鲜卑族与汉族通婚，改鲜卑姓氏为汉姓，藉以改变鲜卑风俗、语言、服饰等。孝文帝的改革，对各族人民的融合和各族的发展起到积极作用。

214　清节：高尚节操，此处引申为具有高尚节操的人。《汉书·王贡两龚鲍传》赞曰："春秋列国卿大夫及至汉兴将相名臣，怀禄耽宠以失其世者多矣！是故清节之士于是为贵。"

贪鄙。²¹⁵牧守²¹⁶之廉洁者,往往有闻焉。

　　延兴四年²¹⁷,诏自非大逆干纪²¹⁸者,皆止其身,罢门房之诛。自狱付

　　215　沙汰贪鄙:沙汰:淘汰;拣选。《三国志·蜀书·许靖传》:"以汉阳周嵉为吏部尚书,与靖共谋议,进退天下之士,沙汰秽浊,显拔幽滞。"

　　孝文帝延兴二年(472 年),太上皇献文帝仍旧主政,其年十二月诏曰:"《书》云:'三载一考,三考黜陟幽明。'顷者已来,官以劳升,未久而代,牧守无恤民之心,竞为聚敛,送故迎新,相属于路,非所以固民志,隆治道也。自今牧守温仁清俭、克己奉公者,可久于其任。岁积有成,迁位一级。其有贪残非道、侵削黎庶者,虽在官甫尔,必加黜罚。著之于令,永为彝准。"见《魏书·高祖纪上》。

　　216　牧守:州郡的长官。州官称牧,郡官称守。《汉书·翟方进传》:"持法刻深,举奏牧守九卿,峻文深诋,中伤者尤多。"

　　217　延兴四年:延兴(471 年 8 月—476 年 6 月)是北魏孝文帝元宏的第一个年号,延兴四年即 474 年。

　　218　干纪:违犯法纪。语出《左传·襄公十三年》:"干国之纪,犯门斩关。"

中书覆案[219]，后颇上下法，遂罢之，狱有大疑，乃平议[220]焉。先是诸曹奏

219　覆案：亦作"覆按"，多用以指对案件进行审理查明，包括初审、复审以及疑狱奏谳案件。本志前文称"六年春，以有司断法不平，诏诸疑狱皆付中书，依古经义论决之。"本处的"狱付中书覆案"应该是对此的延续。即，本处北魏的中书覆案主要指的是疑狱奏谳中的复审。

有关案件的"覆"在秦汉就已经出现，多被用于指称查明案件事实为中心的司法程序。其一，覆是指对案件事实进行初次审理、查明。如《史记·李斯列传》："章邯以破逐广等兵，使者覆案三川相属，诮让斯居三公位，如何令盗如此。"其后，汉承秦制，两汉皆有覆案。《史记·梁孝王世家》："乃遣使，冠盖相望于道，覆按梁，捕公孙诡、羊胜。"《后汉书·宦者列传·吕强传》载："旧典选举委任三府，三府有选，参议掾属，咨其行状，度其器能，受试任用，责以成功。若无可察，然后付之尚书。尚书举劾，请下廷尉，覆案虚实，行其诛罚。"其二，覆是指对已经查明事实的案件尤其是重大案件进行复审，保障事实认定和刑罚适用的准确。例如《史记·李斯列传》载，秦二世下李斯狱，在初审李斯认罪后，"赵高使其客十余辈诈为御史、谒者、侍中，更往覆讯斯"。这里的案覆应该是指对案件初审后的复审。（又参见［日］籾山明：《中国古代诉讼制度研究》，李力译，上海古籍出版社 2018 年版，第 40—44 页）再如，张家山汉简《二年律令·兴律》载："县道官所治死罪及过失、戏而杀人，狱已具，勿庸论，上狱属所二千石官。二千石官令毋害都吏复案……"（张家山二四七号汉墓竹简整理小组：《张家山汉墓［二四七号墓］（释文修订本）》，文物出版社 2006 年版，第 62 页）其三，覆是指对乞鞫案件进行复审，以申明冤屈。如张家山汉简《奏谳书》载："四月丙辰，黥城旦讲气（乞）鞫，曰：故乐人，不与士五（伍）毛谋盗牛，雍以讲为与毛谋，论黥讲为城旦。覆视其故狱……"（张家山二四七号汉墓竹简整理小组：《张家山汉墓［二四七号墓］（释文修订本）》，文物出版社 2006 年版，第 100 页）

不过，秦汉时期的疑狱奏谳类案件较少用"覆"的说法。如《汉书·刑法志》载汉高祖七年诏曰："狱之疑者，吏或不敢决，有罪者久而不论，无罪者久系不决。自今以来，县道官狱疑者，各谳所属二千石官，二千石官以其罪名

当报之。所不能决者,皆移廷尉,廷尉亦当报之。廷尉所不能决,谨具为奏,傅所当比律、令以闻。"岳麓秦简《为狱等状四种》与张家山汉简《奏谳书》的请谳类案件也较少用"覆"来表述。但这未必意味着秦汉司法实践就不会对这些案件进行实质上的"覆"。从秦汉司法权的分配来看,疑狱奏谳类案件往往主要涉及法律适用问题,上级对下级的回复也主要以如何准确适用法律为主,而"覆"则主要涉及对案件事实的查明。本志的覆案可能是在秦汉疑狱奏谳类案件基础上的发展,与前不同的则是用"覆"指称。

程政举认为谳狱制度在先秦时期就已经存在。(参见程政举:《汉代诉讼制度研究》,法律出版社 2010 年版,第 124 页)张琮军亦持此看法。(参见张琮军:《汉代刑事证据在司法监督制度中的运用》,《政法论坛》2013 年第 1 期)但他们所依据的是《礼记·文王世子》与《韩诗外传》,这两份文献只能证明当时已经有疑罪的观念,而很难据此认定已有谳狱制度。郑显文根据张家山汉简奏谳书中"异时卫法""异时鲁法"的案例,认为谳狱制度在先秦已经出现。(参见郑显文:《中国古代重大疑难案件的解决机制研究》,《法治研究》2014 年第 1 期)到秦代,谳狱制度确凿出现。(参见温俊萍:《秦"谳狱"补疑——以"岳麓书院藏秦简"为视角》,《上海师范大学学报(哲学社会科学版)》2017 年第 6 期)谳狱在汉代得到进一步的发展。(参见蔡万进:《张家山汉简〈奏谳书〉研究》,广西师范大学出版社 2006 年版,第 66 页)前引《汉书·刑法志》汉高祖疑狱奏谳诏、张家山汉简奏谳书诏即为适例。再如,《汉书·刑法志》载:"高皇帝七年,制诏御史:'狱之疑者,吏或不敢决,有罪者久而不论,无罪者久系不决。自今以来,县道官狱疑者,各谳所属二千石官,二千石官以其罪名当报。所不能决者,皆移廷尉,廷尉亦当报之。廷尉所不能决,谨具为奏,傅所当比律、令以闻。'"张家山汉简奏谳书更为明证。可处理谳狱者不仅包括二千石与廷尉,而且包括皇帝。如《汉书·刑法志》载:"于是选于定国为廷尉,求明察宽恕黄霸等以为廷平,季秋后请谳。时上常幸宣室,斋居而决事,狱刑号为平矣。"谳狱制度在东汉末魏晋南北朝时期仍被继承。如《三国志·魏书·崔琰传》引注载孔融、孔褒"兄弟争死,郡县疑不能决,乃上谳"。《南齐书·百官志》载:"尚书掌谳奏。"《晋书·姚兴载记》记载后秦姚兴"立律学于长安,召郡县散吏以授之。其通明者还之郡县,论决刑狱。若州郡县所不能决者,谳之廷尉。兴常临谘议堂听断疑狱,于时号无冤滞"。到北魏时期,疑狱奏谳制度得到进一步发展。而且至少到孝文帝时期,对所奏疑狱的审查被用"覆"指称。

籾山明认为谳狱与乞鞫制度相类似。(参见[日]籾山明:《中国古代诉讼制度研究》,李力译,上海古籍出版社 2018 年版,第 98—99 页)但更确切地说,谳狱类似于案件请示制度,乞鞫类似于上诉或再审制度,两者不能等同视之。

220　平议:论议,评论。《三国志·魏书·钟繇传》:"此大事,公卿群僚,善共平议。"

事,多有疑请²²¹,又口传诏敕²²²,或致矫擅²²³。于是事无大小,皆令据律正

221　疑请:案件或政事有疑而逐级向上请示。《魏书·礼志四》载:"嫡孙为祖母,礼令有据,士人通行,何劳方致疑请也。可如国子所议。"

222　诏敕:亦作"诏勅"。有两意:一是皇帝下令,《后汉书·冯勤传》:"勤母年八十,每会见,诏敕勿拜,令御者扶上殿。"二是指代皇帝所下的诏书,刘勰《文心雕龙·诏策》:"安和政弛,礼阁鲜才,每为诏敕,假手外请。"

223　矫擅:诈称诏命,专断独行。《魏书·韦阆列传》:"世宗崩,领军于忠矫擅威刑。"

名[224]，不得疑奏[225]。合则制可，失衷[226]则弹诘[227]之，尽从中[228]墨诏[229]。自是事咸精详，下莫敢相罔。

224　正名：辨正名称、名分，使名实相副。先秦多有正名之说，《论语·子路》："名不正则言不顺。"《申子·佚文》："一言正而天下定，一言倚而天下靡。"《管子·正第》："守慎正名，伪诈自止。"《国语·晋语四》："举善援能，官方定物，正名育类。"韦昭注："正上下服位之名。"此处称"皆据律正名"当是刘颂所称"律法断罪，皆当以法律令正文，若无正文，依附名例断之，其正文名例所不及，皆勿论"（载于《晋书·刑法志》）在北朝得到的继承。从儒家观念来说，正名具有"以法律的形式端正名分、摆正位置、确立关系"的意义。（参见徐克谦：《先秦儒学及其现代阐释》，南京师范大学出版社 1999 年版，第 271 页）

225　不得疑奏：此处当指向皇帝上奏时，直接按照上述依据给出判决建议，不允许以请疑的形式上奏。从前引《汉书·刑法志》所载汉高祖疑狱奏谳诏来看，汉代的奏谳需要"傅所当比律、令以闻"。（参见张琮军：《汉代刑事证据在司法监督制度中的运用》，《政法论坛》2013 年第 1 期）岳麓秦简也有类似制度，此处或是对秦汉制的沿用并加以改进。

226　失衷：亦作"失中"，不合准则。《汉书·食货志》赞曰："至于王莽，制度失中，奸轨弄权，官民俱竭，亡次矣。"《魏书·郭祚列传》："诸文案失衷，应杖十者为一负。罪依律次，过随负记。"

227　弹诘：弹劾诘问；责问。弹，指向上奏闻以弹劾某人。《晋书·刘隗传》载："南中郎将王含以族强显贵，骄傲自恣，一请参佐及守长二十许人，多取非其才。隗劾奏文致甚苦，事虽被寝，王氏深忌疾之。而隗之弹奏不畏强御，皆此类也。"诘，诘问，有责问的意思。《汉书·萧望之传》载："上以望之意轻丞相，乃下侍中建章卫尉金安上、光禄勋杨恽、御史中丞王忠，并诘问望之。"

228　中：禁中，皇帝居住的地方。《史记·秦始皇本纪》："赵高用事于中。"

229　墨诏：皇帝亲笔书写的诏旨。《宋书·谢庄传》："于时世祖出行，夜还，敕开门，庄居守，以棨信或虚，执不奉旨，须墨诏乃开。"

显祖末年,尤重刑罚,言及常用恻怆²³⁰。每于狱案,必令覆鞫²³¹,诸

230　恻怆:哀伤。荀悦《汉纪·文帝纪》论曰:"夫贾谊过湘水,吊屈原,恻怆恸怀,岂徒忿怨而已哉!"

231　覆鞫:指审判监督制度。内田氏、谢氏认为是"再审"。(氏著:《译注》,第 203 页;谢氏:《注译》,第 348 页)高氏认为是"再复审"。(高氏:《注译》,第 154 页)

关于"鞫狱"在传世文献中的记载,参见沈家本:《历代刑法考·汉律摭遗·囚律》"鞫狱"条,第 1491—1492 页。"鞫狱""鞫"还见于各种秦汉简牍。宫宅洁认为,这是在刑事程序中,经"诊问"(对由各种刑事程序而明确的事实关系加以综合)而确定的犯罪事实关系,确认适用律令的前提的犯罪行为是怎样的行为。(参见[日]宫宅洁:《秦漢時代の裁判制度——張家山漢簡『奏讞書』より見た》,《史林》第 81 卷第 2 号,1998 年。后译为《秦汉时期的审判制度——张家山汉简〈奏讞书〉所见》,徐世虹译,载杨一凡总主编:《中国法制史考证》丙编第 1 卷,籾山明卷主编:《日本学者考证中国法制史重要成果选译·通代先秦秦汉卷》,中国社会科学出版社 2003 年版)陶安认为,"鞫"是指由县令等有权论断的人的讯问,而与由狱吏、狱卒等人提前进行的审讯、讯问有异。(参见陶安:《试探"断狱"、"听讼"与"诉讼"之别——以汉代文书资料为中心》,载张中秋编:《理性与智慧:中国法律传统再探讨——中国法律史学会 2007 年国际学术研讨会文集》,中国政法大学出版社 2008 年版;同氏著:《秦汉刑罚体系の研究》,创文社 2009 年版,第 392 页,注 35)程政举根据张家山汉简《奏讞书》,认为鞫是指"在汉代诉讼程序中,在诉讼阶段上,处于'案验'之后判决作出前的阶段;就诉讼文书内容来看属于事实认定部分,不包括判决书的主文"。(程政举:《汉代诉讼制度研究》,法律出版社 2010 年版,第 218 页)从秦汉司法程序的复原来看,鞫是事实认定程序,宫宅洁的观点可从。

而从岳麓秦简《为狱等状四种》、张家山汉简《奏讞书》等来看,秦汉司法

有囚系，或积年不断。群臣颇以为言。帝曰："狱滞虽非治体[232]，不犹[233]

程序中的鞫还包括读鞫、乞鞫两个程序，读鞫是宣读经过审理认定的判决，乞鞫则是被告人被定罪后请求上级机关重新审理以平反冤屈。睡虎地秦墓竹简《法律问答》载："以乞鞫及为人乞鞫者，狱已断乃听，且未断犹听殹。狱断乃听之。"（简 115）张家山汉简《具律》载："罪人狱已决，自以罪不当欲气（乞）鞫者，许之。"（简 114）多数学者根据这些材料认为乞鞫乃是在狱已断（即案件一审判决）后被重新提起的，相当于现在的上诉或再审制度。（参见〔日〕籾山明：《中国古代诉讼制度研究》，李力译，上海古籍出版社 2009 年版，第 73 页；程政举：《汉代诉讼制度研究》，法律出版社 2010 年版，第 222 页；张琮军：《汉代刑事证据在司法监督制度中的运用》，《政法论坛》2013 年第 1 期）读鞫与乞鞫的差异不仅是两者处于不同的诉讼阶段，而且国家机关作出的行为有着主动与被动的差异，同时前者属于诉讼必经程序，后者则不然。

从该描述来看，覆鞫究竟如何定性是比较模糊的。在"每于狱案，必令覆鞫"的描述中，覆鞫主要作为特别措施存在，这点与乞鞫相似。但覆鞫又是国家的主动措施，所以与鞫和读鞫又有相同点。总的来看，这里的鞫可能泛指对案件的审理，覆鞫可能就是对案情进行重复审理。

232　治体：治国的纲领、要旨。贾谊《新书·数宁》曰："以陛下之明通，因使少知治体者得佐下风，致此治非有难也。"

233　犹：仍旧。《老子》第六十三章："夫轻诺必寡信，多易必多难，是以圣人犹难之，故终无难矣。"

愈[234]乎仓卒而滥也。夫人幽苦则思善,故图圄与福堂[235]同居。朕欲
其改悔,而加以轻恕耳。"由是囚系虽淹滞,而刑罚多得其所。又以赦
令屡下,则狂愚[236]多侥幸,故自延兴[237],终于季年[238],不复下赦[239]。理

234　愈:胜过。《左传·成公十四年》:"大国又以为请,不许,将亡。虽
恶之,不犹愈于亡乎?"

235　福堂:福德聚集的地方。《吴越春秋·勾践入臣外传》:"皇天祐
助,前沉后扬,祸为德根,忧为福堂。"后用来指称监狱或囚系犯人的地方。
明代胡侍《真珠船》卷3《福堂》:"余向系锦衣狱,觇壁上有大书'福堂'字甚
伟……近阅《吴越春秋》,大夫文种祝词有云'祸为德根,忧为福堂',因知出
处。"而从《魏书·刑罚志》来看,将福堂与监狱并称旨在寄予教化意义。另
外,南朝齐的道观之中有福堂的设置。(参见孙齐:《唐前道观研究》,山东大
学2014年博士学位论文,第178页)不过此处的福堂可能与道教无关。

236　狂愚:狂妄愚昧。《论衡·率性》:"尧舜为政,民无狂愚。"此处的
狂愚可能与《周礼》的三赦有关。《周礼·秋官·司刺》有三赦之法:"一赦
曰幼弱,再赦曰老旄,三赦曰蠢愚。"

237　延兴:北魏孝文帝的第一个年号,471—476年。

238　季年:晚年,末年。《左传·文公元年》:"晋文公之季年,诸侯
朝晋。"

239　不复下赦:此处应该是指显祖时事。北魏显祖献文帝自皇兴五年
(471年)传位高祖后,至其晚年即承明元年(476年)死亡为止,不再有赦免。
但根据陈俊强统计,北魏孝文帝之后仍然有大量的赦免情况。(参见陈俊
强:《皇权的另一面——北朝隋唐恩赦制度研究》,北京大学出版社2007年
版,第21页)

官[240]鞫囚，杖限五十，而有司欲免之则以细捶，欲陷之则先大杖。民多不

240　理官：古代法官的称呼。以"理"为法官名从春秋战国时期开始增多。（参见安作璋、熊铁基：《秦汉官职史稿》，齐鲁书社 1984 年版，第 149 页）

关于"理"字的起源，温慧辉根据谭戒甫的观点，认为"理"字在曶鼎上就已经出现。（参见温慧辉：《〈周礼·秋官〉与周代法制研究》，法律出版社 2008 年版，第 166—167 页）但李学勤认为谭戒甫对"理"字在曶鼎上的补充并没有依据。（参见李学勤：《论曶鼎及其反映的西周制度》，《中国史研究》1985 年第 1 期）郑玄注《礼记》称："理，治狱官也。有虞氏曰士，夏曰大理，周曰大司寇。"他认为从夏朝开始就已经有理官。但这一点目前难以证实。

春秋战国时期"理"字的使用逐渐增多。从"理"字的含义考察，有两种趋势。第一，"理"的字义指向实体。《战国策·秦策三》称"郑人谓玉未理者璞"，《说文解字》亦称"理，治玉也"。《说文解字》晚出，且并没有将"理"字与"法"联系起来。第二，"理"的概念逐渐抽象化，如《尚书·周官》云"论道经邦，燮理阴阳"。葛荣晋认为"理"有三种含义：义、礼；事物的形式与特性；秩序、规律、条理。（参见葛荣晋：《中国哲学范畴通论》，首都师范大学出版社 2001 年版，第 203—204 页）先秦时期，在法家的论述中，理与法的关系较为密切。如《管子·正世》云"今使人君行逆不修道，诛杀不以理"，而《心术》篇又称："故礼出乎义，义出乎理，理因乎宜者也。法者所以同出，不得不然者也，故杀僇禁诛以一之也。故事督乎法，法出乎权，权出于道。"礼、理、法被紧密联系在一起。后世孔颖达《礼记正义》称"理，谓正纪纲也"，可以说从观念上总结了理与法之关系的发展结果。

"理"字意义的发展反映到政治制度上，就是以"理"为法官名的出现。《管子·小匡》载："弦子旗为理。"尹知章注："理，狱官也。"《汉书·艺文志》云："法家者流，盖出于理官。"至晚从春秋时期起，理就开始为法官名。到战国时，以理为名的法官增多。周寿昌称："《史记》秦廷尉斯，《韩诗外传》晋

胜而诬引²⁴¹，或绝命²⁴²于杖下。显祖知其若此，乃为之制。其捶用荆，平

文公使李离为理，《吕氏春秋》齐宏章为大理，《说苑》楚廷理，《新序》石奢为大理，是各国皆名理，或名大理，独秦称廷尉也。"（见氏著：《汉书注校补》卷11)《汉书·百官公卿表上》载：廷尉在"景帝中六年更名大理，武帝建元四年复为廷尉……哀帝元寿二年复为大理。"秦廷尉到汉景帝时改称大理。《唐六典·大理寺》又载："后汉复为廷尉。魏初为大理，后复为廷尉……北齐及隋为大理寺，隋置评事，皇朝因之。"因法官以理为名，故法官又称理官，审理诉讼则被称为理讼。

241　诬引：无中生有地攀引他人入罪。《宋书·自序·沈璞传》："其闾里少年，博徒酒客，或财利争斗，妄相诬引，前后不能判者，璞皆知其名姓。"

242　绝命：指死亡。《尚书·高宗肜日》："非天夭民，民中绝命。"

其节,讯囚者其本[243]大三分,杖背者二分,挞胫[244]者一分,拷悉依令。[245]皆从于轻简也。

243　本:指荆杖的头部即手持部。《唐律疏议·断狱律》"决罚不如法"条疏议曰:依《狱官令》,"杖皆削去节目,长三尺五寸。讯囚杖,大头径三分二厘,小头二分二厘"。讯囚杖是为使囚犯坦白而进行拷问时使用的杖,其"大头"即手头部分是三分二厘,"小头"即末端部分是二分二厘。(日本律令研究会编:《譯註日本律令》第8卷《唐律疏議譯註篇四》"决罚不如法"条(中村正人译注),东京堂1996年版,第293—295页)唐律该条亦可视为对本的进一步解释。

244　胫:小腿。《论语·宪问》:"以杖叩其胫。"皇侃《论语义疏》:"脚胫也。膝上曰股,膝下曰胫。"

245　拷悉依令:指依据律令进行拷讯。拷讯制度的规范化在我国古代由来已久。睡虎地秦简《封诊式·治狱》载:"治狱,能以从(纵)迹其言,毋治(笞)谅(掠)而得人请(情)为上;治(笞)谅(掠)为下;有恐为败。"(简1)在张家山汉简《奏谳书》"黥城旦讲乞鞫案"中,讲也是被用笞刑讯。可知秦汉时刑讯用笞掠。《后汉书·章帝纪》载汉章帝元和元年(84年)诏曰:"掠者,唯得榜、笞、立"。这说明汉代刑讯处于逐渐法定化的过程。魏晋南北朝总结前代刑讯教训,主张"恤狱讼","拷讯以法,不苟不暴"。参见《北史·苏绰传》《隋书·刑法志》等。《唐律疏议·断狱律》"拷囚不得过三度"条明确规定:"诸拷囚不得过三度,数总不得过二百,杖罪以下不得过所犯之数。拷满不承,取保放之。"拷讯更加规范化。

高祖驭宇²⁴⁶，留心²⁴⁷刑法。故事²⁴⁸，斩者皆裸形伏质，²⁴⁹入死者绞，

246　驭宇：统治宇内。《魏书·源子恭列传》："窃惟皇魏居震统极，总宙驭宇，革制土中，垂式无外。"

247　留心：关注，关心。《文子·微明》："圣人常从事于无形之外，而不留心于已成之内。"

248　故事：往事、成例。故事作为词组出现的时间较晚，作为法律形式出现得更晚。《商君书·垦令》载："农民无所闻变见方，则知农无从离其故事，而愚农不知，不好学问。愚农不知，不好学问，则务疾农。知农不离其故事，则草必垦矣。"这是较早出现的故事连称。

在与法律有关的内容中，故事有三种用法。第一，指称习惯法。闫晓君将两汉故事分为惯例性故事与事例性故事，深得其旨。（参见闫晓君：《两汉"故事"论考》，《中国史研究》2000 年第 1 期）指称习惯法的故事，常常作为国家整体、政府部门或者特定事项的习惯性规则，具有一定拘束力，违反故事者可能会受处罚。如《后汉书·杨秉传》载："汉世故事，三公之职，无所不统。"在从习惯法到成文法的转变中，历代都有不少国家制度并没有变成明文的制定法，而长期以习惯法的方式存在。由于在我国古代相关观念与学术研究的匮乏，并无专门词汇来指称这些习惯法（如宪法惯例），因此，"故事"一词经常被用来指称具有现实效力的习惯法。第二，旧事、旧例，泛指各种法源（法律渊源具有多义性，本处仅指法律的材料渊源）。在历代国家实践中，立法或者处理政务中需要借助权威渊源为时下提供借鉴，故事往往指这种权威渊源。吕丽称"在汉魏晋三代，国家遇有重大之事时多援引故事以寻求经典依据"（吕丽：《汉魏晋"故事"辩析》，《法学研究》2002 年第 6 期），并梳理了大量使用故事的情况。由于法律不能事无巨细地包揽所有事项，很多情况下统治者不得不求助于过去的权威性资源来为现在的做法提供标准或参考，这样新的立法行为才具有合法性。此时的故事，并没有超越过去之事这样的泛指称呼。第三，指称曹魏之后特定的法律编纂形式。汉代已经有《建武律令故事》，但基于前两种情况的存在，不能确定其是否属于习惯法的

成文法化。《三国志·魏书》中因魏武故事多称"令曰",其为法律编纂形式的可能性非常大。即,到《魏武故事》后则为之一变,开始成为专门的法律形式。张建国在研究"科"时提出非常具有建设性的观点,认为"科"在曹魏之前不过是法律规范的一般性代称,而曹操之所以定"新科""甲子科"的重要原因,在于防止以诸侯之位而改帝王之制的非议。(参见张建国:《"科"的变迁及其历史作用》,《北京大学学报(哲学社会科学版)》1987 年第 3 期)《魏武故事》之出现当也有此意,即变更法律而不至僭篡,其出现使得故事成为法律意义上的正式称谓。到晋代泰始律令制定时,故事成为与律、令并列的法律形式。《晋书·刑法志》载:"凡律令合二千九百二十六条,十二万六千三百言,六十卷,故事三十卷。"不过,尽管故事开始作为成文法出现,但后世仍旧会在前两种意义上使用故事的称谓。第一种用法,如《通典·职官六·御史中丞》载:"自周、隋以来,无仪卫之重令,行出道路,以私骑匹马从之而已。故事,侍御史以下,与大夫抗礼。光宅元年九月,韦思谦除右肃政大夫,遂坐受拜。"第二种用法,如《旧唐书·桓彦范传》载:"陛下自龙飞宝位,遽下制云:'军国政化,皆依贞观故事。'"本志此处的故事,应该是在第一种意义上的故事,即习惯法。

249 裸形伏质:裸体伏于砧上。这种行刑方式由来已久。《战国策·秦策》载范雎曰:"今臣之胸不足以当椹质,要(腰)不足以待斧钺。"《汉书·张苍传》:"及沛公略地过阳武,苍以客从攻南阳。苍当斩,解衣伏质,身长大,肥白如瓠,时王陵见而怪其美士,乃言沛公,赦勿斩。"质:承台,古代腰斩用的垫座。《通典·刑法二·刑制中》载:"质,砧也。"古代受刑经常需要袒露形体。如《仪礼·觐礼》载:"(侯氏)乃右肉袒于庙门之东,乃入门右北面立告听事。摈者谒诸天子,天子辞于侯氏曰:'伯父无事,归宁乃邦。'"郑玄注:"右肉袒者,刑宜施于右也。"即使受鞭笞处罚时,也要求被鞭笞者袒露上身。如《汉书·王嘉传》:"案嘉本以相等为罪,罪恶虽著,大臣括发关械、裸躬就笞,非所以重国褒宗庙也。""裸躬"指袒露上半身。又如《论衡·自

虽有律,未之行也。太和元年,[250]诏曰:"刑法所以禁暴息奸,绝其命不
在裸形。其参详旧典[251],务从宽仁。"司徒元丕[252]等奏言:"圣心垂仁恕
之惠,使受戮者免裸骸[253]之耻。普天感德,莫不幸甚。臣等谨议,大逆及

纪》:"书馆小僮百人以上,皆以过失袒谪,或以书丑得鞭。""袒谪"即袒身受
谪罚。(参见杨琳:《中国古代袒露礼俗研究》,《民族艺术》2004 年第 3 期)
之所以裸衣行刑,是为体现刑罚的羞辱性。如《汉书·朱建传》称:"君何不
肉袒为辟阳侯言帝。"颜师古注:"肉袒,谓脱其衣袖而见肉。肉袒者,自挫辱
之甚,冀见哀怜。"

  250 太和:北魏孝文帝的年号(477—499 年)。太和元年即 477 年。

  251 旧典:旧时的制度、法则。《尚书·君牙》:"君牙,乃惟由先正旧典
时式,民之治乱在兹。"孔颖达正义:"惟当奉用先世正官之法,诸臣所行故事
旧典,于是法则之。"

  252 元丕:拓跋丕,汉化后改名元丕(422—503 年),鲜卑名渴言侯,北
魏宗室,烈帝拓跋翳槐玄孙、太武帝拓跋焘之族弟、乐城侯拓跋兴都之子。
拓跋丕曾被封东阳王,始任羽林中郎,北魏献文帝时,以诛杀乙浑之功左迁
尚书令。北魏孝文帝时,官居侍中、司徒公,入八议,参与朝政。孝文帝提议
迁都,他主张迁都邺城,但孝文帝最终迁都洛阳。后任太傅,录尚书事。他
不愿意行汉俗,出外为并州刺史。因参与穆泰谋反,被削职为民。景明四年
(503 年)薨,年八十二岁。诏赠左光禄大夫、冀州刺史,谥号平。《魏书》
有传。

  253 骸:身体。《列子·黄帝》:"有七尺之骸,手足之异,戴发含齿,倚
有趣者,谓之人。"

贼²⁵⁴各弃市²⁵⁵袒斩²⁵⁶,盗²⁵⁷及吏受赇²⁵⁸各绞刑,踣²⁵⁹诸甸师²⁶⁰。"又诏曰:

254　贼:故意杀人。《左传·昭公十四年》:"杀人不忌为贼。"《荀子·修身》:"害良曰贼。"《晋书·刑法志》引张斐《律注表》:"无变斩击谓之贼。"

255　弃市:中国古代一种死刑执行方式,即在市中执行死刑,并将尸体暴露街头。《汉书·景帝纪》颜师古注:"弃市,杀之于市也。谓之弃市者,取刑人于市,与众弃之。"

关于弃市出现的时间,目前有不同的认识。孔颖达《礼记正义》认为弃市为"殷法,谓贵贱皆刑于市"。胡留元、冯卓慧认为弃市来源于西周,当时的弃市有死刑与流刑两种含义。(参见胡留元、冯卓慧:《夏商西周法制史》,商务印书馆 2006 年版,第 383 页)沈家本认为弃市为秦法。(参见沈家本:《历代刑法考》,中华书局 1985 年版,第 139 页)

纵观文献,弃市一词实际有两种不同的用法:刑罚场所描述与法定刑。从刑罚场所描述的角度来看,弃市主要存在于史家或者经学家的笔下。如《礼记·王制》载:"刑人于市,与众弃之也。"又如刘熙《释名》称:"狱死曰考竟,考得其情、竟其命于狱也;市死曰弃市,市众所聚,言与众人共弃之也。"《汉书·刑法志》载:"圣人因天秩而制五礼,因天讨而作五刑。大刑用甲兵,其次用斧钺;中刑用刀锯,其次用钻凿;薄刑用鞭扑。大者陈诸原野,小者致之市朝,其所繇来者上矣。"这些说明死刑的执行基本上属于公开执行,而且市朝是其执行的重要地点,这一点至唐代仍不变。除少数犯罪外,死刑公开执行也几乎属于共识。以至于,有学者认为弃市根本就不是一种特定刑罚,而不过是一种刑罚执行场所的描述。(参见胡兴东:《中国古代死刑行刑种类考》,《云南大学学报(法学版)》2009 年第 1 期)但如果死刑均需在市朝执行,那就说明任何死刑都有被称为弃市的可能。因此,这种看法似失之片面。

实际上,至少到秦汉时,弃市开始专指特定的死刑执行方式,可称之为弃市刑。这有可能就是弃市被不断混淆的原因,即作为刑罚场所的描述它可以指向所有死刑;而作为法定刑的一种,它有特定的执行方式。至少到秦汉时期,弃市已经成为专门的死刑。如睡虎地秦墓竹简《法律答问》载:"同母异父相与奸,可(何)论? 弃市。"(简172)问题就在于秦朝死刑种类繁多,是否均需执行于市? 最可能的情况就是弃市刑有独立的执行方式,即斩首。故郑玄注《周礼·秋官司寇·掌戮》称:"杀以刀刃,若今之弃市也。"到后来,弃市刑则可能有了进一步变化。沈家本认为魏晋时期弃市刑变为绞首,张建国则认为弃市刑在汉代就已经变成绞首。(参见张建国:《秦汉弃市非斩刑辨》,《北京大学学报(哲学社会科学版)》1996年第5期)曹旅宁根据天水放马滩秦简中一篇《墓主记》所载"弃之于市"的奇异事件以补强张说。(参见曹旅宁:《从天水放马滩秦简看秦代的弃市》,《广东社会科学》2000年第5期)但冨谷至对弃市是绞首的意见并不认同,其批评也有说服力。([日]冨谷至:《从终极的肉刑到生命刑——汉至唐死刑考》,周东平译,载《中西法律传统》第7卷,北京大学出版社2009年版)《史记·高祖本纪》司马贞索隐称:"礼云'刑人于市,与众弃之',故今律谓绞刑为'弃市'是也。"然而考诸《唐律疏议》,并未有弃市一词的出现,所以司马贞所谓"律谓绞刑为'弃市'",可能就是对弃市在魏晋南北朝时发生变化后的回应。(刘海年认为司马贞另有所本。参见刘海年:《战国秦代法制管窥》,法律出版社2006年版,第96页)本志此处将弃市袒斩连称,与下句绞刑相对,说明弃市刑在北魏时仍旧是斩首。不过,从前引司马贞来看,隋唐的绞刑被视为弃市。综上,弃市可能经历了从斩刑到绞首的变化。

256　袒斩:裸体受刑。

257　盗:《荀子·修身》:"窃货曰盗。"《晋书·刑法志》引张斐《律注表》:"取非其物谓之盗。"另外,盗有时还表现为不含有"盗"的具体意义而被赋予更抽象意义的情形,如《二年律令·钱律》的"盗铸钱"(简201)、《盗律》的"盗出"(简74)等。参见内田氏:《译注》,"解说",第268—271页。

258　受赇:枉法取得财物。《说文解字》:"赇,以财物枉法相谢也。从贝求声。"段玉裁《说文解字注》:"枉法者,违法也。法当有罪而以财求免,是曰赇。受之者亦曰赇。"《汉书·王子侯表》元鼎三年(前 114 年)葛魁嗣侯戚"坐缚家吏,恐猲受赇,弃市"。《晋书·刑法志》云:"将中有恶言为恐猲,不以罪名呵为呵人,以罪名呵为受赇。"冨谷至注意到:"汉律贿赂罪因立法理念与唐律不同,不是身份犯,受赇枉法属于盗罪范畴,但受赇(行赇)不枉法可能不成为处罚对象。发展至唐律,其犯罪性质、构成要件等均有变化。"参见[日]冨谷至:《礼仪与刑罚的夹缝——贿赂罪的变迁》,周东平译,载《法史学刊》(第 2 卷),社科文献出版社 2007 年版,第 115—139 页;周东平、薛夷风:《冨谷至〈汉唐法制史研究〉介评》,载《唐研究》第 26 辑,北京大学出版社 2021 年版,第 562 页。

　　259　踣:陈尸示众。《周礼·秋官司寇·掌戮》:"凡杀人者踣诸市,肆之三日。"

　　260　甸师:古官名。《周礼·天官冢宰·甸师》:"甸师,掌帅其属而耕耨王藉,以时入之,以共齍盛。祭祀共萧茅,共野果蓏之荐。丧事代王受眚裁。王之同姓有罪,则死刑焉。帅其徒以薪蒸,役外内饔之事。"高氏(《译注》,第 155 页)、谢氏(《注译》,第 352 页)、内田氏(《译注》,第 205 页)也在这种特指意义上理解。但此处应该用来代指隐蔽处。

　　这里的"踣诸甸师"是指刑罚在隐蔽处执行,属于隐刑范畴。《周礼·秋官司寇·小司寇》载:"凡王之同族有罪,不即市。"郑司农云:"刑诸甸师氏。《礼记》曰:'刑于隐者,不与国人虑兄弟。'"中国古代死刑有明刑与隐刑之别,王雪静认为汉代的"下狱死"就是隐刑的体现。(参见王雪静:《两汉时期"下狱死"考》,《首都师范大学学报(社会科学版)》2006 年增刊)冨谷至认为,北魏时期死刑处刑理念出现淡化威慑色彩、主要剥夺生命的倾向。(参见[日]冨谷至:《前近代中国的死刑论纲》,周东平译,台湾《法制史研究》第 14 期,2008 年)死刑犯隐刑更能体现刑罚的人道色彩,与该处的基调也更相符合。因此,此处"踣诸甸师"更有可能泛指隐蔽处死,而非送至甸师处处死。又考踣为陈尸示众之意,在隐蔽处处死罪犯后,恐怕还会将尸体在这些地方放置一定时间。

"民由化穆²⁶¹，非严刑所制。防之虽峻，陷者弥甚。今犯法至死²⁶²，同入斩刑，去衣裸体，男女媟²⁶³见。岂齐之以法，示之以礼者也。今具为之制。"

三年，下诏曰："治因政宽，²⁶⁴弊由网密。今候职²⁶⁵千数，奸巧弄威，重罪受赇不列，细过吹毛²⁶⁶而举。其一切罢之。"于是更置谨直²⁶⁷者数百

261　化穆：教化和顺。《宋书·后妃·萧皇后传》："伏惟太妃母仪之德，化穆不言，保翼之训，光被洪业。"

262　死：指北魏太武帝神䴥中所定之律"死入绞"。

263　媟：轻侮，不恭敬。《汉书·枚皋传》："好嫚戏，以故得媟黩贵幸。"

264　治因政宽：国家治理的实现是由政道宽和所至。《左传·昭公二十年》载子产有"唯有德者能以宽服民，其次莫如猛"的遗言，后来孔子认为"政宽则民慢，慢则纠之以猛。猛则民残，残则施之以宽。宽以济猛，猛以济宽，政是以和"。法家则主张重刑猛政。

265　候职：候官，北魏时设立的监察官。《魏书·官氏志》载道武帝时："帝欲法古纯质，每于制定官号，多不依周汉旧名，或取诸身，或取诸物，或以民事，皆拟远古云鸟之义。诸曹走使谓之凫鸭，取飞之迅疾；以伺察者为候官，谓之白鹭，取其延颈远望。"而北魏设立候官以监察百官，也是北魏监察制度的起始。（参见黄河：《北魏监察制度研究》，吉林大学2010年博士学位论文，第15页）

266　吹毛：吹毛求疵的简称，吹开皮上的毛，寻找里面的毛病。比喻刻意挑剔过失或缺点。语出《韩非子·大体》："古之全大体者……不吹毛而求小疵，不洗垢而察难知。"

267　谨直：忠谨正直。《魏书·王建列传》："建具以状闻，回父子伏诛。其谨直如此。"

人,以防喧斗于街术[268]。吏民安其职业[269]。

先是以律令不具[270],奸吏用法,致有轻重。诏中书令[271]高闾[272]集中秘[273]

268　街术:街道。《说文解字》:"术,邑中道也。"

269　职业:官事和士农工商四民之常业。《荀子·富国》:"事业所恶也,功利所好也,职业无分。"杨倞注:"职业,谓官职及四人之业也。"四人实际为四民,当为避李世民之讳而改。

270　不具:不齐备,不完备。《墨子·七患》:"此皆备不具之罪也。"

271　中书令:中书省的长官。中书机构源于东汉末年始置的秘书监官。《后汉书·桓帝纪》载:"(延熹二年)初置秘书监官。"《唐六典·秘书省》载:"魏武为魏王,置秘书令,典尚书奏事,即中书之任也,兼掌图书秘记。文帝黄初中,分秘书立中书,因置监、令,乃以散骑常侍王象领秘书监,撰《皇览》。"可知,东汉时,秘书的长官称监,魏武帝时改称令,魏文帝则置监、令。考诸《魏书》,除中书令、中书侍郎外,亦有中书监之职,如《魏书·世祖纪下》载"侍中、中书监、宜都王穆寿"。参见上注175。

272　高闾:字阎士,本名驴,渔阳雍奴人。生年不详,卒于北魏宣武帝景明三年(502年)。早孤,好学,文才俊伟,下笔成章。司徒崔浩见而奇之,乃改名"驴"为"闾"。初为中书博士,迁中书侍郎。文明太后称制(476年),闾与高允并入禁内,参决大政。后进爵为侯。前后共历官六朝,凡国家诏令颂赞之类,皆出其手。有集三十卷行于世。其文章与高允不相上下,时称"二高"。官终太常卿,谥曰文。《魏书》《北史》有传。

273　中秘:中书省与秘书省的合称。(谢氏:《注译》,第355页)《魏书·伊馛列传》:"中秘二省,多诸文士。"

官等修改旧文,随例增减。又敕群官,参议厥衷[274],经御刊定[275]。五年[276]冬讫,凡八百三十二章[277],门房之诛十有六,大辟之罪二百三十五,刑三百七十七;除群行剽劫[278]首谋门诛,律重者止枭首。[279]

274　衷:合适,适中,不偏不倚。《左传·僖公二十四年》:"服之不衷,身之灾也。"杜预注:"衷,犹适也。"

275　经御刊定:经过皇帝审查后修改确定版本。御:对帝王所作所为及所用物的敬称。刊定:修改审定。《三国志·蜀书·向朗传》:"年逾八十,犹手自校书,刊定谬误。"

276　五年:指太和五年,481 年。

277　凡八百三十二章:《通典·刑法二·刑制中》亦作八百三十二章,但《唐六典·尚书刑部》作八百三十三章。所谓章实际上是条的意思。本志前文称:"《盗律》复旧,加故纵、通情、止舍之法及他罪,凡三百九十一条。门诛四,大辟一百四十五,刑二百二十一条。"又称:"又增律七十九章,门房之诛十有三,大辟三十五,刑六十二。"在这些叙述中,条与章被混用,八百三十二章即八百三十二条。

278　群行剽劫:结队抢劫。群行:结队而行。《三国志·蜀书·诸葛亮传》"木牛流马"裴松之注引《诸葛亮集》:"特行者数十里,群行者二十里也。"剽劫:亦作"剽刦",抢劫。《汉书·王尊传》:"往者南山盗贼阻山横行,剽劫良民。"

279　除群行剽劫首谋门诛,律重者止枭首:枭首:斩首并悬挂示众。《史记·秦始皇本纪》:"卫尉竭、内史肆、佐弋竭、中大夫令齐等二十人皆枭首。"裴骃集解:"悬首于木上曰枭。"内田氏句读为"除群行剽劫首谋门诛律,重者止枭首"。([日]内田氏:《译注》,第 206 页)韩国磐亦同此句读。(氏著:《中国古代法制史研究》,人民出版社 1993 年版,第 272 页)可从。

时法官[280]及州郡县不能以情折狱[281]。乃为重枷[282]，大几围[283]；复以

280　法官：这里指中央的专门法官。

281　以情折狱：根据实情来判决刑狱。以情折狱是中国古代司法的理念之一，自春秋时期就已经出现。如《左传·庄公十年》载："小大之狱，虽不能察，必以情。"这一点也被儒家所认同。《孔丛子·刑论》载孔子曰："夫听讼者，或从其情，或从其辞。辞不可从，必断以情。"《周礼·秋官司寇·小司寇》曰："以五声听狱讼，求民情。一曰辞听，二曰色听，三曰气听，四曰耳听，五曰目听。"而《魏书·世祖纪》载："察狱以情，审之五听；枷杖小大，各宜定准。"亦以五听察知案情。此处用以指司法官吏的素质比较低，做不到五听折狱。

282　枷：刑具名。谢氏称此处枷"长三尺，径二尺九寸，重五公斤"。（谢氏：《注译》，第356页）未知所本，而本志后文称永平元年（508年）"枷之轻重，先无成制"，可知此时重枷并无定制。不过到永平元年后，北魏制定了枷的基本标准。

283　围：计量圆周的单位，指两只胳膊合围起来的长度，也指两只手的拇指和食指合围的长度。此处应指前者。"囗"是"围"的初文。《说文解字》："囗，回也。象回帀之形。"段玉裁《说文解字注》："回，转也。按，围绕、周围字当用此，'围'行而'囗'废矣。"一般测量物体周长时，可以用两手或两臂围绕在物体上以估算，所以围引申为粗略计算圆周的量词。（参见曹芳宇：《唐五代量词研究》，南开大学2010年博士学位论文，第74页）也有人认为围有具体的长度指代。《古今韵会举要》载："围，一围五寸。"又曰："一围三寸，一抱谓之围。"《庄子·人间世》载："匠石之齐，至于曲辕，见栎社树。其大蔽数千牛，絜之百围。"陆德明《经典释文》："'百围'，李（颐）云：'径尺为围，盖十丈也。'"

缒石[284]悬于囚颈,伤内[285]至骨;更使壮卒迭搏[286]之。囚率不堪,因以诬服[287]。吏持此以为能。帝闻而伤之,乃制非大逆有明证而不款辟[288]者,不得大枷。

284　缒石:悬挂之石。《说文解字》:"缒,以绳有所悬也。"

285　校勘记[九]:"内",《通典》卷164《刑二·刑制中》作"肉"。

286　搏:击打。《说文解字》:"搏,击也。"

287　诬服:谓无辜而服罪。《史记·李斯列传》:"赵高治斯,榜掠千余,不胜痛,自诬服。"

288　款辟:服罪。款:《广雅·释诂一》:"款,诚也",引申为服从。辟:罪。《汉书·扬雄传下》:"言奇者见疑,行殊者得辟。"

律[289]："枉法十匹，义赃[290]二百匹[291]大辟。"至八年[292]，始班禄

289　律：对引用具体律条的特定之"律"，宜加书名号以统一体例。如后文就有"《律》，'期亲相隐'之谓凡罪。况奸私之丑，岂得以同气相证。论刑过其所犯，语情又乖律宪。案《律》，奸罪无相缘之坐。""案《律》，公私劫盗，罪止流刑。"此处的"律"应指太和五年（481年）之《律》。

290　义赃：官吏基于人情所受的馈赠、贿赂。《资治通鉴》卷136《齐纪二》"永明二年九月条"胡三省注："枉法，谓受赇枉法而出入人罪者。义赃，谓人私情相馈遗，虽非乞取，亦计所受论赃。"内田氏认为义赃或许相当于唐律中的"受财不枉法"。（［日］内田氏：《译注》，第208页）冨谷至在同意这一解释的基础上，补充说："如视为基于馈赠方之义而官吏得到的不当之利，犹如胡三省注那样，是没有乞取而自愿提供的礼物，其解释亦能成立。我同意胡三省注之解，认为'义'字含有馈赠方的礼仪。"（冨谷至：《漢唐法制史研究》，创文社2016年版，第419页）按胡三省注，可能还包括唐律之"受所监临财物"。

又，冨谷氏认为，官吏的俸禄制曾行之于汉代，但作为少数民族政权的北魏之初，不存在牢固的官僚制，也无俸给，只是从人民那儿得到赠物作为收入。官吏这种私取的报酬，既不是被非难的行为，也不是构成犯罪的行为。"义赃"就是俸禄制施行之前的报酬。但该报酬如果超过一定限度会构成犯罪，即本志所谓的"义赃二百匹"时构成犯罪；俸禄制施行后，即使"义赃一匹"也要处死。此处的"义赃一匹"，在《魏书·高祖纪》《北史·魏本纪》中作"赃一匹"，也值得注意。"义赃（正当的货财之利）"在俸禄制下已不具有"义"，"货财之利"可以说已变成"贿赂"。（［日］内田氏：《译注》"补注"第40，第285页）其说可从。

291　二百匹：内田氏指出：《通典》卷164、《资治通鉴》卷136均作"二十匹"。（［日］内田氏：《译注》，第208页）程树德亦疑其为"二十"之误。（程树德：《九朝律考·后魏律考》，第352页）高氏据此也认为应该是二十匹。（高氏：《注译》，第157页）诸家之说可从。

292　八年：太和八年，即484年。

制[293]，更定义赃一匹，枉法无多少皆死。是秋遣使者巡行天下，纠守

293　班禄制：《魏书·高祖纪》载孝文帝太和八年（484 年）"六月丁卯，诏曰：'置官班禄，行之尚矣。《周礼》有食禄之典，二汉著受俸之秩。逮于魏晋，莫不聿稽往宪，以经纶治道。自中原丧乱，兹制中绝，先朝因循，未遑厘改。朕永鉴四方……故宪章旧典，始班俸禄。罢诸商人，以简民事。户增调三匹、谷二斛九斗，以为官司之禄。均预调为二匹之赋，即兼商用。虽有一时之烦，终克永逸之益。禄行之后，赃满一匹者死……'"。主流观点据此认为太和八年是班禄制之始。但少数学者认为班禄制始于太祖朝（参见景有泉：《关于北魏俸禄制的几个问题》，《东北师大学报（哲学社会科学版）》1998 年第 5 期），或显祖在位期间（参见杜绍顺：《北魏何时始行俸禄制》，《史学月刊》1986 年第 6 期）。还有人认为在班禄制之前有俸禄制的存在。（参见李静飞：《北魏从班赐到班俸过渡时期的俸禄制》，《重庆工商大学学报（社会科学版）》2009 年第 4 期；张金龙：《北魏俸禄制的班行及其背景》，《河北学刊》2015 年第 1 期）

　　班禄制终结了传统的班赐制度，充分分析班赐制的终结有助于理解班禄制的形成。北魏时人就班赐制之所以出现提出两种观点：第一，"自中原丧乱。兹制中绝，先朝因循，未遑厘改"。（《魏书·高祖纪上》）第二，"自中原崩否，天下幅裂，海内未一，民户耗减，国用不充，俸禄遂废。此则事出临时之宜，良非长久之道"。（《魏书·高闾传》）但今人未采其观点。韩国学者朴汉济认为，北魏君主具有游牧君主的特性，以掠夺财富满足部落臣民的需求来保证自己的地位。（参见朴汉济：《北魏政权与胡汉体制》，东洋史学会编：《中国史研究的成果与展望》，中国社会科学出版社 1991 年版，第 90—91 页）何德章则认为，这是由于北方游牧民族率领部落出征掠夺财富，并在部落成员间进行分配的传统习惯在北魏演变的结果。（参见黄慧贤、陈锋主编：《中国俸禄制度史》（北魏的俸禄制度由何德章执笔），武汉大学出版社 2005 年版，第 118 页）徐美莉则认为这是拓跋珪将官禄制度视为上古至秦汉兴衰的关键因素。（参见徐美莉：《也谈北魏前期"百官无禄"之原因》，《史学

宰²⁹⁴之不法,坐赃²⁹⁵死者四十余人。食禄者局蹐²⁹⁶,赇谒²⁹⁷之路殆绝。

月刊》2004 年第 3 期)

总的来说,班赐制与北魏部落时代的早期制度有关,君主带领各部落征战,掠夺的财富被视为君主能力的体现,对这些财富的分配也有利于凝聚人心。但到孝文帝时期,北魏政权的汉化趋于成熟,政府结构和组织治理模式等与部落时代产生巨大差异,班赐制的弊端逐渐显现。班禄制的出现有助于加强中央集权,强化中央对原部落以及地方的控制,推动官僚制度的完善,也有助于遏制当时吏治腐败带来的弊病。

294　守宰:指地方长官。《后汉书·朱浮传》:"守宰数见换易,迎新相代,疲劳道路。"

295　坐赃:亦作"坐臧",犯贪贿罪。《汉书·景帝纪》:"吏及诸有秩受其官属所监、所治、所行、所将,其与饮食计赏费,勿论。它物,若买故贱,卖故贵,皆坐赃为盗,没入赃县官。"按:此时的坐赃当属广义的最重可以判处死刑的坐赃,与后世如《唐律》六赃之一的狭义坐赃有所区别。(参见周东平:《略论唐代的坐赃》,载《中国古代社会研究》,厦门大学出版社 1998 年版;《关于中国古代赃罪的若干问题》,载《中国历史上的法制改革与改革家的法律思想》,山东大学出版社 1999 年版)

296　局蹐:局促不安,小心翼翼。《说文解字》:"蹐,小步也。"《后汉书·循吏传·秦彭》:"于是奸吏局蹐,无所容诈。"

297　赇谒:"谓行贿以求进见。"谒:求见。战国法家警惕臣下请谒行为。《管子·八观》曰:"请谒得于上,则党与成于下。"《韩非子·八奸》:"故财利多者买官以为贵,有左右之交者请谒以成重。"

帝哀矜庶狱²⁹⁸，至于奏谳，率从降恕²⁹⁹，全命徙边，岁以千计。京师决死狱，岁竟不过五六³⁰⁰，州镇亦简。

（李勤通注）

298　哀矜庶狱：哀矜：同情悲怜。《孔丛子·刑论》："《书》曰：'上下比罪，无僭乱辞。'《书》曰：'哀矜折狱。'仲弓问曰：'何谓也？'孔子曰：'古之听讼者察贫穷，哀孤独及鳏寡老弱不肖而无告者，虽得其情，必哀矜之。死者不可生，断者不可属。若老而刑之，谓之悖；弱而刑之，谓之克；不赦过，谓之逆；率过以小罪，谓之枳。故宥过赦小罪，老弱不受刑，先王之道也。'"参见下文注338。庶狱：刑狱诉讼之事。《尚书·立政》："庶狱庶慎，惟有司之牧夫。"

299　降恕：减罪宽恕。《后汉书·党锢·李膺传》："自春迄冬，不蒙降恕，遐迩观听，为之叹息。"

300　五六：百衲本、宋明本、南监本、汲古阁本作"五六"，而北监本、武英殿本作"五十"。

【今译】

显祖献文帝拓跋弘即位之后,废除口误罪,开放酒禁。皇帝勤于治国而卓有功绩,朝廷内外的官员没有谁不慑于威猛之政,于是风气肃然。等到传位给高祖孝文帝拓跋宏之后,献文帝仍然亲自处理各项政务,刑法政令严肃而公正,选拔清正廉洁之士,淘汰贪赃枉法之辈。廉洁的州郡长官层出不穷。

延兴四年,高祖孝文帝下诏,只要不是罪犯大逆之人,都只惩罚其本人,废除门房株连之刑。自从规定疑案要送往中书省裁决之后,刑罚轻重差别很大。于是,又废除这一措施。如果案件疑问甚重,就召集公卿大臣共同论定是非曲直。从前各曹官奏事,经常向上请示难以决断的疑案,又因为口传诏书敕令,结果导致不时有人诈称诏命,独断专行。自此之后,事情不论大小,官员上奏都按照律之正文名例提出审判建议,不得疑请。如果案情与律令相合,皇帝就下诏批准,如果两项不合就弹劾诘问上奏者,且一切由皇帝直接从禁中下诏书。从此之后,国事都精确详明,臣下没有敢欺瞒皇帝的。

显祖末年,特别重视刑罚,每每言涉于此就情绪哀伤。献文帝对上奏的案件,必然下令复审,其中有的人常因为案件多年未断决而系于监狱。大臣们对此多有不同看法。献文帝说:"淹留刑狱案件虽然并非治国良策,但还是胜过仓促断案而导致的刑罚泛滥。人因囚禁而觉苦难时往往容易思过向善,所以监狱跟福堂是一体两面的。朕希望他们能改过思善,从而能够减轻对他们的处罚。"因此,囚禁之人虽然淹留滞怠,但刑罚多能与罪行相当。又考虑到多次发布赦免诏令,有可能导致狂妄愚昧之人常常心存侥幸,所以从延兴初年到延兴末年(约 471 年—476 年),朝廷不再下达赦令。法官拷讯犯人,法定杖数为五十,但主管官员如果想要宽免他们就用细杖,如果想要陷害他们就先用大杖。百姓常常因为不能忍受刑讯而无中生有地攀引他人入罪，甚至有人命丧杖下。显祖了解此事之后，为此专门定制。拷讯犯人必须要用荆条，削平荆条上的骨节，一般的讯囚杖所用杖尾为三分粗，杖背所用杖尾为二分粗，杖腿所用杖尾为一分粗，拷讯犯人必须符合法令。这些都比从前大大减轻简化了。

高祖孝文帝执政时，关注刑法。过往成例，判处斩刑者都要裸体伏于砧，而判处死刑的应以绞执行。虽有律的规定但从未实行。太和元年，孝文帝下诏："刑法的目的在于禁绝暴行息止奸邪，断绝犯人性命并不意味着就要使其裸露身体。应详细参考旧时典章，务必遵循宽厚仁慈的精神。"司徒元丕等上奏称："皇帝以圣人之心赐予百姓仁慈宽恕的恩典，使受斩刑者免除裸露形骸的耻辱。普天之下深受皇恩，都感到非常幸运。臣等谨慎商议后认为，犯大逆及贼杀人者都应裸身于朝市受斩刑，盗窃和官吏受贿则都于隐蔽处受绞刑。"孝文帝又下诏称："百姓是因为教化而和顺，而不是由于严刑的规制。法律对犯罪的防范越是严峻，因之陷罪的人就会越多。现在，犯法至绞死的人都一样受斩刑，去除衣服现出裸体，男女因之以轻侮之态相见。这怎么会是以礼法教化规范百姓的要求？为此现在全部制定新规则。"

太和三年，皇帝下诏称："国家大治是因为政治宽和，弊病丛生源于法网严密。现在监察官员数以千计，奸诈狡猾之徒却逞威弄权，重刑犯与贪赃者不被审查，犯小过者却被苛刻地检举惩罚。这些监察官员全部罢免。"与此同时，皇帝又安排数百名忠谨正直的官员，用以防止有人在街市打架斗殴。官吏百姓安居乐业。

从前，因为律令不完备，奸诈官吏适用法律往往导致轻重不公。孝文帝下诏，命中书令高闾召集中书省与秘书省等机构的官员修改原来的律文，并根据事例增减罪名。皇帝又命令群臣参与讨论，以使其恰当适中，最后由皇帝审核作为定本。直到太和五年冬事成，新定律令共有八百三十二条,门房之诛有十六条,大辟之罪有二百三十五条,徒刑有三百七十七条。修律中又废除团伙抢劫的首犯应受门房之诛的旧规,刑罚最重的不过枭首而已。

当时法官以及州郡县官员没有能力根据实情来断狱。他们就设计了重枷,周长有好几围;又在囚徒的脖子上挂上石头,重者甚至伤及骨头;又命令强壮的狱卒轮番殴打犯人。囚徒往往不能忍受,因而屈打成招。官吏不以为耻反以自矜。皇帝听说之后很悲伤,于是订立制度,如果不是大逆且有明确证据却不认罪者,审理的官员不能对他们使用大枷。

《律》:"官吏受贿十匹而枉法者,或者受义赃二百(应作"二十")匹,都要被判处死刑。"到太和八年,孝文帝开始实行班禄制,并修改规定,官员受义赃一匹以上,或者无论受贿多少而枉法的,都要处以死刑。这一年秋天,皇帝派遣使者巡行全国各地,纠察地方长官中的不法之徒,因为贪贿而被处死的有四十多人。由此,食皇禄者都谨小慎微,而向官吏行贿以求进见的途径则几乎断绝。皇帝怜悯刑狱,对于上奏的案件,往往多加宽免,因之保全性命而徙边的人每年数以千计。京城一年到底被判决死刑的案件不过五六宗,州镇的数量也有所减少。

（李勤通译）

【原文】

十一年[301]春，诏曰："三千之罪，莫大于不孝，[302]而律不逊父母[303]，罪

【注释】

301 十一年：北魏孝文帝太和十一年，即487年。

302 三千之罪，莫大于不孝：出自《孝经·五刑》："五刑之属三千，而罪莫大于不孝。"针对所谓"五刑之属三千"，乃至《尚书大传》的"夏刑三千条"，有学者指出："不等于现实中相应地存在着规范的'五刑'刑罚体系……更难免夸大条文数之嫌疑。"参见周东平、薛夷风：《北朝胡汉融合视域下中古"五刑"刑罚体系形成史新论——兼评冨谷至〈汉唐法制史研究〉》，《学术月刊》2021年第3期。

303 而律不逊父母："律"，宜加书名号。逊：恭顺。《尚书·舜典》："百姓不亲，五品不逊。"孔安国传："逊，顺也。""不逊父母"即不孝。此处是指一般的不孝罪行，刑罚为"髡刑"。对于杀害尊亲的罪行则有轘刑严惩，本志前文云："世祖（北魏太武帝拓跋焘）即位……诏司徒浩定律令……害其亲者，轘之。"

不孝罪的内容，因朝代不同而有所变化。秦律中不孝罪包括殴打、告发父祖。两汉时不孝罪又随着以礼入法的进程越来越受到重视，涵盖的内容越来越多。西汉初不孝罪只限于杀伤殴骂尊亲、不养亲、诬告尊亲、不听教令等。西汉中期以后，轻慢父母、妻后母、居丧奸、居丧嫁娶、居丧生子、别籍异财等罪名相继入律。至东汉"与母别居"也成为不孝罪的内容之一。（参见张功：《秦汉不孝罪考论》，《首都师范大学学报（社会科学版）》2004年第5期；徐世虹：《秦汉简牍中的不孝罪诉讼》，《华东政法学院学报》2006年第3期）大庭脩认为唐律"十恶"中的"谋反""谋大逆""谋叛""不道""大不敬"在汉律中可以看到对应的内容，且大多包括于"不道"之中，而"十恶"中的"恶逆""不孝""不睦""不义""内乱"并不见于汉律。（［日］大庭脩：《汉律中"不道"的概念》，徐世虹译，载杨一凡总主编：《中国法制史考证》丙编第1卷，籾山明卷主编：《日本学者考证中国法制史重要成果选译·通代先秦秦汉卷》，中国社会科学出版社2003年版，第369—433页）之后，若江贤三进一步将大庭脩认为与汉代不道罪有关的前五种罪（即"谋反""谋大逆"
"谋叛""不道""大不敬"）拟定为"不道罪群（类罪）"，将大庭脩所谓的"违
背家族伦理或师徒之道"那样的、在违背基于个人小社会内的道德这一点上
具有共同之处的、因其以"不孝罪"为典型代表的后五种罪（即"恶逆""不
孝""不睦""不义""内乱"），拟定为"不孝罪群（类罪）"，并且认为秦汉律已
有"不孝"罪，"恶逆""不孝""内乱"均可溯源于秦汉时期的"不孝"罪。（见
氏著：《秦漢律における"不孝"罪》，《東洋史研究》第 55 卷第 2 期，1996 年，
第 1—34 页）此时的不孝含义甚广，隋唐律十恶之不孝，已是收缩含义的狭
义不孝。

　　那么，北魏的不孝罪包括哪些？ 其最大的是绝祀。《魏书·李孝伯列
传》："不孝之大，无过于绝祀。"《魏书·太武五王·临淮王列传》："其妻无
子而不娶妾，斯则自绝，无以血食祖、父，请科不孝之罪，离遣其妻。"另，《魏
书·献文六王·赵郡王列传子谧附传》记载："谧在母丧，听音声饮戏，为御
史中尉李平所弹。遇赦，复封。"从唐律的规定来看，这条也属于不孝罪。
《唐律疏议·名例律》："七曰不孝。"注："……居父母丧，身自嫁娶，若作乐，
释服从吉……"

　　关于不孝罪的处罚，考察之前朝代，对不孝罪处罚严重。秦律规定：
"'殴大父母，黥为城旦舂。'今殴高大父母，可（何）论？ 比大父母。"（睡虎地
秦简《法律答问》，简 78）汉律规定："子贼杀伤父母，奴婢贼杀伤主、主父母
妻子，皆枭其首市。"（张家山汉简《二年律令·贼律》，简 34）"子牧杀父母，
殴詈泰父母、父母叚（假）大母、主母、后母，及父母告子不孝，皆弃市。"（张家
山汉简《二年律令·贼律》，简 35）《晋书·隐逸列传·董养》："每览国家赦
书，谋反大逆皆赦，至于杀祖父母、父母不赦者，以为王法所不容也。"《晋
书·元帝纪》记载东晋司马睿即晋王位之大赦中，明确规定不孝罪除外："其
杀祖父母、父母及刘聪、石勒，不从此令。"《通典·刑法五·杂议下》载南朝
宋律文："子杀伤殴父母，枭首；骂詈，弃市。妇谋杀夫之父母，亦弃市。遇赦，

止髡刑[304]。于理未衷。可更详改。[305]"又诏曰:"前命公卿论定刑典,而门

免刑,补冶。"

不孝罪状如杀、殴父母、祖父母之类,包括北魏的"害其亲者",在隋唐律皆入"恶逆"。一般的不孝罪行"告言诅詈""供养有阙""居丧嫁娶""释服从吉",在隋唐律则入狭义之"不孝"。

304　髡刑:亦作"髠刑",是指剃去头发服劳役的刑罚。沈家本认为,汉末髡刑为五岁刑,魏之髡刑有鈦左右趾,后易以木械,且改汉律为依律论者听得科半,但晋以后沿用汉律五岁刑。(参见沈家本:《历代刑法考·刑制总考二》,第 21—24 页)程树德谓:"按汉律髡刑为五岁刑。晋律髡钳五岁刑、四岁刑、三岁刑、二岁刑,凡四等,见《御览》,疑魏律当与晋同。"(参见程树德:《九朝律考·魏律考》,第 194 页)北魏多次修改律令,徒刑有时三等,有时五等。从下文"律文刑限三年"来看,此时的徒刑为三等。这里的"髡刑"应该包括三种,即一年、二年、三年。

另据《隋书·刑法志》,北齐的流刑,鞭笞各一百,髡之。刑罪五等,加鞭笞,惟一岁无笞,皆不髡。北周徒刑五,加鞭笞。沈家本认为:"北周以后,并无髡之名,盖亦废之矣。"(沈家本:《历代刑法考·刑法分考十一·髡》,第 301 页)

305　可更详改:诏令认为不孝罪处刑太轻,所以要修改。表明汉族儒家的伦理思想对北魏统治者的影响越来越大。

房之诛犹在律策[306]，违失《周书》父子异罪[307]。推古求情，意甚无取。可更议之，删除繁酷。"秋八月诏曰："律文刑限三年，便入极默[308]。坐无太半之校[309]，罪有死生之殊。可详案律条，诸有此类，更一刊定。"冬十月，

306　律策：律典。策：中国古代用竹片或木片记事著书，成编的叫策。《春秋左传·序》："大事书之于策，小事简牍而已。"蔡邕《独断》："策者，简也。其制长二尺，短者半之，其次一长一短，两编下附单执一札，谓之为简。连编诸简，乃名为策。凡书，字有多有少，一行可尽者书之于简，数行可尽者书之于方，方所不容者乃书于策。"此前的其他史料未见如此称呼律典的，此处用"律策"大概是沿用策的古意。

307　《周书》父子异罪：《尚书·周书·康诰》中未见有父子异罪之语。《左传·昭公二十年》记载："苑何忌辞，曰：'与于青之赏，必及于其罚。在《康诰》曰，父子兄弟，罪不相及。'"孔颖达正义："此非《康诰》之全文，引其意而言之。其本文云：'子弗祗服厥父事，大伤厥考心。于父不能字厥子，乃疾厥子。于弟弗念天显，乃弗克恭厥兄；兄亦不念鞠子哀，大不友于弟。惟吊兹，不于我政人得罪。'孔安国云：'至此不孝不慈弗友不恭，不于我执政之人得罪乎！导教不至所致。'又曰：'文王作罚，刑兹无赦。'言刑此不孝不慈之人无赦也。刑不慈者，不可刑其父又刑其子；刑不孝者，不可刑其子又刑其父。是为父子兄弟，罪不相及。"

308　极默：旧版校勘记[二]：按"默"本当作"墨"，"墨"本五刑之一，引申泛指刑法。"极墨"犹言"极刑""极法"。但当时"墨"常作"默"，如"墨曹"常作"默曹"。下文高阳王雍议费羊皮、张回罪，亦云"从有极默之庚"，今仍之。

309　太半之校：太半：大半，多半。《史记·项羽本纪》："汉有天下太半。"裴骃《集解》引韦昭曰："凡数三分有二为太半，一为少半。"校：较量，《北史·独孤信传子罗附传》："不与诸弟校竞长短。"引申为差异，不同。这里的校大概与后面的"殊"互文。即行为并没有太大的差别，刑罚却有生与死的距离。

复诏公卿令参议之。

十二年³¹⁰诏³¹¹:"犯死罪,若父母、祖父母年老³¹²,更无成人³¹³子孙,

310　十二年:太和十二年,488年。

311　诏:关于此诏,《魏书·高祖纪下》有完整的记载:太和十二年春正月乙未,诏曰:"镇戍流徙之人,年满七十,孤单穷独,虽有妻妾而无子孙,诸如此等,听解名还本。诸犯死刑者,父母、祖父母年老,更无成人子孙,旁无期亲者,具状以闻。"

沈家本认为这是后来的留养之法。实际上他将留养之法溯源自晋。他引《太平御览·刑法部十二·弃市》:"咸和二年,句容令孔恢罪弃市,诏曰:'恢自陷刑网,罪当大辟。但以其父年老而有一子,以为恻然,可特原之。'"认为:"此以父老悯之,当时如何处置? 未详。然即后来留养之权舆也。"他接着引用此太和十二年诏,在按语中说:"留养之法,实仿于此。《志》云列奏待报,当亦就案情之轻重以定留养与不留养,非一概宽之也。第其办法不详,无可考见耳。"(沈家本:《历代刑法考·明律目笺一·犯罪存留养亲》,第1797页)

沈家本在另一处还引用《魏书·高祖纪下》:"(太和十八年八月丙寅)又诏诸北城人,年满七十以上及废疾之徒,校其元犯,以准新律。事当从坐者,听一身还乡,又令一子扶养,终命之后,乃遣归边;自余之处,如此之犯,年八十以上,皆听还。"在按语中说:"此即今留养之例。留养乃闵其亲老,非以犯罪者情可恕也。终命仍遣归边,自合情理,一释不问,太宽矣。"(沈家本:《历代刑法考·律令三·后魏律》,第912页)

另,本志后文载(北魏孝明帝)熙平中,主簿李玚驳议中称:"案《法例律》:'诸犯死罪,若祖父母、父母年七十已上,无成人子孙,旁无期亲者,具状上请。流者鞭笞,留养其亲,终则从流。不在原赦之例。'"可以看出,《法例律》的内容包括太和十二年和太和十八年两处的内容,且语言更简练,逻辑更清楚。大概此处太和十二年"著之令格"的这条规定,以及太和十八年的规定,后来又写入律中。

　　以上可见，北魏多次颁布诏令，从"著之令格"到写入《法例律》，留养制度最终纳入法律中。之后唐律对留养制度作了更为详细的规定。《唐律疏议·名例律》"犯死罪应侍家无期亲成丁"条规定："诸犯死罪非十恶，而祖父母、父母老疾应侍，家无期亲成丁者，上请。犯流罪者，权留养亲，不在赦例。课调依旧。若家有进丁及亲终期年者，则从流。计程会赦者，依常例。即至配所应侍，合居作者，亦听亲终期年，然后居作。"

　　312　年老：《魏书·高祖纪下》有"镇戍流徙之人，年满七十……""诏诸北城人，年满七十以上及废疾之徒……"本志后文有"《法例律》：'诸犯死罪，若祖父母、父母年七十已上……'"《魏书·食货志》载太和九年（485 年）"下诏均给天下民田：……诸有举户老小癃残无授田者，年十一已上及癃者各授以半夫田，年逾七十者不还所受，寡妇守志者虽免课亦授妇田"。以上材料说明"七十"是一个分界点，此处的年老应指七十以上。

　　313　成人：古代男子二十岁行冠礼，为成人的标志。《礼记·曲礼上》："男子二十，冠而字。"郑玄注："成人矣，敬其名。"《礼记·内则》："二十而冠，始学礼，可以衣裘帛，舞大夏，惇行孝弟，博学不教，内而不出。"

又无期亲³¹⁴者,仰³¹⁵案后列奏以待报,著之令格³¹⁶。"

314　期亲:后世为避李隆基讳亦作"周亲"。谓依丧服制度应服期年
(一年)之服的亲属。凡为祖父母、伯叔父母、兄弟、嫡孙、在室姑、在室姊妹、
众子、长子妇、侄、在室侄女,以及夫父母在者为妻,妾为家长父母、正妻、家
长众子,出嫁女为祖父母、父母,皆服之。参见《仪礼·丧服》。《魏书·广川
王略传》:"欲令诸王有期亲者为之三临,大功之亲者为之再临,小功缌麻为
之一临。"按:期亲,修订本本志多作"朞亲",然下文"卖五服内亲属,在尊
长者死,期亲及妾与子妇流"又作"期亲";旧版均作"期亲"。今均统一为
"期亲"。

315　仰:旧时公文用语。上行文中用在"请、祈、恳"等字之前,表示恭
敬;下行文中表示命令:仰即尊照。

316　格:一种法律形式。格起源于秦汉故事,还是始自汉晋故事,或者
源自汉魏的科?"格"作为国家法典形式,是始自东魏 541 年的《麟趾格》,还
是较早的北魏孝武帝 532 年的《太昌条格》,或者是更早的北魏文成帝和平
四年(463 年)的《和平条格》,甚或还要更早的晋《乙亥格》?《唐六典》所谓
的"后魏以格代科"是在北魏文成帝以后,还是北魏宣武帝时期,或者东魏时
期? 学者之间有不同的观点。(具体参见钱元凯:《试述秦汉至隋法律形式
"格"的递变》,《上海社会科学院学术季刊》1987 年第 2 期;马小红:《格的演变
及其意义》,《北京大学学报(哲学社会科学版)》1987 年第 3 期;刘俊文:《论唐
格——敦煌写本唐格残卷研究》,载《敦煌吐鲁番学研究论文集》,汉语大词典
出版社 1991 年版;胡留元:《从几件敦煌法制文书看唐代的法律形式——格》,
《法律科学》1993 年第 5 期;陈仲安:《麟趾格制定经过考》,载杨一凡总主编:
《中国法制史考证》甲编第 3 卷《历代法制考·两汉魏晋南北朝法制考》,中国
社会科学出版社 2003 年版;桂齐逊:《唐格再析》,载中国政法大学法律古籍整
理研究所编:《中国古代法律文献研究》(第四辑),法律出版社 2010 年版;楼
劲:《格、式之源于魏晋以来敕令的编纂》,《文史》2012 年第 2 辑,等等)

就北魏来说,制定的格有《景明考格》《永平旧格》《停年格》《纠赏之格》等。从史料记载来看,"格"之前都冠有年号或者反映内容的术语。或因为此,钱元凯将此处的"令格"作为格的名称。但是,"令"本身是一种法律形式,将"令格"作为格的名称,前所未见。然而,若将此处的"令"理解为法律形式,那是要将这条规定著于"令"还是著于"格"呢?自从西晋"律以正罪名,令以存事制"(《太平御览·刑法部四·律令下》引杜预《律序》)以来,令已经是独立的法律形式,内容为行政制度。而这里是刑法方面的内容。所以应该是著于"格"。因此,无论是将"令格"看作格的名称,还是看作两种法律形式,此处的含义都属于偏正结构,即指著于"格"。那么,写入哪部"格"?目前可知的太和年间(477—499 年)制定的格有两部:一为太和年间,孝文帝曾命有司制定选格,名为《方司格》(见《新唐书·儒学中·柳冲列传》);二为太和十九年(495 年),孝文帝曾诏律学博士常景修定《太和条格》。(见[唐]释道宣:《续高僧传·译经篇初》)显然,并不是这两部,故无法确考。

　　世宗[317]即位,意在宽政。正始元年[318]冬,诏曰:"议狱定律,有国攸慎,[319]轻重损益,世或不同。先朝垂心典宪,刊革令轨[320],但时属征役[321],

---

　　317　世宗:北魏宣武帝元恪(483—515 年),高祖孝文帝元宏的第二子。在位十五年期间,继续开拓孝文帝的未竟事业,使北魏国力达到鼎盛,京师洛阳再度繁荣。见《魏书·世宗纪》。

　　318　正始元年:504 年。正始是北魏宣武帝元恪的第二个年号(504—508 年)。

　　319　有国攸慎:有,语气助词。王引之《经传释词》:"有,语助也,一字不成词,则加'有'字以配之,若'虞、夏、殷、周'皆国名,而曰'有虞、有夏、有殷、有周'是也。推之他类,亦多有此,故邦曰有邦……"裴多海从之,并在按语中说:"'有'字为语助,必位于名词之上。"(裴多海:《古书虚字集释》,上海书店 1935 年版,第 161 页)攸:《尔雅》:"攸,所也。"

　　320　令轨:良好的法度、制度。《三国志·魏书·高堂隆传》:"爰及末叶,闇君荒主,不崇先王之令轨,不纳正士之直言。"

　　321　征役:战争。《魏书·崔浩列传》:"北贼未平,征役不息,可不徙其民。"《魏书·徒何慕容廆列传》:"诸将咸谏,以永国未有衅,连岁征役,士卒疲怠,请待他年。"

未之详究，施于时用，犹致疑舛。尚书[322]门下[323]可于中书外省[324]论律令。

---

322 尚书：此处指尚书省。尚书初为官名。战国时期魏有主书、齐有掌书，为主管文书的小吏。秦时改称尚书，为少府属官。西汉武帝提高皇权，因尚书在皇帝左右办事，地位逐渐重要。西汉成帝时开始分曹办事。东汉时正式成为协助皇帝处理政务的官员，从此三公权力大大削弱。魏晋以后，尚书事务益繁。《晋书·赵王伦列传》中曾出现过"尚书省"一词，但《晋书·职官志》没有记载。南北朝时设尚书省，下分各曹，后改为部。参见《汉书·百官公卿表上》《后汉书·百官志三》《晋书·职官志》《隋书·百官志》。

323 门下：即门下省，官署名。秦汉初，置侍中，曾无台省之名。东汉谓侍中寺。晋时因其掌管门下众事，始称门下省。南北朝因之，与中书省、尚书省并立，侍中为长官。掌侍从左右，摈相威仪，尽规献纳，纠正违阙。参见《隋书·百官志》《通典·职官三·门下省》。

北魏在道武帝皇始元年（396 年）设立门下省，以侍中、给事黄门侍郎为主官。皇始初，门下省仅见给事黄门侍郎一职，《魏书·崔玄伯列传》载崔玄伯"以为黄门侍郎，与张衮对总机要，草创制度"。明元帝时始见侍中之职，《魏书·穆崇列传》载："太宗即位，（穆观）为左卫将军，绾门下中书，出纳诏命。"陈琳国在《北魏前期中央官制述略》（《中华文史论丛》1985 年第 2 期）一文中指出："中槽、侍御之职，与魏晋门下省相类，而门下省官职成了虚衔。据史传所载，这一阶段的侍中是三公、尚书、四征将军等高级官吏的加官，用来尊崇大臣、外戚或赐予得宠的宦官、恩幸。"这些正是自道武帝至孝文帝改制以前一直存在的情况。孝文帝改革，进一步完善了北魏门下省的职能，使门下省拥有参与谋议、平录尚书事、下达诏书等职权，即《隋书·百官志》中所说门下省职掌"献纳谏正"等事。如《魏书·崔光列传》记载崔光兼侍中，"虽处机近，曾不留心文案，唯从容论议，参赞大政而已"。

324 中书外省：内田氏和谢氏都译为"中书省的外厅"。（［日］内田氏：《译注》，第 210 页；谢氏：《注译》，第 359 页）高氏译为"中书省的附属机构"。（高氏：《注译》，第 159 页）按：此处同意高氏观点。中书外省当时设于金墉城。

诸有疑事,斟酌新旧,更加思理,增减上下,必令周备,随有所立,别以申闻。[325]庶[326]于循变协时,永作通制。"

《魏书·袁翻列传》:"正始初,诏尚书门下于金墉中书外省考论律令,翻与门下录事……"《魏书·常景列传》:"正始初,诏尚书门下于金墉中书外省考论律令,敕景参议。"北魏还有门下外省。《魏书·术艺·张渊列传》载孝武帝"诏通直散骑常侍孙僧化与太史令胡世荣、张龙、赵洪庆及中书舍人孙子良等,在门下外省校比天文书"。

325　诸有疑事,斟酌新旧,更加思理,增减上下,必令周备,随有所立,别以申闻:马小红认为此处制定了《正始别格》,作为律令之外的副法,其内容是"疑事"判例的集成,以补律令之不周。《正始别格》在《魏书·杨椿列传》中也有记载:"廷尉奏,椿前为太仆卿日,招引细人,盗种牧田三百四十顷,依律处刑五岁。尚书邢峦据《正始别格》奏:椿罪应除名为庶人,注籍盗门,同籍合门不仕。世宗以新律既班,不宜杂用旧制,诏依寺断,听以赎论。"(参见前引马小红:《格的演变及其意义》)

326　庶:但愿,希冀。《左传·襄公二十六年》:"(伍举)惧而奔郑,引领南望曰:'庶几赦余。'"

永平元年[327]秋七月,诏[328]尚书检枷杖大小违制之由[329],科其罪失。

327　永平元年:508 年。永平是北魏宣武帝元恪的第三个年号(508—512 年)。

328　诏:关于此诏,《魏书·世宗纪》有详细记载:永平元年秋七月乙未,诏曰:"察狱以情,审之五听;枷杖小大,各宜定准。然比廷尉、司州、河南、洛阳、河阴及诸狱官,鞫讯之理,未尽矜恕;掠拷之苦,每多切酷,非所以祗宪量衷、慎刑重命者也。推滥究枉,良轸于怀。可付尚书精检枷杖违制之由,断罪闻奏。"

329　检枷杖大小违制之由:枷,刑具,方形木质项圈,用作束缚罪囚的颈项。杖,刑具,棍棒。北魏时期注重刑具的规范和使用。前载献文帝时期规定:"其捶用荆,平其节,讯囚者其本大三分,杖背者二分,挞胫者一分,拷悉依令。"孝文帝时期,"乃制非大逆有明证而不款辟者,不得大枷"。

尚书令高肇³³⁰，尚书仆射、清河王怿³³¹，尚书邢峦³³²，尚书李平³³³，尚书、

330　高肇（？—515年）：字首文，宣武帝母文昭皇太后之兄。《魏书·外戚下·高肇列传》："自云本勃海蓨（今河北景县）人，五世祖顾，晋永嘉中避乱入高丽。"一般"自云"都是伪托，学界通常认为高肇就是高丽人。宣武帝时录尚书事，后为尚书左仆射。娶宣武帝的姑姑高平公主为妻，升任尚书令。既无亲族，颇结朋党，权倾朝野，残害诸王。孝明帝继位后，遭到诛杀，死后追赠侍中、太师、大丞相等。见《魏书·外戚下·高肇列传》。

331　清河王怿（487—520年）：字宣仁，孝文帝元宏第四子，宣武帝元恪异母弟。太和二十一年（497年）封清河王。宣武帝即位，拜侍中，转尚书仆射，进司空。孝明帝即位，转司徒，进太傅，领太尉，掌管门下省事务。之后被领军将军元叉和宦官刘腾杀害。谥号文献。见《魏书·孝文五王·清河王列传》。

332　邢峦（464—514年）：字洪宾，河间鄚（今河北省任丘市）人。少时勤奋好学，博览书传，有文才干略，后被州郡推举，拜中书博士，孝文帝时官至散骑常侍。宣武帝时为尚书，后迁殿中尚书。见《魏书·邢峦列传》。

333　李平（？—516年）：字昙定，顿丘（今河南省清丰县）人，彭城王嶷之长子。涉猎群书，好《礼》《易》，颇有文才。太和（477—499年）初年，拜通直散骑侍郎，袭爵彭城公。拜长乐太守，兼翼州仪同开府长史，行河南尹。宣武帝即位，迁司徒左长史，以本官行相州事。在任劝课农桑，修建太学。京兆王愉反于信都，平率军讨平之，迁中书令。孝明帝初年，转任吏部尚书。曾率军与梁交战，屡有战功。迁尚书左仆射，加散骑常侍。辅佐皇帝，有"献替"之称。著有文集。见《魏书·李平列传》。

关于李平为顿丘人之"顿丘"，在北魏不止一处。如相州（《魏书·地形志》载其属司州，盖因东魏迁都邺城后改相州为司州）有顿丘郡顿丘县，"太和中并汲郡，余民在畿外者景明中置"。这是顿丘最早出现的地方，西周就有顿丘邑，西汉初就置有顿丘县。今属河南省清丰县。另外，相州黎阳郡亦设顿丘县，"二汉属东郡，晋属顿丘，太和十八年（494年）属汲，后属。永安元

江阳王继³³⁴等奏曰:"臣等闻王者继天子物³³⁵,为民父母,导之以德化,齐之以刑法,³³⁶小大必以情,³³⁷哀矜而勿喜,³³⁸务于三讯³³⁹五听³⁴⁰,不以木

年(528 年)分入内黄,天平中罢"。此外,据《地形志》,兖州、楚州、西淮州皆有顿丘县的建置,这些顿丘地名通常是南朝侨置,后又被北魏占领,但仍保持该名称的结果。至于李平所出,当出自相州顿丘郡顿丘县,因他曾被任命为相州大中正,而大中正通常出自本州。

334 江阳王继(?—529 年):字世仁。江阳王根薨,无子,献文帝拓跋弘以南平王霄第二子继为根后。继袭封江阳王,加平北将军。孝文帝时官至左卫将军,兼侍中,又兼中领军。宣武帝时,除征虏将军、青州刺史,转平北将军、恒州刺史,入为度支尚书。孝庄帝时为太师、司州牧。晚年贪婪,聚敛无已。见《魏书·道武七王·京兆王黎列传孙继附传》。

335 继天子物:秉承天的意志以万物为子。意同"继天理物"。《论语·为政》何晏注:"王者继天理物,含养微细。"《晋书·阮种列传》:"然则继天理物,宁国安家,非贤无以成也。"

336 导之以德化,齐之以刑法:出自《论语·为政》"道之以政,齐之以刑,民免而无耻。道之以德,齐之以礼,有耻且格"而化用之。意为:用政令来引导民众,用刑罚来惩治民众,则民众只是暂时地免于罪过,却没有廉耻之心。用德教来引导民众,用礼来整治民众,则民众不但知廉耻而且归正道。

337 小大必以情:出自《左传·庄公十年》:"小大之狱,虽不能察,必以情。"

338 哀矜而勿喜:中国传统司法所倡导的同情悲怜态度。《尚书·吕刑》:"哀敬折狱,明启刑书胥占,咸庶中正。"孔安国传:"当怜下人之犯法,敬断狱之害人。"这一古老传统为儒家所弘扬,《论语·子张》:"上失其道,民散久矣。如得其情,则哀矜而勿喜。"前文注 298《孔丛子·刑论》亦有类似说法。

339 三讯:见前注 27 之"三讯罪定"。

340 五听:见前注 25。

石[341]定狱。伏惟[342]陛下子爱[343]苍生,恩侔[344]天地,疏网改祝,[345]仁过商后[346]。以枷杖之非度[347],愍民命之或伤,爰降慈旨,广垂昭恤。虽有虞慎

341　木石:泛指拷讯之具。木指前文所说枷、杖等木制刑具。石指前文所说缒石之类的刑具。《晋书·王坦之列传》:"时卒士韩怅逃亡归首,云'失牛故叛',有司劾怅偷牛,考掠服罪。坦之以为怅束身自归,而法外加罪,懈怠失牛,事或可恕,加之木石,理有自诬,宜附罪疑从轻之例,遂以见原。"

342　伏惟:亦作"伏维",伏在地上思考。下对上陈述时的表敬之辞,多用于奏疏或信函。汉扬雄《剧秦美新》:"臣伏惟陛下以至圣之德,龙兴登庸……为天下主。"

343　子爱:爱如己子。《汉书·匡衡传》:"陛下圣德天覆,子爱海内。"

344　侔:《说文解字》:"侔,齐等也。"

345　疏网改祝:商汤使捕网减少使祝改祈祷的故事,即俗谓"网开一面"。《吕氏春秋·孟冬纪·异用》:"汤见祝网者,置四面,其祝曰:'从天坠者,从地出者,从四方来者,皆离吾网。'汤曰:'嘻!尽之矣。非桀其孰为此也?'汤收其三面,置其一面,更教祝曰:'昔蛛蝥作网罟,今之人学纾。欲左者左,欲右者右,欲高者高,欲下者下,吾取其犯命者。'汉南之国闻之曰:'汤之德及禽兽矣!'四十国归之。人置四面未必得鸟,汤去其三面,置其一面以网其四十国,非徒网鸟也。"这个故事也见于《史记·殷本纪》。

346　商后:商汤。古代天子和列国诸侯皆称后。《尚书·仲虺之诰》:"徯予后,后来其苏。"

347　非度:违反法度。《尚书·微子》:"卿士师师非度。"度,法度。孔安国传:"六卿典士相师效为非法度。"

狱之深，[348]汉文恻隐之至，[349]亦未可共日而言矣。谨案《狱官令》[350]：诸察狱，先备五听之理，尽求情之意，又验诸证信，事多疑似，犹不首实者，

348　有虞慎狱之深：有虞：舜的号。慎狱之深：十分慎重地对待狱讼之事。《尚书·舜典》记载舜"象以典刑，流宥五刑，鞭作官刑，扑作教刑，金作赎刑，眚灾肆赦，怙终贼刑。钦哉！钦哉！惟刑之恤哉"，并命皋陶作士，"五刑有服，五服三就。五流有宅，五宅三居。惟明克允"。

349　汉文恻隐之至：指汉文帝废除连坐制与肉刑。汉文：汉文帝刘恒（前202—前157年），高祖之子。原为代王，吕氏被诛灭后，即位为皇帝。恻隐：意指对受苦难的人表示同情，心中不忍。《汉书·文帝纪》载汉文帝元年（前179年）"尽除收帑相坐律令"。《汉书·刑法志》载汉文帝十三年（前167年）废除肉刑："当黥者，髡钳为城旦舂；当劓者，笞三百；当斩左止者，笞五百；当斩右止及杀人先自告，及吏坐受赇枉法，守县官财物而即盗之，已论命复有笞罪者，皆弃市。"

350　《狱官令》：北魏令的篇名。晋令四十篇，"十四《狱官》"；宋、齐略同；梁令三十篇，"十五《狱官》"；隋令三十卷，"二十八《狱官》"。（参见《唐六典·尚书刑部》）唐有《狱官令》。（参见［日］仁井田陞：《唐令拾遗·狱官令》，东京大学出版会1964年复刻版，第757—799页；栗劲、霍存福、王占通、郭延德编译，长春出版社1989年版，第689—733页）从前后朝代及此处前后文推测，《狱官令》包括审判、监狱管理、行刑、对囚犯施刑具等内容。关于鞭杖之制，晋及南朝在《狱官令》之外还有独立的《鞭杖令》（晋令"十五《鞭杖》"，梁令"十六《鞭杖》"）。北魏此时之《狱官令》已兼括鞭杖之制。唐《狱官令》也有枷杻鞭杖之制。

然后加以拷掠；[351]**诸犯年刑已上枷锁，流徙**[352]**已上，增以杻械。**[353]**迭用不**

351　诸察狱，先备五听之理，尽求情之意，又验诸证信，事多疑似，犹不首实者，然后加以拷掠：审理狱讼，先运用五听的方法，穷尽求实的精神，又验证各种证据，已经有很大的嫌疑，而犯人还不说出犯罪实情的，然后才加以拷掠。这种规定源于秦律。睡虎地秦简《封诊式·治狱》："治狱，能以书从（纵）迹其言，毋治（笞）谅（掠）而得人请（情）为上；治（笞）谅（掠）为下；有恐为败。"（简1）之后被唐律所继承。《唐律疏议·断狱律》："诸应讯囚者，必先以情，审察辞理，反复参验；犹未能决，事须讯问者，立案同判，然后拷讯。违者，杖六十。"疏议曰："依《狱官令》：'察狱之官，先备五听，又验诸证信，事状疑似，犹不首实者，然后拷掠。'"

352　流徙：后文有"杻械以掌流刑已上"，那么此处"流徙"应指流刑。沈家本认为："（北魏）似其时流已列入正刑。"（沈家本：《历代刑法考·刑法分考十·流》，第269页）邓奕琦指出北魏流刑当始于太和十六年（492年）。（参见邓奕琦：《北朝法制研究》，中华书局2005年版，第83页）冨谷至、周东平也同意此说，并认为：作为终身军役刑的徙边刑经过东汉、魏晋和北魏前期，逐渐转变为流刑。北魏以降，流刑的成立大致可以分为四个阶段：其一是北魏高宗文成帝和平（460—465年）末，徙边刑常制化，律将其规定为次于死刑一等的正刑。其二是孝文帝太和十六年制定新律令，流刑作为法定正刑被规定在律中……"（参见周东平、薛夷风：《北朝胡汉融合视域下中古"五刑"刑罚体系形成史新论——兼评冨谷至〈汉唐法制史研究〉》，《学术月刊》2021年第3期）陈俊强进一步考证认为，北魏文成帝以来固然有将罪犯集体徙逐边地的措施，但性质仍然是皇帝矜死赦宥的恩德，属于死刑的代刑。太和十五年（491年）议定新律，始将流徙之事法定化。太和十六年颁定的新律中，流刑才正式成为法定正刑。北魏制定流刑后，北齐之制大略相同，北周有所改革，隋明显直接源自北周。北魏流刑没有道里之差，家人必须同往，流放前加以鞭刑，流人终身远逐，但倘若在途中逢大赦，可以听还，但若已至配所，除非皇帝特别宽免，否则不能返乡，若能戴罪立功亦可免归。北齐流刑是正刑，但也有死刑替代刑的性质，没有道里之差，也是终身远逐，流放前须鞭、笞、髡。北周流刑须加鞭、笞，自二千五百里至四千五百里分五等，强制苦役六年，期满可以放免归乡。隋流刑自一千里到两千里分三等，居作年限二年到三年分三等，刑期为五年，须加杖。（参见陈俊强：《北朝流刑的研究》，《法制史研究》第十期，2006 年）陈俊强在论述北周流刑时，推断流人配役前先加鞭刑之制或源出北魏。而程树德有更详细的结论："疑后魏流刑……加鞭笞各一百，与北齐同。"（程树德：《九朝律考·后魏律考上》，第357 页）据前引《隋书·刑法志》，北齐流刑"鞭笞各一百，髡之……"。

353　诸犯年刑已上枷锁，流徙已上，增以杻械：枷，木制刑具。锁，铁制刑具。汉代开始用锁作械具。《汉书·王莽传下》："民犯铸钱，伍人相坐，没入为官奴婢。其男子槛车，儿女子步，以铁锁琅当其颈，传诣钟官，以十万数。"段玉裁《说文解字注》："汉以后罪人不用縻绁，以铁为连环不绝系之，谓之锒铛，遂制'锁'字。"南北朝时用锁具已比较普遍且规范。北齐规定："罪刑年者锁，无锁以枷。"北周规定："皇族及有爵者死罪以下锁之。"《唐六典·尚书刑部》注载唐代锁"长八尺以上，一丈二尺以下"。杻，束缚罪囚两手的木制刑具。同"杽""梏"，《唐韵》："杻，本作'杽'。"《广雅》："杻，谓之梏。"常与束缚足的刑具"桎"合称"桎梏"。《周礼·秋官·掌囚》："上罪梏拲而桎，中罪桎梏，下罪梏。"械，束缚手脚的刑具。《说文解字》："械，桎梏也。"《汉书·娄敬传》："械系敬广武。"

旧版"年刑"前有"□"为脱漏字的记号，即作"诸犯□年刑已上枷锁"。《册府元龟·刑法部·定律令三》无此记号。翻检《魏书》的主要版本，底本百衲本此处似空有半格，但不明显；三朝本情况与百衲本一样。内田氏所依据的武英殿本则无空格，故内田氏未有此记号，而译为"一年徒刑以上的罪犯……"（［日］内田氏：《译注》，第 211 页）按，结合《隋书·刑法志》载北齐河清三年颁布《齐律》十二篇，其中有规定"罪刑年者锁，无锁以枷。流罪已上加杻械"。根据以上这些材料，可以推测此处没有脱漏字，即使有，也应该是指一年刑以上。旧版虽做了空格处理，但新版将空格去除，属于合理的处理。

俱。[354]非大逆[355]外叛[356]之罪,皆不大枷、高杻、重械,又无用石之文。而法官州郡,因缘增加,遂为恒法。进乖五听,退违令文,诚宜案劾,依旨科处,但踵行已久,计不推[357]坐。检杖之小大,鞭之长短,令有定式,但枷之轻

354　迸用不俱:内田氏认为是指刑具应当分别使用,不能两个一起用。在徒刑的情况下枷锁不能同时使用,流刑以上杻械不能同时使用。([日]内田氏:《译注》,第214页)

北齐、北周和唐也有类似规定。《隋书·刑法志》载北齐"罪刑年者锁,无锁以枷。流罪已上加杻械。死罪者桁之"。北周"凡死罪枷而拲,流罪枷而梏,徒罪枷,鞭罪桎,杖罪散以待断"。《唐令拾遗》载唐《狱官令》第十八:"诸流徒罪居作者,皆著钳。若无钳者,著盘枷。"(参见前引[日]仁井田陞:《唐令拾遗》,第707页)

355　大逆:见前注103、170。

356　外叛:北齐重罪十条"三曰叛,四曰降"。《唐律疏议·名例律》十恶条"三曰谋叛",疏议曰:"有人谋背本朝,将投蕃国,或欲翻城从伪,或欲以地外奔,即如莒牟夷以牟娄来奔,公山弗扰以费叛之类。"

刘俊文认为隋开皇定律时,改北齐重罪十条为十恶,"叛""降"两条合并为"谋叛"一条,唐律继承之。(参见刘俊文:《唐律疏议笺解》,中华书局1996年版,第88页)孙家红认为刘俊文没有提出"合并"的理由。他进一步从史料记载(《唐律疏议》与《唐六典》记载"十恶"之由来,用"刊除""除"的字眼,即是"删除"之意)、唐律内容("谋叛"项下未列有"降"之行为)以及行为性质("降"之规定应该属军律而非一般刑律,"降"之行为在法律上和社会道德上容或存有争议)来分析,认为"降"被删除了,而非合并于"谋叛"之下。(参见孙家红:《论唐律"子孙违犯教令"条款与不孝罪的区别和联系》,《法制史研究》第十八期,2010年)

357　推:追究。《增韵》:"推,穷诘也。

重,先无成制。臣等参量,造大枷长一丈三尺,喉下长一丈,通颊木[358]各方五寸,以拟大逆外叛;杻械以掌流刑已上。诸台、寺[359]、州、郡大枷,请悉焚之。枷本掌囚,非拷讯所用。从今断狱,皆依令尽听讯之理,量人强弱,加之拷掠,不听非法拷人,兼以拷石[360]。"自是枷杖之制,颇有定准。未几,狱官[361]肆虐,稍[362]复重大。

(姚周霞注)

358　通颊木:《唐六典·尚书刑部》引用唐《狱官令》的记载:"枷长五尺已上、六尺已下,颊长二尺五寸已上、六寸已下,共阔一尺四寸已上、六寸已下,径头三寸已上、四寸已下。杻长一尺六寸以上、二尺以下,广三寸,厚一寸。钳重八两已上、一斤已下,长一尺已上、一尺五寸已下。锁长八尺已上、一丈二尺已下。"《通典·刑法六·考讯》有相同记载。内田氏和谢氏认为此处北魏之"通颊木"是否与唐代之"颊"相同,并不清楚。([日]内田氏:《译注》,第214页;谢氏:《注译》,第365页)高氏认为:"枷分两半,长者为枷,短者为颊。通颊木可能是能使长短两块板连结组成整体,戴在犯人颈上不会散开的木条。参看《辞源》'枷'字条的图。"(高氏:《注译》,第161页)按,唐"颊"为刑具的一种,北魏"通颊木"为"枷"的一部分,两者显然不同。高氏观点可从。

359　台、寺:中央官署名。如御史台、廷尉寺。《魏书·薛辩列传》:"廷尉寺邻接北城。"本志后文有"事下廷尉,或寺以情状未尽……""寺"应该也指廷尉寺。

360　拷石:校勘记[十二]:"拷石",《册府》卷611作"枷石",疑是。按上言狱吏非法拷人,"乃为重枷,大几围;复以缒石悬于囚颈,伤内至骨"。

361　狱官:从前文《狱官令》所载的内容来看,狱官泛指掌管刑狱的官员,包括前文所说"法官州郡"。

362　稍:逐渐。《说文解字》:"稍,出物有渐也。"段玉裁《说文解字注》:"稍之言小也,少也。凡古言稍稍者皆渐进之谓。"

【今译】

（太和）十一年春，孝文帝下诏称："（古人所谓）三千条罪名，没有比不孝罪更大的，而现在《律》规定不顺父母，最多只判处髡刑。这从道理上来讲并不恰当，可以审慎地更改。"又下诏称："之前命公卿修定刑典，但门房之诛仍存在于律典中，违背了《周书》所倡导的父子犯罪不相株连的原则。推及古代典制精神，探求人情常理，这很不可取。可以讨论更改，删除繁酷的律文。"秋季八月，下诏说："律文中规定的徒刑最高是三年，在那之上便是死刑。没有很大差别的犯罪，刑罚却有生死之别。可以审慎地考察律条，对诸如此类的规定，再一一修改审定。"冬季十月，再次诏令公卿参与议定律令。

（太和）十二年，下诏曰："犯死罪的囚徒，如果父母、祖父母年老，别无成年子孙，又无应为其服丧一年的近亲的，在案卷后列明这些情况上奏，等待批复。将此规定写入令格。"

世宗即位，志在宽仁执政。正始元年冬季，下诏说："议决狱讼制定法律，是国家所慎重对待的，轻重增减，随时世而不同。先帝关心典宪，改革法令，但那时处于战争时期，没有详细探究，实际施用时，仍然导致一些疑惑和错误。尚书省和门下省的官员可在中书外省议定律令。凡有疑义的地方，斟酌新旧规定，加以思考整理，适当增减轻重，必定使法律周密完备，随时有所订立的，再申报奏闻。希望遵循变化，符合时世，作为永远通用的制度。"

永平元年秋季七月，诏令尚书检查枷杖大小违反制度的缘由，处罚违反规定者。尚书令高肇，尚书仆射、清河王元怿，尚书邢峦，尚书李平，尚书、江阳王元继等上奏称："臣等听说，帝王秉承天的意志以万物为子，成为百姓的父母，用德教来引导他们，用刑法来惩治他们，大小狱讼必然要根据实情来处理，哀怜罪犯，不以破获案件而沾沾自喜。审案务必运用三讯五听的方法，而不是依凭那些木石制造的刑具拷讯定罪。臣等俯伏于地而思惟，陛下像爱子女一样爱天下苍生，恩德与天地齐等，使法网疏松，使祝改祈祷，仁慈胜过商汤。因为枷杖非法加大，而陛下悯惜民众的生命或许受到伤害，于是发布仁慈的旨意，广泛赐予优恤。即使有虞氏对待狱讼极其慎重，汉文帝深怀恻隐之心，也不能与陛下同日而语。谨按《狱官令》的规定：审理狱讼，先运用五听的方法，尽量寻求实情，又验证各种证据，于事实大多接近，而犯人还不交待犯罪情实，然后才加以拷掠。判决一年徒刑以上的，用枷锁，流徙以上的，加以手铐脚镣。刑具应当分别使用，不能叠加使用。不是大逆外叛的罪行，都不用大枷、高杻、重械，也没有用石具的规定。然而司法官员和州郡官吏，借各种机会增加法律未规定的事项，以致成为常用的法律。这严重说来违背了五听的精神，至少也违反了法令，实在应该考查参劾，依照旨意处罚，但是这种状况由来已久，就不追究问罪。查验杖的大小、鞭的长短，法令有定准，但枷的轻重，先前没有定制。臣等参考思量，造大枷长一丈三尺，喉下长一丈，通颊木各方五寸，施用于大逆和外叛的罪犯，手铐脚镣施用于流刑以上罪犯。各台、寺、州、郡的大枷，全部焚毁。枷本是用来掌控囚犯所用，而非用于拷讯。从今以后，断狱全部依照法令，穷尽听讯的方法，根据犯人身体强弱加以适当的拷讯，不能非法拷打人，不许兼用重枷缒石拷讯。"从此，制定枷杖，颇有确定的标准。只是不久之后，狱官肆行暴虐，又逐渐使用重枷大杖。

（姚周霞译）

【原文】

　　《法例律》³⁶³:"五等列爵³⁶⁴及在《官品令》³⁶⁵从第五³⁶⁶,以阶当刑二岁;³⁶⁷

【注释】

　　363　《法例律》:北魏律的篇名之一,囿于北魏律已散佚,其内容无法考证。佐立治人认为,该《法例律》属于世宗正始元年(504年)所议定之律。(参见[日]佐立治人:《北魏の官当制度——唐律の官当規定の淵源をたずねて》,载[日]梅原郁编:《前近代中國の刑罰》,京都大学人文科学研究所1996年版)《法例律》源于西晋,贾充等增损汉、魏律之《具律》《刑名》并从《刑名》分立而成。至《北齐律》,将《刑名》与《法例》合为《名例律》,置于律典之首。《唐律疏议·名例律》追述曰:"周衰刑重,战国异制,魏文侯师于李悝,集诸国刑典,造《法经》六篇:一、《盗法》;二、《贼法》;三、《囚法》;四、《捕法》;五、《杂法》;六、《具法》。商鞅传授,改法为律。汉相萧何,更加悝所造《户》《兴》《厩》三篇,谓《九章之律》。魏因汉律为一十八篇,改汉《具律》为《刑名第一》。晋命贾充等,增损汉、魏律为二十篇,于魏《刑名律》中分为《法例律》。宋齐梁及后魏,因而不改。爰至北齐,并《刑名》《法例》为《名例》。后周复为《刑名》。隋因北齐,更为《名例》。唐因于隋,相承不改。"北魏律篇名无考,除《法例律》,仅见《盗律》《贼律》《赦律》《斗律》。(沈家本:《历代刑法考·律令三》,第913页;[日]浅井虎夫:《中国法典编纂沿革史》,中国政法大学出版社2007年版,第62—63页)据程树德考证,《北魏律》二十篇,已知的有十五篇,即《刑名律》《法例律》《宫卫律》《违制律》《户律》《厩牧律》《擅兴律》《贼律》《盗律》《斗律》《系讯律》《诈伪律》《杂律》《捕亡律》《断狱律》,疑似的有《请赇律》《告劾律》《关市律》《水火律》《婚姻律》五篇,不赞成有《礼律》和《赦律》。(氏著:《九朝律考·后魏律考上》,第350—352页)

　　364　五等列爵:皇帝对贵戚功臣封赐的五等官爵,此处指开国郡公(第一品)、散公(从第一品)、开国县侯(第二品)、散侯(从第二品)、开国县伯(第三品)、散伯(从第三品)、开国县子(第四品)、散子(从第四品)、开国县男(第五品)、散男(从第五品),五等爵中带有"开国"字的爵位系实封爵,具有封邑;带有"散"字的爵位系虚封爵,不具有封邑。北魏太和十六年(492年),孝文帝推行爵位改革,其一是对以往百余年的爵位等级进行整顿,即"改降五等"。《魏书·高祖纪》:"乙丑,制诸远属非太祖子孙及异姓为王,皆降为公,公为侯,侯为伯,子男仍旧,皆除将军之号。"其二是对"开国"称号的授予,即"开国食邑"。(翟桂金:《北魏爵禄制度研究》,《许昌学院学报》2004年第6期)其三是开始实行实封爵制,实封爵包括可获得食邑封授的王爵与开国爵,与北魏前期实行虚封爵不相同,实封爵与虚封爵各有品级序列,但都与国家职官体系没有联系。北魏太和二十三年(499年),后《职员令》制定后,世宗宣武帝将此令设为永久制度。实封爵与虚封爵相互交错编制,并融入职官品级体系,形成官、爵一体化体制,但国家在爵位的授封上,只能依据实封爵本身品级序列。(张鹤泉:《论北魏实封爵的实行及其爵位等级的确立》,《河北学刊》2013年第6期)

365 《官品令》:北魏令的篇名之一。内田氏指出:这里的《官品令》,就是高祖孝文帝太和十九年(495年)撰次的《品令》。([日]内田氏:《译注》,第216页)"品令"作为令之篇目名,宜加书名号,内田氏这种处理是合适的。但据新版《魏书·高祖纪》(第211页)载,太和十九年"十有二月乙未朔,引见群臣于光极堂,宣示品令,为大选之始"。本志后文亦有"案诸州中正,亦非品令所载"之语。《资治通鉴·齐纪六》"明帝建武二年(495年)十二月"条同记事的胡三省注:"品令,九品之令也。"均未加书名号。

品令,即《官品令》,源于曹魏的九品中正制,北魏在道武帝时期就采用此制度。太和二十三年颁行《职员令》,其九品等级中,前三品各为正、从,四至九品正、从外又有上、下阶之别,合计九品、十八等、三十级。(阎步克:《北朝对南朝的制度反馈——以萧梁、北魏官品改革为线索》,《传统文化与现代化》1997年第3期)

北魏令篇名无考,除《官品令》,仅见《狱官令》。(沈家本:《历代刑法考·律令三》,第913页;[日]浅井虎夫:《中国法典编纂沿革史》,中国政法

———————————

大学出版社 2007 年版,第 62—63 页)程树德则分为《品令》《职令》《狱官令》。(氏著:《九朝律考·后魏律考下》"魏令"条,第 391—392 页)

366 从第五:根据《官品令》,从第五品以上官阶的人,五等爵针对散男以上而言。

367 以阶当刑二岁:阶:官阶(后世多表述为"以官"而不是"以阶"),北魏官阶共三十级。刑:徒刑。即用一个官阶抵徒刑二年,此为"官当"制度的表现之一。"官当"意为官吏犯罪后,法律允许其以官职或爵位来抵罪。高氏认为是以官爵来抵消罪罚。(高氏:《注译》,第 84 页)参见前注 133。晋朝有"免官比三岁刑"。北魏和南朝陈时"官当"制度系统化。《隋书·刑法志》载陈律:"五岁四岁刑,若有官,准当二年,余并居作。其三岁刑,若有官,准当二年,余一年赎。若公坐过误,罚金。其二岁刑,有官者,赎论。一岁刑,无官亦赎论。"

佐立治人认为,正如前面所记载的"王官阶九品,得以官爵除刑。"除刑之际,官五品以上没有特别记载。神麚律令的官当制度中,从一品到九品之官皆可用于抵当实刑。因此,估计该《法例律》在以官抵当实刑时,不限于五品以上,六品到九品的官本来也在官当制度规定中,但在《刑罚志》中省略了。只是明记"从第五"品以上的官可当刑二岁。由于区别五品以上官与六品以下官是《法例律》的趣旨,故省略的条文应该是六品以下的官即使不是可当刑二岁,至少可当刑一岁。(参见[日]佐立治人:《北魏の官當制度——唐律の官當規定の淵源をたずねて》,载[日]梅原郁编:《前近代中國の刑罰》,京都大学人文科学研究所 1996 年版)

校勘记[十三]:五等列爵及在《官品令》从第五以阶当刑二岁:"以"下《册府》卷 611、《通典》卷 164《刑二·刑制中》并有"上"字,"阶"作"皆",疑是。按以官当刑,则失官,以阶当刑,则受刑者仍为官,律不当如此;且以官或以阶当刑,亦不当限于官品在从第五品者。故或可句读为:"五等列爵及在《官品令》从第五以上,皆当刑二岁。"

免官者,三载之后听仕,降先阶一等。"延昌二年³⁶⁸春,尚书邢峦³⁶⁹奏:"窃详³⁷⁰

368　延昌二年:延昌是世宗宣武帝的第四个年号(512—515 年),延昌二年即 513 年。

369　尚书邢峦:见前注 332。

370　窃详:窃,谦辞,指自己。详,审慎。《尚书·蔡仲之命》:"详乃视听,罔以侧言改厥度。则予一人汝嘉。"

王[371]公已下，或析体宸极[372]，或著勋当时，咸胙土[373]授民，维城[374]王室。

371　王：王爵。汉代，对皇族及功臣赐颁王之爵位。北魏，仅对道武帝的子孙授予王爵。《魏书·高祖纪》："乙丑，制诸远属非太祖子孙及异姓为王，皆降为公，公为侯，侯为伯，子男仍旧，皆除将军之号。"即北魏天赐元年（404 年）道武帝爵位改制后，并没有仿照晋代爵制，而是将晋代爵位中处于"超品"的王爵降为一品，将王爵与公爵以下爵位级别编制在一起，形成王、公、侯、子四等爵位，虚封爵以王爵为最高品级。北魏太和十六年（492 年）孝文帝爵位改革后，缩小王爵封赐范围，王爵从虚封爵中分离，转为领有食邑的实封爵，王爵为第一品，按照"亲疏世减法"确定食邑的额度。（张鹤泉：《论北魏实封爵的实行及其爵位等级的确立》，《河北学刊》2013 年第 6 期）《魏书·官氏志》："九月，减五等之爵，始分为四，曰王、公、侯、子，除伯、男二号。皇子及异姓元功上勋者封王，宗室及始蕃王皆降为公，诸公降为侯，侯、子亦以此为差。于是封王者十人，公者二十二人，侯者七十九人，子者一百三人。王封大郡，公封小郡，侯封大县，子封小县。王第一品，公第二品，侯第三品，子第四品。又制散官五等：五品散官比三都尉，六品散官比议郎，七品散官比太中、中散、谏议三大夫，八品散官比郎中，九品散官比舍人。文官五品已下，才能秀异者总比之造士，亦有五等。武官五品已下堪任将帅者，亦有五等。若百官有阙者，则于中擢以补之。"

372　宸极：北极星。古代北极星是最尊贵的星，被众星所拱，后人用北极星比喻帝王、君位。《晋书·律历志》："昔者圣人拟宸极以运璇玑，揆天行而序景曜，分辰野，辨躔历，敬农时，兴物利，皆以系顺两仪，纪纲万物者也。"

373　胙土：指帝王将土地赐封功臣宗室，以酬其勋劳。《左传·隐公八年》："天子建德，因生以赐姓，胙之土而命之氏。"孔颖达正义："胙，训报也。有德之人，必有美报。报之以土，谓封之以国。"

374　维城：连结城池保卫邦国。《诗经·大雅·生民之什》："怀德维宁，宗子维城。"

至于五等之爵,亦以功锡[375],虽爵秩有异,而号拟河山[376],得之至难,失之永坠。刑典既同,名复殊绝,[377]请议所宜,附为永制。"诏议律之制,与

---

375 锡:赏赐,赐给。《尔雅·释诂》:"锡,赐也。"

376 号拟河山:赐封的爵号像黄河或泰山永远存在。《汉书·高惠高后文功臣表》:"封爵之誓曰:'使黄河如带,泰山若厉,国以永存,爰及苗裔。'"

377 刑典既同,名复殊绝:意为刑律的规定既为同一,施行刑罚后,涉案罪犯的身份就大不相同。官阶抵罪与爵位抵罪相异,以官阶抵罪后,若剩有官阶,可下降官阶授职继任;但以爵位抵罪后,爵位身份就永远削除。

八坐[378]**门下参论。皆以为：**"**官人若罪本除名**[379]**，以职当刑，犹有余资，**

378　八坐：同"八座"，官职名。后汉、晋以六曹尚书、令和仆射为八座。曹魏以五曹尚书、令一人和仆射二人为八座。《晋书·职官志》："后汉光武以三公曹主岁尽考课诸州郡事，改常侍曹为吏部曹，主选举祠祀事，民曹主缮修功作盐池园苑事，客曹主护驾羌胡朝贺事，二千石曹主辞讼事，中都官曹主水火盗贼事，合为六曹。并令、仆二人，谓之八座……及魏改选部为吏部，主选部事，又有左民、客曹、五兵、度支，凡五曹尚书、二仆射、一令为八座。及晋置吏部、三公、客曹、驾部、屯田、度支六曹，而无五兵。咸宁二年（276 年），省驾部尚书。四年，省一仆射，又置驾部尚书。太康中，有吏部、殿中及五兵、田曹、度支、左民为六曹尚书，又无驾部、三公、客曹。惠帝世又有右民尚书，止于六曹，不知此时省何曹也。及渡江，有吏部、祠部、五兵、左民、度支五尚书。祠部尚书常与右仆射通职，不恒置，以右仆射摄之，若右仆射阙，则以祠部尚书摄知右事。"《宋书·百官志》："五尚书、二仆射、一令，谓之八坐。"隋代以六曹尚书、左右仆射为八座。《隋书·百官志》："置令、左右仆射各一人，总吏部、礼部、兵部、都官、度支、工部等六曹事，是为八座。"唐代以二丞相、六尚书为八座。《唐六典·尚书省》："后汉以尚书令、仆射及六曹尚书为八座。魏氏省为五曹，则仆射有二；若仆射省一，则尚书有六，率以为常。今（唐代）则以二丞相、六尚书为八座。"（参见方本新：《唐代尚书"八座"会议初探》，《安徽农业大学学报（社会科学版）》2000 年第 4 期）后汉、曹魏、晋、刘宋和隋、唐的八座议政主要是礼制方面的问题，而北魏的八座议事权限较他朝大很多，涉及徙民、任官、封赐、战争、经济政策、刑律、礼乐等。原因系拓跋部是在较短时期内连续进行由原始公社制向奴隶制、向封建制的两个过渡，社会具有早熟性，旧制度残余较多，最高统治机构保持军事民主，且北魏官制具有拓跋贵族统治下胡汉分治的特点。（冯君实：《试析北魏官职中的八座》，《史学集刊》1982 年第 4 期）

379　除名：对有罪之人除去官籍并削去爵位降为庶人。《三国志·魏书·华佗传》："军吏梅平得病，除名还家。"《魏书·世宗纪》："正始四年（507 年）

复降阶而叙[380]。至于五等封爵[381]，除刑若尽，永即甄削，便同之除名，于例实爽。愚谓自王公以下，有封邑[382]，罪除名，三年之后，宜各降本爵一等，王及郡公降为县公，公为侯，侯为伯，伯为子，子为男，至于县男，则降为乡男[383]。五等爵[384]者，亦依此而降，至于散男[385]。其乡男无可降授者，三年之后，听依其本品之资出身[386]。"诏从之。

———————

八月，中山王英、齐王萧宝夤坐钟离败退，并除名为民。"《唐律疏议·名例律》"除免官当叙法"条规定："诸除名者，官爵悉除，课役从本色，六载之后听叙，依出身法。若本犯不至免官，而特除名者，叙法用免官例。"疏议曰："若犯除名者，谓出身以来，官爵悉除。课役从本色者，无荫同庶人，有荫从荫例。故云'各从本色'。又，依令'除名未叙人，免役输庸，并不在杂徭及征防之限。'"与后文所说的三年之后可降叙有所不同。

"官人若罪本除名"，北京大学历史学系博士生王竣认为：《通典》卷164《刑法二》和《册府元龟》卷611《刑法部三》均作"官人若有罪本除名"，全句可句读为："官人若有罪，本除名、以职当刑，犹有余资，得降阶而叙。"

380　复降阶而叙：校勘记［十四］："复"，《册府》卷611、《通典》卷164《刑二·刑制中》并作"得"，疑是。叙：按等级次第授职。

381　五等封爵：指实封爵，即享有食邑封授的爵位。参见前注364。

382　封邑：帝王赐给诸侯、功臣以领地或食邑。《史记·晋世家》："赏从亡者及功臣，大者封邑，小者尊爵。"

383　乡男：爵号。《魏书·官氏志》无记载。《隋书·百官志中》："（后齐）开国乡男、散县男，为从第五品。"

384　五等爵：指虚封爵，即不享有食邑封授的爵位。参见前注364。

385　散男：即散侯，无职守或封邑的侯爵。《晋书·杜预传》："诏预以散侯，定计省闼。"

386　出身：出仕，为官。南朝宋鲍照《鲍明远集》卷3《代东武吟》："仆本寒乡士，出身蒙汉恩。"

其年秋[387]，符玺郎中[388]高□贤[389]、弟员外散骑侍郎[390]仲贤[391]、叔司

387　其年秋：即延昌二年（513 年）秋季。

388　符玺郎中：官职名，掌管皇帝印鉴、书信的官员，隶属御史台。《唐六典·门下省》："从六品上……秦为符玺令……汉因秦，置符节令、丞，属少府……后汉则别为一台，亦属少府，置符节令一人为台率，主符节事，凡遣使掌授节，领尚符玺郎中四人。两汉皆传秦六玺及传国玺。魏符节令位次御史中丞。晋武帝泰始元年（265 年），省并兰台，置符节御史。宋因之。齐置主玺令史于兰台，以持书侍御史领之。梁、陈御史台并置符节令史。后魏御史台置符节令，领符玺郎中。初，从第四品中；太和末，从第六品上。北齐御史台领符节署令一人，领符玺郎中四人。后周天官府置主玺下士四人，分掌神玺、传国玺与六玺之藏。隋初，门下省统六局，符玺局置监二人，正第六品上；直长四人，从第七品上。炀帝三年改为郎，从第六品。皇朝因隋，置符玺郎四人，天后更名符宝郎。"

389　高□贤：□为缺漏字符号，据下文其弟仲贤、季贤，应为"伯"字。高□贤，生平不详。内田氏所据武英殿本无"□"，作"符玺郎中高贤、弟员外散骑侍郎仲贤、叔司徒府主簿六珍等"，而程树德句读为："符玺郎中高贤弟、员外散骑侍郎仲贤叔、司徒府主簿六珍等"。（氏著：《九朝律考·后魏律考上》，第 350—352 页），仅从后文尚书邢峦奏："案季贤既受逆官……兄叔坐法，法有明典"，亦可证其句读显然有误。

390　员外散骑侍郎：官职名，南北朝时简称员外郎。员外，系正式官员之外者。员外郎设置于魏末，任职人员不固定，公务清闲，多由公族担任，系散骑常侍的下属官。散骑侍郎又称散骑郎，当皇帝出御时，乘骑侍奉皇帝左右，由高才英儒担任，负责在皇帝左右规谏过失，以备顾问，是较高级别的近侍官员。

391　仲贤：生平不详。

徒府主簿³⁹²六珍³⁹³等，坐³⁹⁴弟季贤³⁹⁵同元愉³⁹⁶逆，除名为民³⁹⁷，会赦之后，³⁹⁸

392　司徒府主簿：司徒，官职名，由《周礼》地官演变而来，周时为六卿之一，曰地官大司徒，掌管国家的土地和人民的教化。《通典·职官一·历代官制总序》："虞舜有天下，以伯禹作司空，使宅百揆。弃作后稷，播百谷。契作司徒，敷五教……盖亦为六官，以主天地四时也……周成王既黜殷命，参改殷官，制为周礼，以作天地四时之名，谓之六卿。立天官冢宰掌邦治，地官司徒掌邦教……"汉哀帝元寿二年（前1年），改丞相为大司徒。西汉末至东汉初，以大司马、大司徒、大司空为三公。至汉光武帝建武二十七年（51年），省大司马，又置太尉，而与司徒、司空为三公。曹魏时期，太尉、司徒、司空为三公。晋以相国、丞相与八公为诸公官。《通典·职官二·三公总序》："后魏以太师、太傅、太保谓之三师，上公也。大司马、大将军谓之二大，太尉、司徒、司空谓之三公。"隋唐时期置太尉、司徒、司空为三公，正一品。《唐六典·三公》："三公，论道之官也。盖以佐天子，理阴阳，平邦国，无所不统，故不以一职名其官。然周、汉已来，代存其任。自隋文帝罢三公府僚，皇朝因之，其或亲王拜者，亦但存其名位耳。"

主簿，官职名，是各级主官属下掌管文书、簿籍、印鉴的佐吏。《文献通考·职官考十七·县丞》："盖古者，官府皆有主簿一官，上自三公及御史府，下至九寺、五监，以至州、郡、县皆有之。所职者簿书，盖曹掾之流耳。"魏晋以前主薄官职广泛存在于各级官署中，权势颇重。魏晋以下统兵开府之大臣幕府中，主簿常参机要，总领府事。隋唐以后，主簿是部分官署与地方政府的事务官，重要性降低。隋唐三省六部不设主簿，惟御史台、诸寺等署有之。唐诸州以录事参军取代主簿。《文献通考·职官考十七·县丞》："主簿，汉、晋有之。自汉以来，皆令长自调用。至于隋，始置之。唐主簿，上辖赤县置二人，他县一人。武德初，以流外为之。高宗始以为品官，吏部选授。掌付事句稽，省署钞目，纠正县内非违。"

393　六珍：生平不详。

394　坐：因……犯罪，入罪为坐，有缘坐、反坐。《汉书·贾谊传》："古者大臣有坐不廉而废者，不谓不廉，曰'簠簋不饰'。"同书《赵广汉传》："又坐贼杀不辜、鞠狱故不以实、擅斥除骑士乏军兴数罪。"

　　395　季贤：生平不详。

　　396　元愉：孝文帝的第四子，字宣德，先后为徐州刺史和冀州刺史，好文章诗赋，贪纵不法，阴谋叛变，世宗宣武帝令尚书李平征讨，时年二十一岁死。详见《魏书·孝文五王列传》。

　　397　除名为民：除名，参见前注379。除去官爵，贬为编户百姓。可结合下文"据律准犯，罪当孥戮""赖蒙大宥，身命获全"等内容来理解。

　　398　会赦之后：遇到大赦令发布之后。《魏书·世宗纪》载延昌二年（513年）秋八月诏："顷水旱互侵，频年饥俭，百姓窘弊，多陷罪辜。烦刑之愧，朕用惧矣。其杀人、掠卖人、群强盗首，及虽非首而杀伤财主、曾经再犯公断道路劫夺行人者，依法行决；自余恕死。徒流已下各准减降。"《唐律疏议·名例律》："及会赦犹流者，各不得减赎，除名配流如法。"

被旨勿论。尚书邢峦奏：“案季贤既受逆官，为其传檄³⁹⁹，规扇⁴⁰⁰幽瀛⁴⁰¹，

399　传檄：传布檄文。《史记·张耳列传》：“诚听臣之计，可不攻而降城，不战而略地，传檄而千里定。”

400　规扇：谋划扇动。扇，通“煽”。

401　幽瀛：幽州和瀛州。幽州，《晋书·地理上》：“案《禹贡》冀州之域，舜置十二牧，则其一也。”《周礼·夏官司马·职方氏》：“东北曰幽州。”《太平御览·州郡部八》：“《春秋元命苞》曰：‘箕星散为幽州，分为燕国。’”上古九州及汉十三刺史部之一，隋唐时北方的军事重镇、交通中心和商业都会。瀛州，《读史方舆纪要·历代州域形势五》：“瀛州汉涿郡地。后魏曰瀛州。隋、唐因之，亦曰河间郡，领河间等县十，即今河间府。又景云二年（711 年）置郑州，开元十三年（725 年）曰莫州，亦曰文安郡，领郑县等县六。今河间府任丘县北三十里有废莫州城。”即北魏太和十一年（487 年）于赵都军城（今河北省河间市）置瀛州。隋初废郡存州，隋大业三年（607 年）改瀛州为河间郡。唐武德四年（621 年），废郡复称瀛州。天宝四年（745 年）又罢瀛州恢复河间郡。乾元元年（758 年）废郡复称瀛州。

遘[402]兹祸乱,据律准犯,罪当孥戮[403],兄叔坐法,法有明典。赖蒙大宥[404],身命获全,除名还民,于其为幸。然反逆[405]坐重,故支属相及。体既相及[406],事同一科,岂有赦前皆从流斩之罪,赦后独除反者之身。又缘坐[407]之罪,不得以职除流。且货赇[408]小愆[409],寇盗微戾,赃状露验[410]者,会赦

402　遘:同"构",构成,造成。《文选》卷 23 王粲《七哀诗二首》:"西京乱无象,豺虎方遘患。"李善注:"遘与构同,古字通也。"

403　孥戮:诛及子孙。《尚书·甘誓》:"予则孥戮汝。"孔安国传:"孥,子也。非但止汝身,辱及汝子,言耻累也。"

404　宥:宽容,饶恕,赦免。《左传·庄公二十二年》:"幸若获宥。"

405　反逆:即谋反。《北齐律》"重罪十条"之首"一曰反逆",是严重危害皇权及国家统治的犯罪。隋唐"十恶"沿袭之并改为名"谋反"。

406　体既相及:形容亲属间的血气相连。或认为:"事体既已连及"(高氏:《注译》,第 164 页),误。

407　缘坐:正犯的亲属或家属因正犯的犯罪而被处罚。《唐律疏议·名例律》:"九十以上,七岁以下,虽有死罪,不加刑;缘坐应配没者不用此律。"缘坐不同于连坐,连坐乃正犯的同职或伍保负连带责任。缘坐之语,已见于后魏。(戴炎辉:《中国法制史》,三民书局 1967 年版,第 55 页)史书记载北魏的夷五族、夷三族、门诛、诛其同籍等,皆是其例。

408　货赇:泛指行、受贿行为。货,贿赂。《尚书·吕刑》"五过之疵"中有"惟货"。《说文解字》:"赇,以财物枉法相谢也。"段玉裁《说文解字注》:"枉法者,违法也。法当有罪,而以财求免,是曰赇。受之者亦曰赇。"

409　愆:罪过,过失。

410　赃状露验:《唐律疏议·名例律》疏议曰:"赃状露验者,赃谓所犯之赃,见获本物;状谓杀人之类,得状为验。"《断狱律》疏议曰:"若赃状露验,谓计赃者见获真赃,杀人者检得实状,赃状明白,理不可疑,问虽不承,听据状科断。"

犹除其名⁴¹¹。何有罪极裂冠，衅均毁冕，⁴¹²父子齐刑，兄弟共罚，赦前同斩从流，赦后有复官之理。依律则罪合孥戮，准赦则例皆除名。古人议无将之罪者，毁其室，洿其宫，绝其踪，灭其类。⁴¹³其宅犹弃，而况人乎？请依律处，除名为民。"诏曰："死者既在赦前，又员外非在正侍之限，便可悉听复仕。"

（崔超注）

411　会赦犹除其名：隋唐律沿袭其制。《隋书·刑法志》载《开皇律》规定："犯十恶及故杀人狱成者，虽会赦，犹除名。"《唐律疏议·名例律》亦规定："诸犯十恶、故杀人、反逆缘坐，狱成者，虽会赦，犹除名。"

412　罪极裂冠，衅均毁冕：衅：间隙、罪过。《左传·宣公十二年》："观衅而动。"杜预注："罪也。"服虔注："闲也。"《晋书·刑法志》："公私废避之宜，除削重轻之变，皆所以临时观衅。"全句意即背叛皇帝，罪大恶极。《左传·昭公九年》有"裂冠毁冕"；《唐律疏议·名例律》疏议曰："五刑之中，十恶尤切，亏损名教，毁裂冠冕，特标篇首，以为明诫。"

413　古人议无将之罪者，毁其室，洿其宫，绝其踪，灭其类：无将，不得心存反逆。将，谓逆乱也。《公羊传·庄公三十二年》："君亲无将，将而诛焉。"洿，挖掘、掘毁。《礼记·檀弓下》："臣弑君，凡在官者，杀无赦。子弑父，凡在宫者，杀无赦。杀其人，坏其室，洿其宫而猪焉。"郑玄注："言诸臣子孙无尊卑皆得杀之，其罪无赦。明其大逆，不欲人复处之。"《晋书·刑法志》载："至于谋反大逆，临时捕之，或污潴，或枭菹，夷其三族，不在律令，所以严绝恶迹也。"宫宅洁指出：被称为"污潴""污池"的处决方法，意在封闭"垢浊"，可知古人将严重触犯禁忌视同具有感染能力的污秽；而水具有隔离和净化污秽的能力。参见[日]宫宅洁：《中国古代"罪"的概念——罪秽、净化、分界》，载柳立言主编：《史料与法史学》，"中央研究院"历史语言研究所2016年版，第69—102页。

【今译】

《法例律》规定："赐封五等爵位的贵戚功臣以及在《官品令》中从第五品以上的官吏，都抵徒刑二年；被罢免官职的人，三年之后允许再任官职，但必须降原官阶一等。"世宗延昌二年(513年)春季，尚书邢峦上奏："臣私下审虑，王、公以下的官吏，有的是与帝王有血缘亲属关系，有的功勋卓著于当时，都是由皇帝赐予土地和百姓，连结城池保卫皇室。至于公、侯、伯、子、男五等爵位，同样因为有功勋才赐予，虽然爵位的等级有差异，但是爵号如同黄河、泰山一样永存，要得到非常困难，一旦失去就永远丧失。刑典的规定既然相同，施行刑罚后罪犯的身份就大为不同，恳请皇上与群臣商议合适的法律，建立永久的制度。"世宗于是下诏命令议定律令的有关规定，与八座尚书及门下省官员参与讨论。大家都认为："如果官员的罪责本是除名，以官职抵当刑罚后，仍有剩余的官阶，可以再降低官阶继续任职。至于授封五等爵位的人，如果用爵位抵完刑罚，其爵位身份就永远被削除，即等同于除名处罚，从法律体例而言，确实有矛盾之处。臣等认为，自王、公爵位以下，有封邑的，如果因犯罪被除名的，处分三年之后，宜各降原爵位一等，王爵及郡公降为县公，县公降为县侯，县侯降为县伯，县伯降为县子，县子降为县男，至于县男，则降为乡男。没有授封封邑的五等散爵，也依此方法降爵，一直降至散男。因为乡男没有爵位等级可降，三年之后，就依据其原来的官品资格出仕。"世宗下诏依此法实行。

这年(延昌二年)秋季，符玺郎中高□(伯)贤与其弟员外散骑侍郎高仲贤、其叔父司徒府主簿六珍等人，因为其弟高季贤参与元愉的谋逆而缘坐入罪，皆被判削除官职，贬为平民。遭逢大赦令发布之后，皇帝下旨不再追究刑罚。于是尚书邢峦上奏说："经查高季贤曾接受叛乱者元愉授予的伪官，为其传布檄文，谋划扇动幽州和瀛州，制造祸乱，根据律令衡量其所犯之罪和所担之责，其不仅应处身死，且诛及子孙，兄弟、叔父均缘坐入罪,这在法律上有明确规定。承蒙皇上宽赦,身体性命获得保全,除去官职,贬为平民,对他而言实属幸运。但反逆是重罪,故应亲属缘坐,这些亲族有血缘关系,又事关同一起反逆案件,怎么能赦令发布前都应处以流刑、斩刑之罪,赦令发布后唯独免除反逆者自身。再者,缘坐的罪,不能用官职抵当流刑。况且,与这些相比较,贪贿罪小,寇盗罪轻,只要赃物罪状属实,纵然遇到大赦,仍要除名。哪有在犯了反逆这么罪大恶极的重罪,父子兄弟应一并处刑的本案情形中,在大赦令发布前应同受斩刑、流刑,而在大赦令发布后却官复原职的道理? 根据法律,犯反逆罪应诛及子孙,如依据大赦令则按法例需受除名处罚。古人论断对待心存谋逆之人的刑罚,就应毁坏其房屋,挖掘其住处成池塘,消除他们的踪迹,灭绝他的血亲同族。对他们的住处都要毁坏,何况是对人? 因此恳请皇上依据法律,将他们除名。”世宗下诏说:“被判死刑既是在赦令发布之前,而且员外散骑侍郎不在官方正编官职范围内,可以完全听任其再任官职。”

(崔超译)

【原文】

三年[414]，尚书李平奏：“冀州阜城[415]民费羊皮母亡，家贫无以葬，卖七岁子与同城人张回为婢。回转卖于鄃县[416]民梁定之，而不言良状[417]。案《盗律》‘掠人、掠卖人、和卖人为奴婢者，死’[418]回故买羊皮女，谋以转卖。

【注释】

414　三年：《通典·刑法五·杂议下》为“宣武帝景明中（500—503 年）”，但上文“二年”为延昌二年（513 年），故据上下文此处应为延昌三年（514 年）。

415　冀州阜城：冀州：辖长乐、武邑、渤海三郡，治所在信都（今冀州旧城）。阜城：县名，位于今河北省。西汉置阜城县，刘熙《释名》：“土山曰阜。”县境坡阜较高，河患较轻，取《尚书》“阜成兆民”之义，定名“阜成”，后改为阜城。

416　鄃县：县名，位于今山东省。汉置鄃县，辖区包括今平原县张华、腰站二镇的全部和夏津县的大部分。

417　良状：良民的情况。良：良民（或者良人），身家清白之平民百姓，与贱民相对应。早期“良贱”一词中，“良”指自由民，“贱”就是指奴婢等。

418　掠人、掠卖人、和卖人为奴婢者，死：掠人、掠卖人，是违背当事人的意志，采用强迫、威胁甚至暴力手段虏掠人口，或虏掠人口并卖给他人，从中获取非法利益的犯罪。和卖人，指被卖者自愿与卖人者双方合作贩卖人口，从中获取非法利益的犯罪。汉《盗律》有“和卖买人”，曹魏律纳入《劫略律》。对“和卖买人”，高氏认为是以诱骗等手段买卖人口。（高氏：《注译》，第 80 页）而谢氏认为是由直系尊属同意，出卖子女为奴婢，而他人因知情而买之谓。（谢氏：《注译》，第 196 页）相对于谢氏认为子女同意被卖与否并不重要的意见，内田氏认为是“得到良民自己的儿女或他人的同意，将他们作为奴婢卖给第三者，第三者知其事情而买下”。（［日］内田氏：《译注》，第 101 页）冨谷至根据《魏书·刑罚志》所见北魏宣武帝之诏“律称和卖人者，谓两人诈取他财”，认为“和卖人”的“和”是指与被卖人有合意的情况。（［日］内田氏：《译注》，“解说”，第 265 页）但也要注意到费羊皮卖的是年仅七岁之女，其所形成的“合意”与成年人之间显然不同。北魏对和卖人的量依律处绞刑。"诏曰："律称和卖人者,谓两人诈取他财。今羊皮卖女,告回称良,张回利贱[419],知良公买。诚于律俱乖[420],而两各非诈。此女虽父卖为婢,体本是良。回转卖之日,应有迟疑,而决从真卖[421]。[422]于情不可。更推例以为永式。[423]"

刑比汉律、唐律都要重。唐律还对掠卖奴婢也作了规定:"诸略奴婢者,以强盗论;和诱者,以窃盗论。"可能是因为"奴婢贱人,律同畜产"的缘故。(闫晓君:《秦汉盗罪及其立法沿革》,《法学研究》2004 年第 6 期)死,处以死刑,即绞。后文亦有"依律处绞刑"。

419　贱:贱民,与上面的"良"相对应。

420　乖:背离,违背。王充《论衡·薄葬》:"今墨家非儒,儒家非墨,各有所持,故乖不合。"

421　决从真卖:决,决然,没有犹豫。真卖:指不附回赎条件的意图真实的完全出卖行为。参看后文"不言追赎""不复疑虑"。内田氏指出,从"决从真卖"到后面"唯买者无罪文。然"为止,因各版本均脱落,据宋版《册府元龟》卷 615 补。([日]内田氏:《译注》,第 219 页)中华新旧版校勘记约略同此。

422　而决从真卖:从"决从真卖"直至下文"唯买者无罪文。然"共三百一十七字,为百衲本《魏书·刑罚志》所脱落第 15 页之内容,因"而"接"然"字之后的内容"卖者既以有罪"没有明显错位,故明清各刊本均直接从 14 页下接 16 页,缺少此处内容。[日]内田吟风:《〈魏书·刑罚志〉缺页考》(陈翰译,《古籍整理研究学刊》1986 年第 1 期)指出,静嘉堂所藏宋版《册府元龟》卷 615 及《通典·刑法五·杂议下》均有此缺页内容,据以补正。亦可参见旧版校勘记[三]。

423　于情不可。更推例以为永式:《通典·刑法五·杂议下》此处为"于情固可处绞刑"。

廷尉少卿[424]杨钧[425]议曰："谨详《盗律》'掠人、掠卖人为奴婢者，皆死'，别条'卖子孙者，一岁刑'。卖良是一[426]，而刑死[427]悬殊者，由缘情制罚，则致罪有差。又详'群盗强盗[428]，首从皆同'，[429]和掠[430]之罪，固应

424　廷尉少卿：廷尉卿的副职。廷尉：官名，秦始置，为九卿之一，是秦汉至北齐之前主管司法的最高官吏，掌刑狱。属官有少卿、正、监、平等，皆为司法官。参见前注65。

425　杨钧（？—524年）：杨播之族弟，隋朝越国公杨素的曾祖。颇有才干，自廷尉正为长水校尉、中垒将军、洛阳令等，累迁为廷尉卿，后为抚军将军、七兵尚书、北道行台。正光五年（524年）卒，追封临贞县开国伯，谥号为恭。见《魏书·杨钧列传》。

426　是一：与下句"悬殊"相对，指同样、无差别。

427　刑死：指上文"一岁刑"和"皆死"即绞。

428　群盗强盗：群盗：关于构成"群"的人数问题，睡虎地秦墓竹简《法律答问》有："'害盗别徼而盗，驾（加）罪之。'可（何）谓'驾（加）罪'？五人盗，臧（赃）一钱以上，斩左止，有（又）黥以为城旦；不盈五人，盗过六百六十钱，（简1）黥劓（劓）以为城旦，不盈六百六十到二百廿钱，黥为城旦；不盈二百廿以下到一钱，迁（迁）之。求盗比此。（简2）""夫、妻、子五人共盗，皆当刑城旦，今中〈甲〉尽捕告之，问甲当购○几可（何）？人购二两。（简136）"朱红林按："'五人为盗'可能是秦汉时期量刑的一个重要尺度。共同盗窃者在五人以上者，法律往往从重处罚。秦简所载的这两个案例都强调了共盗者的人数为五人，可见秦律对于五人及五人以上的'攻盗'行为是从重处罚的。汉承秦律，对这种五人以上的群体攻盗行为，处罚是十分严厉的。"张家山汉墓竹简《二年律令·盗律》："盗五人以上相与功（攻）盗，为群盗。"（简62）（朱红林：《张家山〈二年律令〉集释》，社会科学文献出版社2005年版，第59—60页）而《晋书·刑法志》载："三人谓之群。"《唐律疏议·名例律》中亦规定："称'众'者，三人以上；称'谋'者，二人以上。谋状彰明，虽一人同

二人之法"。可见唐律承袭晋律的规定。

关于窃盗、强盗、攻盗、群盗。《后汉书·陈忠传》："夫穿窬不禁,则致强盗;强盗不断,则为攻盗;攻盗成群,必生大奸。"可见"强盗"重于"窃盗","攻盗"重于"强盗","群盗"又重于"攻盗"。窃盗,是秘密窃取公私财物的犯罪。强盗,是一种公然采用暴力手段非法获取公私财物的犯罪。《晋书·刑法志》："若加威势下手取财,为强盗。"张家山汉墓竹简《二年律令·盗律》规定:"群盗及亡从群盗,殴折人枳(肢)、朕体,及令伮(跛)蹇(蹇),若缚守、将人而强盗之,及投书、县(悬)人书,恐猲人以求(简65)钱财,盗杀伤人,盗发塚,略卖人若已略未卖,桥(矫)相以为吏,自以为吏以盗,皆磔。(简65—66)"《唐律疏议·贼盗律》"强盗"条:"诸强盗,谓以威若力而取其财,先强后盗、先盗后强等。若与人药酒及食,使狂乱取财,亦是。"由此对"群盗"的处罚自然也更加严厉。唐以后历代律典不再设立"攻盗""群盗"罪,将"攻盗""群盗"并入"强盗"。(闫晓君:《秦汉盗罪及其立法沿革》,《法学研究》2004年第6期)

429　首从皆同:指不区分主犯、从犯,以同样的标准处罚。中国古代对于共同犯罪的处罚可分为两种模式:一是不区分在犯罪行为中所起的作用,对全体犯罪者予以同等处罚。秦代对共同犯罪的处罚原则是全部予以同一处罚,汉律基本上继承了秦律的共犯处罚原则,如张家山汉简《二年律令·钱律》:"盗铸钱及佐者,弃市。"(简202)《二年律令·贼律》:"贼杀人,及与谋者,皆弃市。"(简23)又如唐律中对谋反、谋大逆、谋叛、谋杀期亲尊长、谋杀府主长官等重罪不分首从,皆斩。且《唐律疏议·名例律》中规定:"本条言'皆'者,罪无首从;不言'皆'者,依首从法论。"二是对从犯和首犯给予轻重不同的处罚。汉律中类似首从法的处罚也得以实施,形成两种处罚方式并行的样态,但汉代类似首从之法的处罚是通过援用"春秋之义"而非正式法律规范来实施的,适用极其不稳定,存在擅断可能。直至唐律,稳固地确立首从法。在共同犯罪中以"造意"者为首，直接适用对各种犯罪规定的法定刑，而以"随从者"为从，减法定刑一等。《唐律疏议·名例律》："诸共犯罪者，以造意为首，随从者减一等。"（［日］水间大辅：《秦律、汉律中有关共犯的处罚》，李力译，《日本学者中国法论著选译》（上册），中国政法大学出版社2012版，第31页；［日］水间大辅：《〈岳麓简（三）〉所见的共犯处罚》，《华东政法大学学报》2014年第2期）

　　430　和掠：和卖、掠卖。

不异。及'知人掠盗之物，而故买者，以随从论'。然五服[431]相卖，皆有明

431　五服：一指古代以亲疏为差等的五种丧服，具体指斩衰、齐衰、大功、小功、缌麻。《礼记·学记》："师无当于五服，五服弗得不亲。"孔颖达正义："五服，斩衰也，齐衰也，大功也，小功也，缌麻也。"亦指在此服丧范围内的亲属。二指古代王畿外围。《尚书·益稷》："弼成五服，至于五千。"孔安国传："五服，侯、甸、绥、要、荒服也。服，五百里。四方相距为方五千里。"《尚书·康诰》载周称侯、甸、男、采、卫为五服。三指古代天子、诸侯、卿、大夫、士五等服式。《尚书·皋陶谟》："天命有德，五服五章哉。"孔安国传："五服，天子、诸侯、卿、大夫、士之服也。"此处特指第一种五服。

根据吴飞《五服图与古代中国的亲属制度》(《中国社会科学》2014 年第 12 期)一文的研究，最常见的菱形《本宗九族五服图》(或称"宗枝图")，最早出现在黄幹《仪礼经传通解续》的丧礼部分和杨复的《仪礼图》中。宋代以降，特别是明清，官方和民间都广泛使用这一五服图。(按：我国古代法典中最早附载"五服图"的是《元典章·礼部》，此后的《大明律》《大清律例》等也都有采纳)兹迻录吴飞文中据龚端礼《五服图解》(影印元杭州路儒学刻本，载《续修四库全书》，上海古籍出版社 2003 年版，第 95 册，第 112 页)而作的宗枝图如下，供参考。

条[432]，买者之罪，律所不载。窃谓同凡从法[433]，其缘服相减者，宜有差，买者之罪，不得过于卖者之咎[434]也。但羊皮卖女为婢，不言追赎，张回真买，谓同家财，至于转鬻[435]之日，不复疑虑。缘其买之于女父，便卖之于

				高祖父母齐衰三月				
			族曾祖姑在室缌麻，适人无服	曾祖父母齐衰三月	族曾祖父母缌麻			
		族祖姑在室缌麻，适人无服	从祖祖姑在室小功，适人缌麻	祖父母齐衰不杖期	从祖祖父母小功	族祖父母缌麻		
	族姑在室缌麻，适人无服	从祖姑在室小功，适人缌麻	姑在室期，适人大功	父斩衰三年、母齐衰三年或期	世叔父母期	从祖父母小功	族父母缌麻	
族姊妹在室缌麻，适人无服	从祖姊妹在室小功，适人缌麻	从父姊妹在室大功，适人小功	姊妹在室期，适人大功	己身	昆弟期	从父昆弟大功	从祖昆弟小功	族昆弟缌麻
	从祖昆弟之女子子在室缌麻，适人无服	从父昆弟之女子子在室小功，适人缌麻	昆弟之女子子在室期，适人大功	长子斩衰三年，嫡妇大功，众子期，庶妇小功	昆弟之子期	从父昆弟之子小功	从祖昆弟之子缌麻	
		从父昆弟之孙女在室缌麻，适人无服	昆弟之孙女在室小功，适人缌麻	嫡孙期，庶孙大功，庶孙之妇缌麻，孙适人者小功	昆弟之孙小功	从父昆弟之孙缌麻		
			昆弟之曾孙女在室缌麻，适人无服	曾孙缌麻，曾孙妇无服	昆弟之曾孙缌麻			
				玄孙缌麻				

　　432　明条：明确的律文规定。即后文崔鸿所引律："卖子有一岁刑；卖五服内亲属，在尊长者死，期亲及妾与子妇流。"

　　433　同凡从法：与按凡人从犯处理的办法相同。

　　434　咎：与前句之"罪"字互文，指罪刑，罪责。

　　435　鬻：卖。《左传·昭公三年》："有鬻踊者。"杜预注："鬻，卖也。"

他人,准其和掠,此有因缘[436]之类也。又详恐喝[437]条注:'尊长与之已决,恐喝幼贱求之。'然恐喝体同,而不受恐喝之罪者,以尊长与之已决故也。而张回本买[438]婢于羊皮,乃真卖于定之。准此条例,得先有由;推之因缘,理颇相类。即状准条,[439]处流为允。"

（齐青、石喜云注）

436　因缘:《汉书·刑法志》有"罪同而论异,奸吏因缘为市",本志前文亦有"而法官州郡,因缘增加,遂为恒法"。此处从内田氏、谢氏注:"此指原无犯罪之意图,因事情之转折导致犯罪时,其造成犯罪之原因,称为因缘。"《唐律疏议·贼盗律》"恐喝取人财物"条疏议曰:"假有甲为乙践损田苗,遂恐喝于乙,得倍苗之外,更取财者,为有损苗之由,不当恐喝之坐,苗外余物,即当'非监临主司,因事受财,坐赃论'科断。此是'事有因缘之类者',非恐喝。"([日]内田氏:《译注》,第222页;"补注"第44,第286页。谢氏:《注译》,第377页)

437　恐喝:同"恐猲""恐愒""恐曷",恫吓威胁。《战国策·赵策二》:"是故横人日夜务以秦权恐猲诸侯,以求割地。"汉《盗律》有"恐猲"罪,谓以威力胁人,以要求财物。有关汉代的传世文献中有以恐猲论罪的实例,参见沈家本:《历代刑法考·汉律摭遗二·盗律》"恐猲"条,第1401页;程树德:《九朝律考·汉律考三·律文考》"恐猲"条,第53页。晋张斐《律注表》云:"律有事状相似而罪名相涉者。若加威势下手取财为强盗,不自知亡为缚守,将中有恶言为恐猲,不以罪名呵为呵人,以罪名呵为受赇,劫召其财为持质。此六者,以威势得财而名殊者也。"(亦可参见《晋志译注》,第157—158页)《汉书·王子侯表上》颜师古注又云:"猲,谓以威力胁人也。"《唐律疏议·贼盗律》"恐喝取人财物"条疏议曰:"恐喝者,谓知人有犯,欲相告诉,恐喝以取财物者。"

438　买:内田氏校对:殿本作"卖",明版《册府元龟》作"买",可从。([日]内田氏:《译注》,第221页)

439　即状准条:依据具体情况而准确适用法律。

【今译】

延昌三年,尚书李平上奏称:"冀州阜城的平民费羊皮因母亲亡故,家中贫穷无法安葬,于是将七岁的女儿卖给同城的张回为婢女。后张回将该女转卖给郿县平民梁定之,却未将该女原本是良人身份的情况告知梁定之。考查《盗律》的规定:'掠夺人、掠卖人、和卖人为奴婢的,要处以死刑。'张回故意买费羊皮之女,图谋将其转卖获利。按律文规定当处绞刑。"世宗下诏曰:"律文所称和卖人者,是指二人合谋诈取他人钱财。如今费羊皮卖女儿,已明确告知张回其女为良人身份,张回贪图将其女儿作为婢女,明知费羊皮女儿是良人却公然当作贱民买下。两人的行为诚然都违反律文规定,但双方你情我愿不存在欺诈。此女虽然被父亲出卖为婢女,但其本是良人。张回转卖于他人之时,应当有所迟疑,却决然将其断卖。这按情理是不允许的。应推究案例状况判决,并作为永久的范例予以遵循。"

廷尉少卿杨钧提出意见:"细致地考查《盗律》条文,其中规定'掠人、掠卖人为奴婢者,皆死',另有条文规定'卖子孙者,处徒刑一年'。同样是出卖良人,而徒刑、死刑的刑罚却如此悬殊,是因为要依据具体情形来制定刑罚,所以才导致定罪有差别。又查有'群盗强盗,主犯与从犯处刑相同'之规定,和卖、掠卖人口之罪的规定,本应与此同理。此外,还有'知道是他人掠夺、盗窃所获赃物,却仍故意买下之人,应以从犯论处'的规定。相比之下,出卖五服亲属的,都有明文规定,但买者的罪刑,刑律却未有规定。臣私自认为,对买者应当以凡人从犯来论处,如果属于五服亲而减刑者,应当有所区分,买者的罪刑不能超过卖者的罪刑。然而还得考虑,费羊皮卖女儿为他人婢女,并未表达日后要赎回的意思,张回不考虑回赎的可能而真买下,并视同家中财产,直至转卖之时没有什么疑虑。只因从女孩父亲处买得,就卖于他人,依照和买、掠卖之罪论处,这是属于有因缘关系之类的。又查恐喝条注：'尊长已经决定将卑幼或贱人给予第三人，而第三人恐喝卑幼、贱人要求其服从。'虽然同为恐喝，却不受恐喝罪之惩罚，是因为尊长给予之心已决。而张回原本已从其父费羊皮处买得此婢女，转又断卖给梁定之。对照这些条文，张回获取婢女事出有因，推究其前因后果，道理也颇为相似。就本案事实，依准法律规定，判处张回流刑更为公允。"

（齐青、石喜云译）

【原文】

　　三公郎中[440]崔鸿[441]议曰："案律[442]'卖子有[443]一岁刑;卖五服内亲

【注释】

　　440　三公郎中:参见前注111"三公郎"。

　　441　崔鸿(478—525年):字彦鸾,齐州清河(今山东临清市东)人,崔光弟崔敬友之子。其原先郡望为清河东武城(魏晋时期属于冀州),十六国时期一些崔氏成员随慕容德南渡黄河,建立南燕。刘裕灭南燕后,崔氏入仕刘宋,遂落籍青齐。北魏清河有二,崔鸿所出清河系刘宋侨置,属于刘宋之侨冀州,北魏占领青齐之后,改刘宋侨置冀州为齐州,仍保留清河之称,但相对于原河北之清河,则称为东清河。

　　《魏书》称其"少好读书,博综经史",弱冠便有著述志,以才学闻名于洛阳。其一生历仕孝文、宣武、孝明三朝,仕途相对平坦。职事之余,搜集整理史料,并被委以撰修国史之任。正光三年(522年),最终编成《十六国春秋》。该书体例比较完备,改各国书为录,主为纪,臣为传,又有序例1卷,年表1卷,合计102卷。因其叙事以晋为正统,怕忤犯北魏朝廷,所以崔鸿在世时,并未公开传布。崔鸿死后,其子崔子元誊写并于北魏孝庄帝永安元年(528年)奏献朝廷。由于书中刊著各国遗事,内容丰富,虽不免疏略讹误,仍瑕不掩瑜。唐代修《晋书》时多有征引,唐宋类书中也收录不少。该书于北宋以后亡佚,现行辑本有两种:一为明代屠侨孙等辑缀的《十六国春秋补遗辑佚》;一为清代汤球的《十六国春秋辑补》,是研究十六国史的重要参考书。

　　442　律:"律"字宜加书名号,以统一体例。

　　443　有:内田氏校:"有",《通典》卷167无此字。"有"或为"者"之误。([日]内田氏:《译注》,第224页)

属,在尊长者死,期亲及妾与子妇流'。[444]唯买者无罪文。然卖者既以有罪,买者不得不坐。但卖者以天性[445]难夺,支属[446]易遗,尊卑不同,故罪有异。买者知良故买,又于彼无亲。若买[447]同卖者,即理不可。何者?'卖五服内亲属,在尊长者死',此亦非掠,从其真买,暨于致罪,刑死大殊。明知买者之坐,自应一例,不得全如钧议,云买者之罪,不过卖者之咎也。且买者于彼无天性支属之义,何故得有差等之理?又案别条:'知人掠盗之物而故买者,以随从论。'依此律文,知人掠良,从其宜买[448],罪止于流。然其亲属相卖,坐殊凡掠。至于买者,亦宜不等。若处同流坐,于法为深。准律斟降,合刑五岁。至如买者,知是良人,决便真卖,不语前人

---

444 "卖子有一岁刑;卖五服内亲属,在尊长者死,期亲及妾与子妇流":该条文体现晋律儒家化以来丧服制度在定罪量刑方面的重要性。丧服制度是按照与死者直系或旁系亲属的亲疏关系,按丧服质地、样式及服丧期限分为五个等级:斩衰(三年)、齐衰(一年)、大功(九月)、小功(五月)、缌麻(三月),故称五服。自晋律正式将其纳入法律,作为确定亲属之间立嗣、继承、赡养、婚姻障碍等民事关系,尤其亲属相犯时定罪量刑的依据,形成"准五服以制罪"的制度,并被后世沿袭。一般而言,服制越近,以尊犯卑处罚愈轻,以卑犯尊处罚愈重。反之,服制越远,以尊犯卑处罚愈重,以卑犯尊处罚愈轻。参见前注431"五服"条。

445 天性:此处意思为先天具有的亲子关系。"天性难夺"与"支属易遗"互文,故谢氏译为"亲子关系的天性"。(谢氏:《注译》,第378页)

446 支属:宗族亲属。《汉书·辛庆忌传》:"宗族支属至二千石者十余人。"

447 买:内田氏校,"买",《册府元龟》卷615作"罪"。今从此翻译。([日]内田氏:《译注》,第224页)

448 宜买:内田氏认为可能是"真买"之误。([日]内田氏:《译注》,第224页)

得之由绪[449]。前人谓真奴婢，更或转卖，因此流漂[450]，罔知所在，家人追赎，求访无处，永沉贱隶，无复良期。案其罪状，与掠无异。且法严而奸易息，政宽而民多犯，水火之喻，先典明文。[451]今谓买人亲属而复决卖，不告前人良状由绪，处同掠罪。"

（方浩长、周东平注）

---

449 由绪：来历；来由。《北齐书·唐邕传》："自督将以还，军吏以上，劳勚由绪，无不谙练。"

450 流漂：流离失所。《三国志·吴书·吴主传》："茶陵县鸿水溢出，流漂居民二百余家。"

451 且法严而奸易息，政宽而民多犯，水火之喻，先典明文：典出《左传·昭公二十年》载子产曰："唯有德者能以宽服民，其次莫如猛。夫火烈，民望而畏之，故鲜死焉；水懦弱，民狎而玩之，则多死焉。故宽难。"又载仲尼曰："政宽则民慢，慢则纠之以猛。猛则民残，残则施之以宽。宽以济猛，猛以济宽，政是以和。"

【今译】

三公郎中崔鸿议论说:"按照《律》规定:'贩卖子女的人处一年徒刑;在贩卖五服内亲属的人中,贩卖尊亲属的,处死刑,贩卖服丧一年的亲属以及妾或儿媳妇的,处流刑'。但对于买者却没有相应的罪刑规定。然而卖者既然认定为有罪,则买者不能不论罪。但卖者因天然血缘难以割断,宗族亲属容易遗散,尊卑不同,所以定罪各有差异。而买者只是明知其为良民却故意购买,又与被卖者无亲属关系。如果买者与卖者以相同的罪刑处置,这不符合道理。何以言之?'在贩卖五服内亲属的人中,贩卖尊亲属的,处死刑',这种情况也不属于掠卖人口,只是就买者的犯罪而言,(如果比照卖者的罪刑),就会存在着判处一年徒刑或死刑的重大差别。明知良民而买的罪刑,应自成一例予以处理,不应当全如杨均所提议的比照卖者,认为买者罪刑不能超过卖者的罪刑。而且,既然买者与被卖者之间并无天生的亲属关系,在量刑方面哪来如卖者按亲属关系区分的道理?再根据另一条律法规定:'明知是掠夺盗窃来的赃物而故意购买的,以从犯论处。'根据该条文,明知他人掠卖良民,而径予购买的人,其最高刑是流刑。然而贩卖自己亲属的罪刑,应与一般掠卖人口的罪刑不同。因此买者,也应当与购买掠卖人口的罪刑有所区别。如果同样处以流刑,在刑罚上就过于严苛。依据法律斟酌减轻,应处以五年徒刑。至于买者,若明知其所购买的是良民,却决定依然将其卖掉,且不告诉前来买的人被卖者来历的情形。致使新买主以为是真正的奴婢,甚或再次转卖,造成被卖者辗转流离,不知去向,家人即使想赎回时也不知下落,致使其永远沦落为低贱的奴婢,不可能再有恢复良民身份的机会。按照这样的罪状,与掠夺人口并无差别。而且,法律严格才易使奸邪盗贼止息,政令宽疏则会使得百姓容易犯罪,这种宽政如水而溺民、猛政如火而救民的比喻,在古代经典中有明文记载。因此,现在所谓的购买别人的亲属而又

决定卖出,且不告诉新买主被卖者先前是良民的真实情况,则对其处罚应
该与掠夺人口的罪相同。"

（方浩长、周东平译）

【原文】

太保[452]、高阳王雍[453]议曰:"州[454]处张回,专引《盗律》,检回所犯,本非和掠,保证[455]明然,去盗远矣。今引以《盗律》之条,处以和掠之罪,原情究律,实为乖当。如臣钧之议,知买掠良人者,本无罪文。何以言之?'群盗强盗,无首从皆同',[456]和掠之罪,故应不异。明此自无正条,引类

_____

【注释】

452　太保:周置,为辅弼国君之官。《尚书·周官》:"立太师、太傅、太保,兹惟三公,论道经邦,燮理阴阳。"春秋后废,汉复置,职能盖未有变。《汉书·百官公卿表上》:"太师、太傅、太保,是为三公,盖参天子,坐而议政,无不总统,故不以一职为官名。"据《魏书·官氏志》可知,北魏时太保仍为三公之一。

453　高阳王雍:元雍,献文帝之子。宣武帝时迁司空,议定律令。后位至三公,进位丞相。详见《魏书·献文六王·高阳王列传》。

454　州:根据前文"冀州阜城",则此处指冀州。

455　保证:契约文书中的保人、证人。

456　群盗强盗,无首从皆同:无:无论。参见前注428、429。

以结罪⁴⁵⁷。臣鸿以转卖流漂,罪与掠等,可谓'罪人斯得'⁴⁵⁸。案《贼律》云:'谋杀人而发觉者流,从者五岁刑;已伤及杀而还苏者死⁴⁵⁹,从者流;已杀者斩,从而加功⁴⁶⁰者死,不加者流。'详沉贱⁴⁶¹之与身死,流漂之与腐骨,一存一亡,为害孰甚? 然《贼律》杀人有首从之科,盗人卖

457　引类以结罪:在法律无明文规定的情况下,引用类似的法律条文定罪。《荀子·王制》:"有法者以法行,无法者以类举。"秦汉以来的律令法体系以成文法为主,且律条个别而具体,无法穷尽社会的犯罪现象,导致出现"法无明文"的现象,于是比附断罪应运而生。秦有"廷行事",汉有"决事比","旧律多比附断事"的传统也为隋唐律所沿袭。《旧唐书·刑法志》记载:"隋日再定,惟留五百。以事类相似者,比附科断。"但人们亦逐渐认识到比附断罪之弊,西晋刘颂提出:"律法断罪,皆当以法律令正文,若无正文,依附名例断之,其正文名例所不及,皆勿论。"(《晋书·刑法志》)北周宣帝诏制九条之一曰:"决狱科罪,皆准律文。"(《周书·宣帝纪》)至隋文帝时,"断决大狱,皆先牒明法,定其罪名,然后依断"。开皇五年,更令"诸曹决事,皆令具写律文断之"。(《隋书·刑法志》)

458　罪人斯得:即犯罪者得到应有的惩罚。出自《尚书·金縢》:"周公居东二年,则罪人斯得。"

459　死:指绞刑。根据下文,"已杀者斩",可以推定,此处的"死"应当指绞刑。《魏书·刑罚志》:"世祖即位,……分大辟为二科:死、斩,死入绞。"参见前注 123。

460　加功:以实际行动帮助杀人的犯罪行为。加功者,相当于帮助犯。《唐律疏议·贼盗律》:"诸谋杀人者,徒三年;已伤者,绞;已杀者,斩。从而加功者,绞;不加功者流三千里。"疏议曰:"……加功者绞,谓同谋共杀,杀时加功,虽不下手杀人,当时共相拥迫,由其遮遏,逃窜无所,既相因籍,始得杀之,如此经营,皆是'加功'之类……"

461　沉贱:即前文"永沉贱隶"。

买,无唱和[462]差等。谋杀之与和掠,同是良人,应为准例。所以不引杀
人减之[463],降从强盗之一科。纵令谋杀之与强盗,俱得为例,而似从轻。
其义安在? 又云:'知人掠盗之物而故买者,以随从论。'此明禁暴掠之
原,遏奸盗[464]之本,非谓市之于亲尊之手,而同之于盗掠之刑。窃谓五
服相卖,俱是良人,所以容有差等之罪者,明去掠盗理远,故从亲疏为差
级,尊卑为轻重。依律[465]:'诸共犯罪,皆以发意为首。'明卖买之元有由,

462　唱和:唱首与和同,文中表示主犯与从犯的差别。(参见[日]内田
氏:《译注》,第 225 页)张斐指出:"唱首先言谓之造意"(《晋书·刑法志》),
唱首相当于唐律中的造意,并规定"以造意者为首"。

463　杀人减之:指杀人罪的从犯减刑的规定。亦即本段前文所引《贼
律》"谋杀人而发觉者流,从者五岁刑;已伤及杀而还苏者死,从者流;已杀者
斩,从而加功者死,不加者流"的规定。

464　奸盗:指为非作歹、劫盗财物。《汉书·地理志下》:"沛楚之失,急
疾颛己,地薄民贫,而山阳好为奸盗。"王充《论衡·幸偶》:"或奸盗大辟而不
知,或罚赎小罪而发觉。"

465　律:"律"字宜加书名号,以统一体例。

魁末⁴⁶⁶之坐宜定。若羊皮不云卖,则回无买心,则羊皮为元首⁴⁶⁷,张回为

466　魁末:此处指首犯和从犯。魁,首。末,末梢,次要的,非根本的。

对于首犯的定义,《晋书·刑法志》:"唱首先言谓之造意……制众建计谓之率。"

关于"造意",高恒认为"造意"指在共同犯罪中首先提出犯罪意图的行为。现代一般将共犯中的组织者、指挥者、主谋者定为首犯。古代仅把造意者作为首犯。(参见高恒:《张斐的〈律注要略〉及其法律思想》,《中国法学》1984 年第 3 期,后收入氏著:《秦汉法制论考》,厦门大学出版社 1994 年版,第 286—309 页)谢氏则指出,汉代对造意的主谋有特别的处罚,并征引《汉书·孙宝传》的史料为证。(谢氏:《注译》,第 137 页)水间大辅与之不谋而合,认为造意是指倡导作案的主谋。"史料上一次最古老的用例"出现在《汉书·孙宝传》:"鸿嘉中,广汉群盗起。选为益州刺史。广汉太守扈商者,大司马车骑将军王音姊子,软弱不任职。宝到部,亲入山谷,谕告群盗,非本造意渠率,皆得悔过自出,遣归田里。自劾矫制。"水间氏认为"汉律并没有规定类似首从法的共犯处罚,并且在实施这种处罚时必须要得到皇帝的批准"。这与唐律中对共犯处罚按首从法处罚的规定有所不同。(参见[日]水间大辅:《秦律、汉律中有关共犯的处罚》,李力译,《日本学者中国法论著选译》(上册),中国政法大学出版社 2012 年版)

另外,对"率"的理解有助于认定犯罪集团的首领。《汉书·孙宝传》中的"渠率",即指"群盗"的大首领。《居延汉简》中也有"渠率"的规定:"群辈贼发吏卒毋大爽,宜以时行诛,愿设购赏,有能捕斩严、猷、君阑等渠率一人,购钱十万,党与五万。吏捕斩强力者比三辅。""□司劾臣谨□如□言可许。臣请□□严、猷等渠率一人,□党与五万□"(503·17,503·8)按照张斐《注律表》"制众建计谓之率",即具有策划、组织团体犯罪活动能力的人,才可以定为首领。(参见高恒:《张斐的〈律注要略〉及其法律思想》,《中国法学》1984 年第 3 期,后收入氏著:《秦汉法制论考》,厦门大学出版社 1994 年版,第 286—309 页)

467　元首:为首者,祸首。

从坐。首有活刑[468]之科，从有极默[469]之戾，推之宪律[470]，法刑无据。买者之罪，宜各从卖者之坐。又详臣鸿之议，有从他亲属买得良人，而复真卖，不语后人由状[471]者，处同掠罪。既一为婢，卖与不卖，俱非良人。何必以不卖为可原，转卖为难恕。张回之愆[472]，宜鞭一百。卖子葬亲，孝诚可美，而表赏之议未闻，刑罚之科已降。恐非敦风厉俗[473]，以德导民[474]之

468　活刑："活刑"旧版作"沾刑"。但《册府元龟·刑法部·议谳》作"活刑"，亦即虽处以徒刑、流刑等，但保留犯人性命的这类刑罚，与后面的死刑"极默"对应。

旧版校勘记［二］：按"默"本当作"墨"，"墨"本五刑之一，引申泛指刑法。"极墨"犹言"极刑""极法"。但当时"墨"常作"默"，如"墨曹"常作"默曹"。下文高阳王雍议费羊皮、张回罪，亦云"从有极默之戾"，今仍之。新版校勘记［一一］基本沿袭，再据新版校勘记［二三］"首有活刑之科"："活"，原作"沾"，据《册府》卷615改。按"活刑"与下"极默"为对文，"沾"乃"活"之形讹。

469　极默：参见前注308。

470　宪律：法律，律令。《后汉书·杜林传》："古者肉刑严重，则人畏法令；今宪律轻薄，故奸轨不胜。"

471　由状：原由与情况。《魏书·索敞列传》："五年，敞因行至上谷，遇见世隆，语其由状，对泣而别。"由状犹如前文"由绪"，参见前注449。

472　愆：罪过，过失。《尚书·伊训》："惟兹三风十愆。"

473　敦风厉俗：使民风淳朴敦厚。《魏书·郭祚列传》："是以先王沿物之情，为之轨法，故八刑备于昔典，奸律炳于来制，皆所以谋其始迹，访厥成罪，敦风厉俗，永资世范者也。"

474　以德导民：化用《论语·为政》："导之以政，齐之以刑，民免而无耻。导之以德，齐之以礼，有耻且格。"

谓。请免羊皮之罪,公酬卖直[475]。"诏曰:"羊皮卖女葬母,孝诚可嘉,便可特原。张回虽买之于父,不应转卖,可刑五岁。"

（魏启蒙、周东平注）

475　公酬卖直:由政府按照费羊皮卖女的身价酬赏他。

【今译】

太保、高阳王元雍提出意见："冀州处断张回一案,单纯引用《盗律》,但审视张回所犯的罪行,本身并不是和卖、掠卖人口的行为,其保人、证人也很明确,与《盗律》的规定相去甚远。现在却引用《盗律》的条文,判处其和卖、掠卖人口的罪名,无论依据事实还是法律,实在并不恰当。依照大臣杨钧的奏议,法律对明知而购买掠夺来的平民的行为,本身并无相关的规定。为什么这样说呢?'群盗强盗,无论主犯还是从犯,处刑相同',和卖、掠卖人口的罪行,在适用刑罚上也没有主犯、从犯的差别。明白该案本来没有正式的法律规定,就引用类似的条文来定罪。大臣崔鸿以转卖人口造成被卖者漂流无依,无法追寻为理由,认定其罪责与掠卖人口相同,可以说是'犯罪的人得到应有的报应'。按照《贼律》的规定:'预谋杀人而被发觉的,处流刑,从犯,处五年徒刑;谋杀行为已经造成被害人身体伤害,以及被害人被杀昏迷而后苏醒的,处绞刑,从犯,处流刑;已经造成被害人死亡的,处斩刑,从犯中以实际行动帮助杀人的,处绞刑,未采取实际行动帮助的,处流刑。'仔细比较沦为贱民与失去生命,流离失所与身死骨腐,前者尚可生存,后者却永失生命,哪一种的危害更为严重呢?然而,《贼律》对杀人罪区分主犯、从犯科处轻重不同的处罚,而《盗律》买卖盗掠人口的规定中却无首从之别。谋杀与和卖、掠卖人口,同样是针对平民的犯罪,应可制定统一的规定。所以本案不依杀人罪减轻处罚,而降到依准无主从区别的强盗罪处罚。可即使谋杀和强盗罪的规定都可为本案依准之例,但采用前者反而更轻,所以依准强盗罪的意义是什么呢?《盗律》还规定:'明知是他人掠夺盗窃所得赃物而故意购买的,以从犯论处。'其意义在于明确阻断暴力掠夺行为的源头,遏止奸邪盗窃的根本,并没有说从父母等尊长手中买得卑幼亲属的行为,应当与购买盗窃掠夺所得赃物的行为适用同样的刑罚。臣以为贩卖五服内亲属,犯罪对象都是平民,之所以容许存在不一样的定罪,恰恰明确反映其与掠夺盗窃之罪的法理相去甚远,因此按亲疏关系划分等级,依照尊卑之别来确定刑罚的轻重。依照律文的规定:'凡是共同犯罪,都应当以策划者为主犯。'因此明确买卖行为的起因缘由,就可以区分主犯和从犯了。如果费羊皮不言卖女,张回也不会有购买之意,所以费羊皮才是本案的主犯,张回应为从犯。主犯应被判处徒刑,从犯却被判处极刑,推究法律的规定,并无依据。购买者之罪,应各按卖者所犯罪行的从犯论处。再审慎考虑大臣崔鸿的提议,如果从他人的亲属那里购买平民,又再次将其转卖,并不告知后手实际原由的,就得按掠卖人口罪处罚。可是,既然一旦被卖为奴婢,不论是否转卖,都不再是平民了。为什么要以不转卖就于情可原,一转卖就难以宽恕呢?张回的罪行,判处鞭刑一百为宜。费羊皮卖女葬母的行为,孝心的确值得赞美,然而表示奖赏的提议从未听到,定罪量刑的处分就已经下达。这恐怕不是使民风淳朴敦厚,用德行去教化民众的做法吧。故请求免除费羊皮的罪责,并由政府酬赏其卖女的价钱。"于是皇帝下诏说:"费羊皮卖女葬母的行为,孝心值得嘉奖,故特为赦免。张回虽然是从该女子的父亲手中买得婢女,但不应转卖给他人,应判处徒刑五年。"

(魏启蒙、周东平译)

【原文】

先是，皇族有谴[476]，皆不持讯[477]。时[478]有宗士[479]元显富[480]，犯罪须鞫[481]，宗正[482]约以旧制。尚书李平奏："以帝宗磐固[483]，周布于天下，其属

【注释】

476　谴：罪责。《汉书·贾谊传》："故其在大谴大何之域者，闻谴何则白冠氂缨，盘水加剑，造请室而请辠耳。"颜师古注："谴，责也。"

477　持讯：持：执也。讯：讯问。《汉书·文三王传》："天子遣廷尉赏、大鸿胪由持节即讯。"颜师古注："即，就也；讯，问也。"

478　时：此时，当指延昌三年（514 年）。《册府元龟·刑法部·定律令》："三年，宗士元显富犯罪须鞫，宗正约以旧制，皇族有谴，皆不讯鞫。"

479　宗士：北魏时官名，宿卫之职。《资治通鉴》卷 147《梁纪五》"梁武帝普通元年七月"条（[日]内田氏：《译注》第 230 页、谢氏：《注译》第 386—387 页作"天监七年"条，疑误）胡注："魏置宗师，宗士其属也。"《魏书·官氏志》："（永平）四年（511 年）七月，诏改宗子羽林为宗士，其本秩付尚书计其资集，叙从七已下、从八已上官。"

480　元显富：其人不详。

481　鞫：审讯。见前注 141。

482　宗正：九卿之一。宗正始置于秦，汉平帝元始四年（4 年），改名宗伯。魏晋设宗正，东晋省并于太常，南朝宋、齐不设宗正，梁复置宗正。后魏宗正属官有宗正卿、少卿。参见《通典·职官七·诸卿上》。宗正原则上从宗室成员中选任，其职能之一，是宗室亲贵有罪要先请，即先向宗正申述，宗正再上报皇帝，而后便可能得到从轻处置。即为议亲之辟。《后汉书·百官志三》："宗正，卿一人，中二千石。本注曰：掌序录王国嫡庶之次，及诸宗室亲属远近，郡国岁因计上宗室名籍，若有犯法当髡以上，先上诸宗正，宗正以闻，乃报决。"

483　磐固：如磐石般稳固。磐：大石。《荀子·富国》："为名者否，为利者否，为忿者否，则国安于盘石，寿于旗翼。"杨倞注："盘石，盘薄大石也。"《史记·孝文本纪》："高帝封王子弟，地犬牙相制，此所谓盘石之宗也，天下服其强，二矣。"按：磐、盘相通。

籍[484]疏远,荫官[485]卑末,无良[486]犯宪,理须推究。请立限断,以为定式。"诏曰:"云来[487]绵远,繁衍世滋,植籍宗氏,而为不善,量亦多矣。先朝既无不讯之格,而空相矫恃,以长违暴。诸在议请[488]之外,可悉依常法。"

————————

484　属籍:《资治通鉴》卷2《周纪二》"显王十年"条:"宗室非有军功论,不得为属籍。"胡三省注:"属籍,宗属之籍也。"

485　荫官:凭户籍和世代资望而获得的官职。《资治通鉴》卷54《汉纪四十六》"汉桓帝延熹二年六月"条胡三省注:"荫,庇也。今人谓凭藉世资得官者为荫官,盖取木为喻,言能荫庇其本根也。"

486　无良:指德行不好,不善。《尚书·周书·泰誓下》:"受克予,非朕文考有罪,惟予小子无良。"

487　云来:"云孙""来孙"的并称,泛指后代。《尔雅·释亲》:"父之子为子,子之子为孙,孙之子为曾孙,曾孙之子为玄孙,玄孙之子为来孙,来孙之子为昆孙,昆孙之子为仍孙,仍孙之子为云孙。"

488　议请:中国古代的一种刑罚适用原则,指对特殊身份者实施犯罪行为时,司法官员在量刑上不得擅自决断,所提处置意见须奏请皇帝裁断的特殊处理。议即八议,一般认为源于西周之八辟,《周礼·秋官司寇·小司寇》:"以八辟丽邦法,附刑罚:一曰议亲之辟,二曰议故之辟,三曰议贤之辟,四曰议能之辟,五曰议功之辟,六曰议贵之辟,七曰议勤之辟,八曰议宾之辟。"请即上请,由于犯罪人身份等原因,司法官员不得擅自作出决断,须奏请皇帝裁断,源于汉高祖七年(488年)诏:"郎中有罪耐以上,请之。"(《汉书》卷1下《高帝纪下》)武帝、宣帝与平帝时期亦有类似的诏令或案例。魏晋南北朝时期较多使用"八议",有以"八议"取代上请之势,故各代罕见上请的规定。据《唐律疏议·名例律》请章之规定:"诸皇太子妃大功以上亲,应议者期以上亲及孙,若官爵五品以上,犯死罪者,上请;流罪以下,减一等。其犯十恶,反逆缘坐,杀人,监守内奸、盗、略人、受财枉法者,不用此律。"原注曰:"请,谓条其所犯及应请之状,正其刑名,别奏请。"

其年六月[489]，兼廷尉卿元志[490]、监[491]王靖[492]等上言："检除名

---

489 其年六月：按《刑罚志》的记述，应为世宗宣武帝延昌三年（514年），高氏从之。（高氏：《注译》，第171页）但内田氏指出：《册府元龟·刑法部·定律令第三》："孝明熙平二年五月重申天文之禁，犯者以大辟论。是时廷尉卿元志、监王靖等上言：检除名之例，依律文，狱成谓处罪案成者……"（［日］内田氏：《译注》，第230页）则应为孝明帝熙平二年（517年）。

490 元志（？—524年）：字猛略，北魏宗室。少清辩强干，博览群书，有文才。孝文帝时，任洛阳令，不避强暴。后为从事中郎，孝文帝南征，有冷箭射帝，元志以身护卫，眼中一箭。宣武帝时，任荆州刺史。孝明帝初，兼廷尉卿，后为扬州刺史，赐爵建忠伯，旋转雍州刺史。后卒于莫折念生之反。参见《魏书·神元平文诸帝子孙·河间公齐列传》。

491 监：廷尉监，与后文的大理（廷尉）正、评均是廷尉的属官，官列第六品。《唐六典·大理寺》注云："（廷尉正）与'监'及'平'谓之廷尉三官，秩千石。"

492 王靖：字元安，传为太原晋阳人。因精通法律而任廷尉评，后历廷尉少卿、廷尉卿，迁行定州事，年五十七岁卒。

之 例 ， 依 律 文 ，' 狱 成 ' 谓 处 罪 案 成 者 。[493]寺 谓[494]犯 罪 迳 弹[495]后，

---

493 "狱成"谓处罪案成者：狱成：见前注146。审慎对待狱成问题关系到刑罚公正。并且从狱成与除名的关系来看，狱成或未成关系到遇赦免情形时是否仍需要除名的问题。因此，在处理宗亲犯罪案件涉及是否除名时，狱成是重要的争论点。此处围绕案成而疑有奸欺是否可从未成之条，并申省覆治、虽已案成未得覆治可否为狱成、覆治未判之时如遇赦宥是否为狱成展开争论。

此外，唐律"狱成，虽会赦，犹除名"的罪行包括如下：一是《唐律疏议·名例律》"除名"条："诸犯十恶、故杀人、反逆缘坐，狱成者，虽会赦，犹除名。即监临主守，于监守内奸、盗、略人、若受财而枉法者，亦除名；狱成会赦者，免所居官。"《断狱律》"赦前断罪不当"条还规定了"杀人应死，会赦移乡等是"。二是《唐律疏议·名例律》"除名"条："其杂犯死罪，即在禁身死，若免死别配及背死逃亡者，并除名；（皆谓本犯合死而狱成者。）会降者，听从当、赎法。"

494 寺谓："寺"本可为官署的通称。《汉书·孙宝传》颜师古注："诸官曹之所通呼为寺。"廷尉寺并非北魏正式官署名，但有相关记载。《魏书·薛辩列传》："长子庆之，字庆集，颇以学业闻。解褐奉朝请。领侍御史，迁廷尉丞。廷尉寺邻接北城，曾夏日于寺傍执得一狐。"

廷尉寺之名始设于南梁，陈亦沿用。《隋书·刑法志》："陈氏一用梁法，廷尉寺为北狱，建康县为南狱，并置正、监、评。"另有《通典·职官七·诸卿上》："北齐以太常、光禄、卫尉、宗正、太仆、大理、鸿胪、司农、太府是为九寺。"注曰："后魏亦有三府、九寺，则九卿称寺久矣。然通其名，不连官号。其官寺连称，自北齐始也。"

尽管北魏未有正式的廷尉寺之署名，但此处"寺"疑是"廷尉寺"的简称，而不是一般官署的代称。将此处的"寺"与上文"兼廷尉卿元志、监王靖等上言"，以及下文"寺以情状未尽"一同考虑，可知非一般官署，而特指廷尉。

另，"寺谓"，新版亦作"寺谓"，且未予校勘。《册府元龟》卷611作"是为"。今从此翻译。（［日］内田氏：《译注》，第230页）

495 迳弹：又作"径弹"，直接弹劾。

使⁴⁹⁶覆检鞫证定刑，罪状彰露，案署分晒⁴⁹⁷，狱理是诚⁴⁹⁸。若使案虽成，

496　使：使者。《唐六典·尚书刑部》："凡天下诸州断罪应申覆者，每年正月与吏部择使，取历任清勤、明识法理者，仍过中书门下定讫以闻，乃令分道巡覆。"

497　分晒：百衲本、南监本中作"分晒"，武英殿本作"分两"，《册府元龟·刑法部·定律令三》作"分明"。晒，光明、显著，同昺、炳。陆耀遹《金石续编》卷5《唐孙文才石碑像铭》："建毫伦于额上，晒万字于胸衿。"

498　狱理是诚："狱理是成"之"诚"，旧版作"成"，新版改为"诚"，应是基于底本百衲本的缘故。且百衲本该页，版心有宋代刻工名"方中"，知刻于南宋。（参见王肇文：《古籍宋元刊工姓名索引》，上海古籍出版社2012年版，第5页）而三朝本、殿本皆作"成"。三朝本该页为嘉靖十年（1531年）补刊（第19a页），殿本更晚出。再查明刻初印本《册府元龟》卷610《刑法部》，亦作"狱理是成"和"狱成"。从版本源流上讲，宋刻页的"诚"字，应较明代补刻页以及明版《册府元龟》的"成"字可信。

问题是改"成"为"诚"虽有独自版本依据，但如此使用乃唯一见，果真毫无疑义？

据冨谷至《解说》之"补注"（39）：元志、王靖的上奏文，提供了有关审判程序的重要资料。"覆""检""鞫""证""狱成"等，是表示诉讼程序各阶段的法制用语。其具体究竟意味着什么，值得探讨的地方颇多。（［日］内田氏：《译注》，第286页）

"狱理是成"是"处罪案成"，即被起诉后，走完"覆""检""鞫""证"程序，赃状露验，案署分明，并解送至省，只是"尚书省断讫未奏者"。此时就是"狱理是成"。这可证之本志前文"论刑者，部主具状，公车鞫辞，而三都决之。当死者，部案奏闻。以死不可复生，惧监官不能平，狱成皆呈，帝亲临问，无异辞怨言乃绝之"，以及后文"律文，狱已成及决竟，经所绾，而疑有奸欺，不直于法，及诉冤枉者，得摄讯覆治之"等。

按"狱成"本于《尚书·吕刑》："其刑其罚，其审克之。狱成而孚，输而

────────────

乎。其刑上备,有并两刑。"据屈万里《尚书今注今译》解释,成,定。又,《礼记·文王世子》:"狱成,有司谳于公。"《礼记·王制》亦曰:"凡听五刑之讼……必察小大之比以成之。成狱辞,史以狱成告于正,正听之。正以狱成告于大司寇,大司寇听之棘木之下。大司寇以狱之成告于王,王命三公参听之。三公以狱之成告于王,王三又,然后制刑。"还有学者认为:"中国古代刑狱诉讼,自奴隶制时代起,已有'狱成'和'拟论'两个诉讼阶段。'狱成'是由下级司法官吏,通过查证和庭审,核实被告所犯罪行,作出被告犯罪成立、证据确凿的结论。'拟论'则是由上级司法官员根据传入的'狱成'结论,适用法律,裁量刑罚。"(陈晓枫:《决狱平,平于什么?》,载陈晓枫主编:《中国传统司法理念与司法文明》,武汉大学出版社 2017 年版)

作为法制用语的"狱成"自《尚书》以来,不仅为一般人所理解和接受,而且检北宋版《通典》亦作"狱成"。([唐]杜佑:《北宋版通典》(第 7 卷),[日]长泽规矩也、[日]尾崎康校订,韩升译订,上海人民出版社 2008 年版,第 186、188、206、255、312 页)再查爱如生中国基本古籍库,可知有众多版本可以印证。如清嘉庆二十年(1815 年)南昌府学重刊宋本十三经注疏本的《附释音尚书注疏》卷 19,《监本附音春秋公羊注疏·隐公》卷 1,《附释音周礼注疏》卷 4、35、36,《附释音礼记注疏》卷 13、20;四库丛刊的景宋本《尚书》卷 12,《礼记》卷 4、卷 6,《翰苑集·唐陆宣公集·请不簿录窦参庄宅状》,明翻宋岳氏本《周礼》卷 1,景明翻宋本《孔子家语》卷 7;四库丛刊三编景宋本《故唐律疏议》;百衲本景宋绍熙刻本《后汉书·张酺传》《仲长统传》;民国景宋本《白氏六帖事类集》;宋刻本《端明集·莆阳居士蔡公文集·耿谏议传》,《后山集·后山居士文集》卷第十四;宋绍定刻本《宋九朝编年备要·皇朝编年备要》卷 9、19、20、26;清景宋钞本《夷坚支志》景卷 1、卷 10,庚卷 1、卷 3,癸卷 5 等宋刻本(或以宋刻本为祖本者),均作"狱成"。"狱成"一词在出土资料方面亦获印证,如新出清华简(玖)《成人》篇与《吕刑》文义多有相通,其"狱成"一词出现三次,曰"狱成而输,典狱时惠"(简 19),"狱成有几,虽已⁴⁹⁹申省，事下廷尉，或寺以情状未尽，或邀驾挝鼓⁵⁰⁰，或门下立疑，更付别使者，可从未成之条。其家人陈诉，信其专辞，而阻成断，便是曲遂⁵⁰¹于私，有乖公体。何者？五诈⁵⁰²既穷，六备⁵⁰³已立，侥幸之辈，更起异端，进求延罪于漏刻⁵⁰⁴，退希不测之恩宥，辩以惑正，曲以

日求厥审"（简22），"狱成有耻，勿以不刑"（简23）。参见黄德宽主编：《清华大学藏战国竹简（玖）》，中西书局2019年版，第155页。而"狱诚"用法未见，"狱理是诚"仅此一见，殊难理解，或许传刻讹误也未必可知。故这一改动未必合理，宜从旧版，不应从新版作"诚"。

退一步说，即使新版依照百衲本的原文，至少应出校勘记说明这一独特现象。

499 虽已：宋版《册府元龟》卷611作"解已"，明版《册府元龟》中作"解以"。（［日］内田氏：《译注》，第230页）校勘记［二五］："虽"，《册府》卷611作"解"，疑是。按"解"乃公文之一种，下文李韶奏有"解送至省""连解下鞫"语。

500 邀驾挝鼓：邀车驾、挝登闻鼓，古代直诉伸冤的方式。邀车驾，指当事人在道途中拦截皇帝出行的队伍，上递状纸，直接向皇帝本人申诉。《魏书·辛雄传》："五曰：经赦除名之后，或邀驾诉枉，被旨重究；或诉省称冤，为奏更检。"登闻鼓，参见前注148。

501 曲遂：曲意顺从。《北史·元子思传》："臣顺专执，未为平通，先朝曲遂，岂是正法！"犹如《晋书·刑法志》刘颂所言"事求曲当，则例不得直"之意。

502 五诈：根据五听制度来判断犯人陈述中是否存在欺诈。（［日］内田氏：《译注》，第231页）

503 六备：具体内容不详。或指证实犯罪的六种要素。（［日］内田氏：《译注》，第231页）

504 漏刻：顷刻。《汉书·王莽传》："莽召问群臣禽贼方略，皆曰：'此天囚行尸，命在漏刻。'"

乱直,长民奸于下,隳[505]国法于上,窃所未安。"大理正[506]崔纂[507]、评[508]

505　隳:毁坏。《吕氏春秋·慎大览·顺说》:"甲之事,兵之事也,刈人之颈,刳人之腹,隳人之城郭,刑人之父子也。"

506　大理正:北魏未有大理之职,时称廷尉。根据我国古代审判机关名称的变迁,秦汉至北齐主管司法的最高官吏主要称为廷尉,但具体时间段有更改。参见前注65、424。

因而,此处大理正崔纂应是廷尉正崔纂。《魏书·崔挺列传崔纂附传》载崔纂"熙平(516—518年)初,为宁远将军、廷尉正,每于大狱,多所据明,有当官之誉"。

同理,大理评杨机应是廷尉评杨机,《魏书·杨机列传》:"杨机字显略,天水冀人……迁给事中、伏波将军、廷尉评。延昌中,行河阴县事。"大理丞甲休亦应是廷尉丞甲休。

507　崔纂:字叔则,崔挺族子,博陵安平(今河北安平县)人。博学有文才。景明年间(500—503年),为太学博士,转员外散骑侍郎、襄威将军。既不为时知,乃著《无谈子论》。后为给事中。延昌中,除梁州征房府长史。熙平初,为宁远将军、廷尉正,每于大狱,多所据明,有当官之誉。正光中卒,年四十五。赠司徒左长史。凡所制文,多行于世。见《魏书·崔挺列传崔纂附传》。

508　评:《册府元龟·刑法部·定律令三》作"平"。《资治通鉴》卷150《梁纪六》"武帝普通五年八月"条胡三省注论及廷尉平与廷尉评的关系:"廷尉评,即汉之廷尉平,魏、晋以来,'平'旁加'言'。今大理评事即其职也。"

杨机[509]、丞甲休[510]、律博士[511]刘安元[512]以为："律文，狱已成及决竟，经所绾[513]，而疑有奸欺，不直于法，及诉冤枉者，得摄讯覆治之。检使处罪者，

509　杨机（474—533年）：字显略，天水冀县（今甘肃甘谷县）人，少有志节，为士流所称。河南尹李平、元晖并召署功曹。迁给事中、伏波将军、廷尉评。当官正色，不避权势，明达政事，断狱清明。熙平年间（516—518年）任洛阳令，凡诉讼者，一经其前后，皆识其名姓，并记事理，世咸异之。建义初，拜平南将军、光禄大夫、兼廷尉卿。后转廷尉卿，官至卫将军、右光禄大夫。奉公正己，为时所称，终被权臣高欢所害。见《魏书·杨机列传》。

510　甲休：《魏书》无传，不详。

511　律博士：官名，古代教授法律和保管法律典籍的官员。始置于三国魏明帝时，源于卫觊在"廷尉"之下设立"律博士"一职的建议。初隶属廷尉，至北齐属大理寺，隋唐因之，宋改属国子监。参见《三国志·魏书·卫觊传》《晋书·刑法志》《宋史·职官志五》。《通典·职官九·诸卿下》"国子监"："晋置，属廷尉，卫觊奏请置律学博士，转相教授，东晋以下因之。梁曰胄子律博士，属廷尉。陈亦有律博士。后魏、北齐并有之。隋大理寺官属有律博士八人。大唐因之，而置一人移属国学。助教一人，从九品上。"

512　刘安元：《魏书》无传，不详。

513　绾：管辖、统管。《魏书·宋弁列传》："国之大事，在祀与戎。故令卿绾摄二曹，可不自勉。"

虽已案成,御史风弹[514],以痛诬伏[515];或拷不承引[516],依证而科;或有私嫌,强逼成罪;家人诉枉,辞案相背。刑宪不轻,理须讯鞫。既为公正,岂疑于私。如谓规不测之泽,抑绝讼端,则枉滞之徒,终无申理。若从其案成,便乖覆治之律。然未判经赦,及覆治理状,真伪未分,承前以来,如此例皆得复职。愚谓经奏遇赦,及已覆治,得为狱成。"尚书李韶[517]奏:"使虽结案,处上廷尉,解送至省,及家人诉枉,尚书纳辞,连解下鞫,未检遇宥者,不得为案成之狱。推之情理,谓崔纂等议为允。"诏从之。

(袁金莲、薛夷风注)

514　御史:古代监察官员。《通典·职官六·御史台》:"御史之名,周官有之,盖掌赞书而授法令,非今任也。战国时亦有御史……至秦汉,为纠察之任……后汉以来,谓之御史台,亦谓之兰台寺。梁及后魏、北齐,或谓之南台。后魏之制,有公事,百官朝会,名簿自尚书令、仆以下,悉送南台。后周曰司宪,属秋官府。隋及大唐皆曰御史台。龙朔二年改为宪台,咸亨元年复旧。门北辟,主阴杀也。"

风弹:古代监察官员根据匿名举报或传闻进谏或弹劾官吏的方式。《通典·职官六·御史台》:"故御史为风霜之任,弹纠不法,百僚震恐,官之雄峻,莫之比焉。旧制,但闻风弹事,提纲而已。(旧例,御史台不受诉讼。有通辞状者,立于台门,候御史,御史径往门外收採。知可弹者,略其姓名,皆云'风闻访知'。)"

515　诬伏:同"诬服"。《隋书·刑法志》:"有司讯考,皆以法外。或有用大棒束杖,车辐鞵底,压踝杖桄之属,楚毒备至,多所诬伏。"

516　承引:承认。《唐律疏议·断狱律》:"若赃状露验,理不可疑,虽不承引,即据状断之。"

517　李韶(453—524年):字元伯,李宝之孙。孝文帝时为仪曹令,主持修改车服及羽仪制度。宣武帝时(506年),任将作大匠,秦州主簿吕苟儿反于秦州,他与右卫将军元丽率众讨之。肃宗初入为殿中尚书,行雍州事,后除中军大将军,吏部尚书加散骑常侍。孝明帝时任冀州刺史,清简爱民,甚收名誉。正光末卒。见《北史·李宝列传》。

【今译】

先前，皇族中有人犯罪，都不提问审讯。当时有一位叫元显富的宗士，因犯罪须接受审讯，宗正仍用旧法制来处理。尚书李平上奏："皇帝的宗室固若磐石，族人遍布于天下，有些皇族属籍疏远，受庇荫担任卑微小官，由于素行不良而犯法，按理应依法追究。请皇上设定断罪的界限，作为今后处理的定式。"皇帝下诏说："皇帝世代云孙、来孙绵延，代代繁衍滋生，虽然列籍皇族之中，其行为不良者，人数也很多。先朝虽然没有不予审讯的规定，但后代空以皇族子弟身份为依靠，以致助长违逆暴乱之行。今后凡是在'议''请'以外的宗族，可以一律依照常法处理。"

熙平二年六月，兼廷尉卿元志、廷尉监王靖等人上奏说："查阅除名的往例，依据律文的规定，所谓'狱成'，是指审理犯罪已经结案。廷尉认为犯罪的，经弹劾后，使者经过复审、检验审理证据完毕而后决定刑罚，其罪状明显，判决之文案与署名分明，罪案的审理才算完成。如果使者审核案件虽然已经完成，即使判决案卷已经申报尚书省，讼案又下达廷尉，当出现廷尉认为案件实情仍不够详尽的情况，或百姓以拦皇上车驾、抷登闻鼓的方式申诉，或门下省认为有疑义，更换别的使者审理，就可以视为案件未完成，按照相关条文来认定。要只是罪犯的家人申诉，就听信其单方言辞，导致阻碍案件审理完成，便是歪曲事理顺从其私情，有违公正之法。为何？五种审讯欺诈的手段用尽，六种犯罪要素成立，然而心怀侥幸之徒又节外生枝，进则冀求拖延片刻以延迟判决，退则希望获得意外的恩赦，巧辩以惑骗公正，歪曲事实以搅乱正直。在下助长民众的奸邪之风，在上破坏国家法律，此为臣所不安之处。"

廷尉正崔纂、廷尉评杨机、廷尉丞甲休、律学博士刘安元等认为："依律文之规定，狱案审理完毕而判决已经完成，若经管辖之官署复查，怀疑其中有奸欺情形，于法不公正，以及有申诉冤情的，可以再传讯复查。审查使者能处理如下案件，即使判决已经完成，但有经御史风闻弹劾，因酷刑痛苦而被迫服罪的；或是严刑拷问仍不承认，而只依据其他证据定罪的；或者有私人恩怨，被强制逼迫构成犯罪的；或是家人提案伸冤，指出罪犯供述与案文相悖的。刑罚应慎重而不可轻率，理当重新审查案情。既是讲求公正断案，何必一味怀疑偏私。要是为了限制意外的恩赦，就抑绝申诉的机会，那么受冤枉而长期被拘禁的人，就永无伸冤平复之时。如果认为案件已完成，也违背再审的法律规定。然而，尚未判决之时适遇恩赦，以及复审调查罪状的案件，其真伪尚未分明。按照以前的做法，这种情况都可以复职。臣认为经上奏而遇赦免，并已经复审完毕的，才可以认为案件已经完成。"尚书李韶上奏说："使者虽已结案，其处罪已上报廷尉，判决文书已送达尚书省，若涉及家属申诉冤屈，尚书省受理，并将文书下交复审，在未完成审理而遇有恩赦之时，不能认为狱案已经处理完成。推究情理，崔纂的意见为妥。"诏命乃依李韶的意见办理。

（袁金莲、薛夷风译）

【原文】

熙平⁵¹⁸中，有冀州妖贼⁵¹⁹延陵⁵²⁰王买⁵²¹，负罪逃亡，赦书断限⁵²²之

【注释】

518　熙平：北魏孝明帝元诩的第一个年号（516—518 年）。

519　妖贼：旧指以妖言惑众倡乱的人。《后汉书·清河孝王庆传》："甘陵人刘文与南郡妖贼刘鲔交通，讹言清河王当统天下。"

520　延陵：未见于《魏书·地形志》。今陕西省内有该地名；又据《水经注》，山西省天镇县东北亦有名叫延陵的地名。（［日］内田氏：《译注》，第235 页，注④）但新旧版校勘记一致认为当是冀州下辖郡县，因故于《地形志》无载，待考。如旧版校勘记［一二］，延陵应是冀州郡、县名，今《地形志》上"冀州"下不载，可能字讹，也可能旋置旋废，或《地形志》失载，今不可考。

此外，南方也有延陵的地名：①古邑名。春秋吴邑，季札封地。故址即今江苏常州市。《史记·吴太伯世家》："季札封于延陵，故号曰延陵季子。"②古县名。西晋太康二年（281 年）分曲阿县之延陵乡置，治所在今江苏丹阳西南。隋开皇中移治京口（今镇江市），并丹徒县入内。唐初复分，还旧治。（夏征农、陈至立主编：《辞海：第六版彩图本》"延陵条"，上海辞书出版社2009 年版，第 2634 页）但与此关系不大。

521　王买：生平不详。

522　赦书断限：赦令的有效期限。赦书：指颁布赦令的公告。《魏书·高恭之列传》："及尔朱荣之死也，帝召道穆付赦书，令宣于外。"断限：划定的时间界限。唐代刘知几《史通·六家》："其后元魏济阴王晖业又著《科录》二百七十卷，其断限亦起自上古，而终于宋年。"北魏熙平年间曾两次颁布赦令，一次在熙平元年（516 年），一次在熙平二年（517 年）。《魏书·肃宗纪》："熙平元年春正月戊辰朔，大赦。""二年春正月……甲戌，大赦天下。"至于此处赦令是指哪一次，以及断限的期限具体是多长时间，均不详。唐代的赦限多为百日。《唐律疏议·名例律》："赦书到后百日，见在不首，故蔽匿者，复罪如初。"

后,不自归首[523]。廷尉卿裴延儁[524]上言:"《法例律》:'诸逃亡,赦书断限之后,不自归首者,复罪如初。'依《贼律》,谋反大逆,处买枭首。其延陵法攡[525]等所谓月光童子[526]刘景晖[527]者,妖言惑众,事在赦后,亦合死坐。"正崔纂以为:"景晖云能变为蛇雉,此乃傍人[528]之言。虽杀晖为无理,恐赦晖复惑众。是以依违[529],不敢专执[530]。当今不讳之朝[531],不应行

523　归首:归降;自首。《后汉书·李固传》:"于是贼帅夏密等敛其魁党六百余人,自缚归首。"

524　裴延儁:字平子,河东闻喜(今山西闻喜)人,生年不详,卒于北魏敬宗孝庄帝(528—530年)初。三国曹魏冀州刺史裴徽的第八代孙。孝明帝时期,历任散骑常侍、廷尉卿、幽州刺史,后累迁御史中丞兼吏部尚书。庄帝建义初,于河阴遇害。详见《魏书·裴延儁列传》。

525　法攡:其人不详。

526　月光童子:佛经中人名,亦名月光儿。其父德护为古印度摩揭陀国王舍城的长者,信外道,作火坑欲害佛。月光童子谏之,不听。后佛至,现大神力变火坑为七宝紫绀池,中生莲花大如车轮。父自悔责而皈依佛法。佛言童子来世当生秦国为圣君,受经法,兴道化。晋支遁《月光童子赞》:"灵童绥神理,恬和自交忘。弘规愍昏俗,统体称月光。"

527　刘景晖:生平不详。

528　傍人:指他人。《列子·周穆王》:"傍人有闻者,用其言而取之。"

529　依违:模棱两可,犹豫不决。汉刘向《九叹·离世》:"余思旧邦,心依违兮。"

530　专执:指专断。《春秋公羊传·定公元年》:"大夫之义,不得专执也。"

531　不讳之朝:可直言不讳的朝代,谓政治清明之世。汉扬雄《解嘲》:"今吾子幸得遭明盛之世,处不讳之朝,与群贤同行,历金门、上玉堂有日矣!"

无罪之戮。景晖九岁小儿，口尚乳臭[532]，举动云为[533]，并不关己，'月光'之称，不出其口。皆奸吏无端，横生粉墨[534]，所谓为之者巧，杀之者能。若以妖言惑众，据律应死，然更不破□惑众。赦令之后方显其事；律令之外，更求其罪。赦律[535]何以取信于天下，天下焉得不疑于赦律乎！《书》曰：与杀无辜，宁失有罪[536]。又案《法例律》：'八十已上，八岁已下，杀伤

532 口尚乳臭：指口尚含乳味，比喻人年少没有经验。《汉书·高帝纪》："是口尚乳臭，不能当韩信。"

533 举动云为：言论行为。《周易·系辞下》："变化云为，吉事有祥。"孔颖达疏："或口之所云，或身之所为也。"

534 横生粉墨：随意编造，信口雌黄。粉墨：犹言黑白。《后汉书·黄琼传》载黄琼上奏："陛下不加清澄，审别真伪，复与忠臣并时显封，使朱紫共色，粉墨杂蹂，所谓抵金玉于沙砾，碎珪璧于泥涂。四方闻之，莫不愤叹。"

535 赦律：赦律是否北魏律篇名，有不同意见。据沈家本考证，北魏律篇名除上引《法例律》《盗律》《贼律》《斗律》外，还有《赦律》。（沈家本：《历代刑法考·律令三》，第913页）但程树德考证北魏律十五篇，没有《赦律》。（程树德：《九朝律考·后魏律考》，第352页）张建国推测北魏律20篇的篇名是："刑名、法例、斗、盗、贼、诈伪、请赇、告劾、捕亡、系讯、断狱、杂、户、擅兴、毁亡、卫宫、水火、厩牧、关市、违制。"（张建国：《中国律令法体系概论》，《北京大学学报（哲学社会科学版）》1998年第5期）也没有《赦律》。

536 与杀无辜，宁失有罪：与其错杀无辜之人，宁可错放有罪之人。语出自《尚书·大禹谟》："宥过无大，刑故无小；罪疑惟轻，功疑惟重；与其杀不辜，宁失不经；好生之德，洽于民心，兹用不犯于有司。"

论坐者上请。'⁵³⁷议者谓悼耄⁵³⁸之罪，不用此律。愚以老智如尚父⁵³⁹，少惠如甘罗⁵⁴⁰，此非常之士，可如其议，景晖愚小，自依凡律。"灵太后⁵⁴¹令

537　"八十已上，八岁已下，杀伤论坐者上请"：上请：古代中国的一种刑罚适用原则，指的是由于身份等原因，司法官员不得擅自作出决断，须奏请皇帝裁断。参见前注488。

对于《法例律》的该条规定，《唐律疏议·名例律》则规定："八十以上，十岁以下，及笃疾，犯反、逆、杀人应死者，上请；盗及伤人者，亦收赎。余皆勿论。九十以上，七岁以下，虽有死罪，不加刑"。

538　悼耄：指幼童与老年人。《礼记·曲礼上》："八十、九十曰耄，七年曰悼。悼与耄，虽有罪不加刑焉。"

539　尚父：周武王对吕尚的尊称。《诗经·大雅·大明》："维师尚父，时维鹰扬。"毛传："尚父，可尚可父。"郑玄笺："尚父，吕望也。尊称焉。"一说为吕望之字。马瑞辰通释："'父'与'甫'同。甫为男子美称，尚父其字也，犹山甫、孔父之属。"

吕尚，即周朝吕望，字子牙。东海人，姜姓，吕氏。其先祖因功封于吕，故以吕为氏。晚年隐于渭水之滨，文王出猎，与其相遇，交谈后大悦，并说："吾太公望子久矣。"因号为"太公望"，而立为师。后辅佐武王克殷，封于齐之营丘，为齐始祖。俗称"姜太公"。见《史记·齐太公世家》。

540　甘罗：战国末期下蔡人，秦国名将甘茂之孙。自幼聪慧，年十二，事秦相吕不韦，后出使赵国，用计让秦国得到十几座城池。因功封上卿，受赏田宅。详见《史记·甘茂传甘罗附传》。

541　灵太后：即宣武灵皇后胡氏（？—528年），安定临泾（今甘肃镇原）人，司徒胡国珍的长女。515年，宣武帝去世，孝明帝即位，尊生母胡氏为皇太后。因孝明帝年幼，胡太后临朝听政，自掌权柄。后被尔朱荣沉河而死。详见《魏书·皇后列传》。

曰:"景晖既经恩宥,何得议加横罪[542],可谪略阳[543]民。余如奏。"

　　时司州[544]表:"河东郡[545]民李怜[546]生行毒药,案以死坐。其母诉称:

542　横罪:无故所加之罪。《后汉书·郅寿传》:"寿若被诛,臣恐天下以为国家横罪忠直,贼伤和气,忤逆阴阳。"

543　略阳:郡名。西晋泰始中改广魏郡置。治临渭(今秦安东南),辖境相当今甘肃静宁、庄浪、张家川、清水等县及天水、秦安、通渭部分地区。北魏移治陇城(后改名略阳。今甘肃省秦安县东北陇城镇)。隋开皇初废。(夏征农、陈至立主编:《辞海:第六版彩图本》"河东条",上海辞书出版社2009年版,第868页)

544　司州:州名。北魏太和十七年(493年),自平城迁都洛阳,改洛州为司州,治洛阳(今河南省洛阳县东北二十里)。

545　河东郡:古郡名,战国魏置,后属秦。《左传·僖公十五年》:"于是秦始征晋河东,置官司焉。"治所在安邑(今山西夏县西北)。辖境相当今山西沁水以西、霍山以南地区。北魏移治蒲坂(今山西永济蒲州镇),辖境缩小至今山西西南汾河下游至王屋山以西一角。(夏征农、陈至立主编:《辞海:第六版彩图本》"河东条",上海辞书出版社2009年版,第868页)

546　李怜:不详。内田氏断句在李怜,并说明后文"生"字,《通典》卷167、《册府元龟》卷615作"坐",今从此翻译。([日]内田氏:《译注》,第237页)这个句读非常正确!后文"怜母身丧""且怜既怀酖毒之心"等两处亦明言"(李)怜",可以旁证。尽管旧版校勘记[十四]、新版校勘记[二八],均注意到李怜生之"生"作"坐"的关系"疑是",但仍采用保守处理,无论旧版或新版均将"李怜生"或"(李)怜"标示人名线,然前者"李怜生"之名应有误,至少不妥。而高氏"今译"时三者均谓"李怜生"(《注译》第174页);谢氏从中华版标注人名,今译时亦将三者均谓"李怜生"。(《注译》,第397—398页)不知何故,这两个注释本均未察觉其异。

'一身[547]年老,更无期亲,例合上请。'检籍不谬,未及判申[548],怜母身丧。州断三年服终后乃行决。"司徒法曹参军[549]许琰[550]谓州判为允。主簿李玚[551]驳曰:"案《法例律》:'诸犯死罪,若祖父母、父母年七十已上,无成人子孙,旁无期亲者,具状上请。流者鞭笞,留养其亲[552],终则从流。不

547　一身:指孑然一身,独自一人。《战国策·赵策三》:"世以鲍焦无从容而死者,皆非也。令众人不知,则为一身。"

548　判申:判决上报。

549　司徒法曹参军:司徒府下掌管刑法的参军。司徒府置法曹、咨议、记室、录事等诸曹。参军,东汉末时始设,本为参谋军事。晋以后,凡诸王及将军开府者皆设参军。《唐六典·三府督护州县官吏》:"法曹、司法参军掌律、令、格、式,鞫狱定刑,督捕盗贼,糺逷奸非之事,以究其情伪,而制其文法。赦从重而罚从轻,使人知所避而迁善远罪。"

550　许琰:生卒年不详。字长琳,高阳新城人。初为太学博士,累迁尚书南主客郎,瀛州中正。孝昌(525—528年)中卒,年四十七岁。

551　李玚:字琚罗,生年不详。涉历史传,颇有文才,气尚豪爽,公强当世。延昌(512—515年)末为司徒行参军,迁司徒长兼主簿,后转尚书郎,加伏波将军。随萧宝夤西征,为统军,立有战功,军中号曰"李公骑"。孝庄帝建义(528年4—9月)初,于河阴遇害。详见《魏书·李孝伯传李玚附传》。

552　留养其亲:即古代中国的存留养亲制度,指犯死罪者,因其为家中独子孙,若将其处死,家中年迈之父母、祖父母,将无人奉养。经奏请皇帝法外开恩,可将该罪犯免死,待其为家中尊长养老送终后,再对其执行流刑的制度。一般认为,存留养亲制度的案例最早出现于东晋,律文最早见于北魏,最终定型于唐代,宋、元、明、清因袭之而有所损益。1911年的《大清新刑律》中并没有保留存留养亲制度,随后民国所颁布的各个刑法典亦无此规定。至此,"存留养亲"制度最终退出历史舞台。

在原赦之例。'⁵⁵³检上请之言，非应府州所决。毒杀人者斩，妻子流，计其所犯，实重余宪。准之情律，所亏不浅。且怜既怀酖毒⁵⁵⁴之心，谓不可参

553　案《法例律》："诸犯死罪……不在原赦之例"：与《法例律》此条相似的内容，亦见于《唐律疏议·名例律》"犯死罪应侍家无期亲成丁"条的相关规定："诸犯死罪非十恶，而祖父母、父母老疾应侍，家无期亲成丁者，上请。犯流罪者，权留养亲，不在赦例，课调依旧。"又疏议曰："据令应侍，户内无期亲年二十一以上、五十九以下者，皆申刑部，具状上请，听敕处分。若敕许充侍，家有期亲进丁及亲终，更奏。""犯流罪者，虽是五流及十恶，亦得权留养亲。会赦犹流者，不在权留之例。其权留者，省司判听，不须上请。"疏议又"问曰：死罪因家无期亲，上请，敕许充侍。若逢恩赦，合免死以否？答曰：权留养亲，不在赦例，既无'各'字，止为流人。但死罪上请，敕许留侍，经赦之后，理无杀法，况律无不免之制，即是会赦合原。""又问：死罪是重，流罪是轻。流罪养亲，逢赦不免；死罪留侍，却得会恩。则死刑何得从宽，流坐乃翻为急，轻重不类，义有惑焉。答曰：死罪上请，唯听敕裁。流罪侍亲，准律合住。合住者，须依常例；敕裁者，已沐殊恩。岂将恩许之人，比同曹判之色？以此甄异，非为重轻。"

554　酖毒：以毒酒害人，引申为毒害。《左传·闵公元年》："宴安酖毒，不可怀也。"孔颖达疏："宴安自逸，若酖毒之药，不可怀恋也。"《韩非子·八经》："脱易不自神曰弹威，其患贼夫酖毒之乱起。"

邻人伍。计其母在,犹宜阖门[555]投畀[556],况今死也,引以三年之礼[557]乎?且给假殡葬,足示仁宽,今已卒哭[558],不合更延。可依法处斩,流其妻子。实足诫彼氓庶[559],肃是刑章[560]。"尚书萧宝夤[561]奏从场执[562],诏从之。

555　阖门:全家。《晋书·庾亮传》:"亮明日又泥首谢罪,乞骸骨,欲阖门投窜山海。"

556　投畀:抛弃、放逐。此处应指流放。《诗经·小雅·巷伯》:"豺虎不食,投畀有北。"

557　三年之礼:指父母过世守丧三年之礼。《论语·阳货》:"宰我问:'三年之丧,期已久矣。君子三年不为礼,礼必坏;三年不为乐,乐必崩。'……子曰:'予之不仁也!子生三年,然后免于父母之怀。夫三年之丧,天下之通丧也。予也有三年之爱于其父母乎?'"

558　卒哭:古代丧礼,百日祭后,止无时之哭,变为朝夕一哭,名为卒哭。《仪礼·既夕礼》:"三虞卒哭。"郑玄注:"卒哭,三虞之后祭名。始朝夕之间,哀至则哭,至此祭,止也。朝夕哭而已。"

559　氓庶:百姓,平民。氓,特指外来之民。《说文解字》:"氓,民也。"段玉裁《说文解字注》:"自他归往之民则谓之氓。故字从民亡。"南朝梁沈约《齐故安陆昭王碑文》:"虽春申之大启封疆,邓攸之缉熙氓庶,不能尚也。"

560　刑章:指刑法。唐韩愈《贺册尊号表》:"微臣幸生圣代,触犯刑章,假息海隅,死亡无日。"

561　萧宝夤(486—530年):字智亮,齐明帝第六子。梁武帝杀害南齐宗室时,逃奔北魏。官至散骑常侍、车骑将军、尚书令,封齐王。萧宝夤心系复国,孝昌三年(527年),控制长安,自称齐帝。次年兵败投奔万俟丑奴。永安三年(530年),尔朱天光平定万俟丑奴,萧宝夤被俘赐死。详见《魏书·萧宝夤列传》。此处的"尚书萧宝夤"大概指熙平(516—518年)中其任殿中尚书。

562　执:判断、选取,坚守决断。《礼记·中庸》:"发强刚毅,足以有执也。"

旧制,直閤、直后、直斋,武官队主、队副等,[563]以比视官[564],至于犯

563　直閤:南北朝将军名称。北魏时期的直閤制不详,史书对北齐与隋的直閤记载较多。按:閤:殿本作"阁"。也有学者认为:"'閤'为多音字,此处读 gé,即'阁'。义指大门旁的小门,宫中小门,用同'阁'。这里指在閤门值守者。"但未必正确。承武汉大学刘安志教授教示:中古时期的"直閤""防閤",原文都作"閤","阁"乃宋以后的人所改,特别是明代人大量改"閤"为"阁",这是错误的。"閤下"演变成今天的"阁下",就是一个明显的例证。《资治通鉴》卷 144《齐纪十》"中兴元年正月"条:"烈子左中郎将忠领直閤,常在魏主左右。"胡三省注:"北齐左、右卫有直閤,属官有朱衣直閤、直閤将军、直寝、直斋、直后之属。"《隋书·百官志中》:"直閤属官,有朱衣直閤、直閤将军、直寝、直斋、直后之属。"《隋书·百官志下》:"左右卫,掌宫掖禁御,督摄仗卫。又各有直閤将军、(六人。)直寝、(十二人。)直斋、直后,(各十五人。)并掌宿卫侍从。"《隋书》修订本也没有注意到这个问题,所以出现"閤""阁"混用问题,都是因为底本如此,没有据他本改正过来。但刘安志修订的《周书》修订本已全部改为"閤"了。

直后:《资治通鉴》卷 139《齐纪五》"建武元年七月"条:"直后徐僧亮盛怒,大言于众曰:'吾等荷恩,今日应死报!'"胡三省注:"直后,亦宿卫之官,侍卫于乘舆之后者也。"

直斋:《资治通鉴》卷 149《梁纪五》"普通元年七月"条:"命宗士及直斋执怿衣袂,将入含章东省,使人防守之。"胡三省注:"直斋,直殿内斋閤者也,属直閤。"

有关北魏禁卫武官的研究,可参看张金龙:《魏晋南北朝禁卫武官制度研究》,中华书局 2004 年版。

564　比视官:指非正规之官,惟比照本官之等级以评定待遇等级。唐长孺认为是"品令所不载的非正式官吏,或差遣。"(唐长孺:《北魏末期的山胡敕勒起义》,载氏著《山居存稿》,中华书局 1989 年版,第 74 页)

谴,不得除罪。尚书令、任城王澄⁵⁶⁵奏:"案诸州中正⁵⁶⁶,亦非品令⁵⁶⁷所载,又无禄恤⁵⁶⁸,先朝已来,皆得当刑。直阁等禁直⁵⁶⁹上下,有宿卫之勤,理不应异。"灵太后令准中正。

（马磊注）

565　任城王澄（468—520 年）:字道镇（《北史》卷 18 本传"镇"作"镜"。按:"镜"与"澄"名字相应,疑当作"镜"）,任城王云之长子,袭爵任城王。讨伐蠕蠕及氐羌有军功,任徐州刺史颇有政绩。孝文帝时,征为中书令,改授尚书令。支持孝文帝迁都。宣武帝时任定州刺史、太子太保。孝明帝时,加侍中,迁司徒,政无大小,皆引参决。详见《魏书·景穆十二王·任城王云传澄附传》。

566　中正:三国曹魏始设,各州郡立中正官以品评人物,分为九等,作为选官依据。晋南北朝仍之,至隋废。

567　品令:即《官品令》,有关选拔官吏之令。按:"品令"宜加书名号。

568　禄恤:俸禄与体恤金。《资治通鉴》卷 147《梁纪三》"天监十年十二月"条:"请取武官八品将军已下干用贞济者,以本官俸恤领里尉之任,高者领六部尉,中者领经途尉,下者领里正。"胡三省注"俸恤":"魏官既给俸,又给恤亲之禄,故谓之俸恤。"

569　禁直:在宫廷官署中值班。

【今译】

熙平年间,冀州的妖贼延陵人王买,犯罪后逃亡,在赦免的诏书颁发的有效期内,仍不回来自首。廷尉卿裴延儁上书说:"《法例律》规定:'凡是犯罪后逃亡的,在赦免的诏书规定的界限之后,仍然不回来自首的,恢复其罪一如本初。'按照《贼律》规定,王买犯了谋反大逆的罪,应处枭首。而延陵的法攡等人所说的月光童子刘景晖,以妖言欺骗煽动民众,且事情发生在赦令颁布之后,亦应处以死刑。"廷尉正崔纂认为:"刘景晖称其能变成蛇或野鸡,这是旁人之言。虽然杀死刘景晖毫无道理可言,但恐怕赦免他的话又会迷惑民众。因而对此有所迟疑,不敢独断决定。当今是可直言不讳的朝代,不应该杀戮无罪之人。刘景晖只是一个九岁的孩童,乳臭未干,他的言行举止,并不是依其真实意思所为,况且'月光童子'的称号,也不是出自其口。这些都是那些奸吏无端编造出来的,正所谓能够做到的人是巧者,能够借此杀人的人是能者。如果是以妖言来迷惑煽动民众,那么按律应该处以死刑,然而更无破□,也没有以妖言来迷惑民众。何况在赦令颁布之后事情才显露;在律令的规定之外,又追究其罪责。那这个赦令与法律要如何取信于天下,天下之人又岂能不怀疑赦令与法律!《尚书》说:'与其错杀无辜之人,宁可放过有罪之人。'又查《法例律》:'八十岁以上,八岁以下之人,因犯杀人或伤害而被判处有罪,要上请圣上裁决。'有人议论说,幼童与老年人所犯之罪,不应适用此条法律之规定。臣则认为,对于如姜太公这种年老而智慧之人,以及如甘罗这种年少而聪颖之人,都属于不平凡之士,当然可以按照裴延儁他们所说的处理。但是刘景晖年幼愚昧,自然应该适用一般人的律令来处理。"灵太后于是下令说:"刘景晖既然已经过赦令的恩恕,怎么可以再议论并横加罪名呢。可以放逐他到略阳为民,其余的就按廷尉正崔纂所奏执行。"

当时,司州官员上奏说:"河东郡的平民李怜因使用毒药害人,被判处死刑。他的母亲申诉称：'我孑然一身且已年老，更没有应服丧一年的亲属，照例符合上请的要求。'经检查其户籍发现情况属实，还来不及判决上报，李怜的母亲就去世了。本州判决其服丧三年后再执行刑罚。"司徒法曹参军许琰认为司州的判决是公允的。而主簿李场则反驳称："根据《法例律》规定：'凡是犯死罪的人，如果其祖父母或父母年纪在七十岁以上，没有其他的成年子孙，旁边也没有应服丧一年的亲属，可将实情具状上请。犯了应处流刑之罪的人，改为鞭笞，留下来奉养其祖父母或父母等尊亲属，待尊亲属死亡后再处流刑。这种情形不在原免宽赦的范围内。'考察上请所说的情况，不应由府州来决断。以毒杀人者按律应处斩首之刑，他的妻子和孩子应该处以流刑，这种罪行确实重于法律规定的其他罪行。根据实情和法律，仍是罪有余辜。况且李怜既然有以毒药杀人之心，不可以再和邻里人一起生活了。即使他的母亲还在世，尚且应判处全家流放，更何况现在他的母亲已经去世，为什么还要让他行服丧三年之礼呢？而且，给予时间殡葬就足以显示仁慈宽宥之心，现在他已完成卒哭之礼，不适合再延期执行。可以依法对其处斩刑，流放其妻子和子女。这足以训诫那些庶民，以严肃刑法。"尚书萧宝夤上奏同意李场的意见，皇上于是下诏依此办理。

按照旧时的制度，直閤、直后、直斋，武官队主、队副等，因为是比视官，如果有犯罪的情形，不得以官抵罪。尚书令、任城王元澄上奏说："考察各州的中正一职，既不记载于《官品令》，也没有俸禄，自前朝以来，都能够以官当刑。直閤等官员要在宫廷官署中轮流执勤，有保卫皇宫的辛劳，照理其待遇不应该与各州的中正有异。"灵太后于是下诏按照中正的标准来处理。

（马磊译）

【原文】

神龟[570]中，兰陵公主[571]驸马都尉刘辉[572]，坐[573]与河阴县[574]民张智寿

【注释】

570　神龟：肃宗孝明帝的第二个年号（518 年 2 月—520 年 7 月）。

然而根据《魏书·刘昶传刘辉附传》：“正光初，辉又私淫张陈二氏女。公主更不检恶，主姑陈留公主共相扇奖，遂与辉复致忿争。辉推主堕床，手脚殴蹋，主遂伤胎，辉惧罪逃逸。灵太后召清河王怿决其事，二家女髡笞付宫，兄弟皆坐鞭刑，徙配敦煌为兵。”此事发生在“正光”时期。正光：孝明帝的第三个年号（520 年 7 月—525 年 6 月）。

结合不同记载推测，此事可能发生于 520 年。

571　兰陵公主：北魏孝文帝之女，宣武帝的二姐。因其以山东兖州峄县一带的兰陵为汤沐之邑，故称。

572　驸马都尉刘辉：驸马都尉：本门下属官，初置于汉武帝元鼎二年（前 115 年），司职乘舆副马，与奉车都尉、骑都尉并称三都尉，乃皇帝近侍显职。魏、晋以降，尚公主者多加此职，于是，驸马都尉，或简称驸马，逐渐演化为帝婿的专有名词。北魏驸马都尉初置于明元帝统治时期，《魏书·穆崇传穆观附传》：“太宗即位，（穆观）为左卫将军，绾门下中书，出纳诏命。及访旧事，未尝有所遗漏，太宗奇之。尚宜阳公主，拜驸马都尉，稍迁太尉。”（参见刘军：《北魏驸马都尉述论》，《史学集刊》2010 年第 5 期）

刘辉：《北史》作“刘晖”。南朝宋文帝刘义隆之子刘昶的儿子，字重昌，袭父之封丹阳王。正始（504—508 年）初年迎娶兰陵公主，拜员外常侍。公主嫉妒心其强。刘辉由于与婢女私通，双方不和，因而离婚，被削除封位，一年后又复婚。刘辉又与张容妃、陈慧猛二位女子通奸，公主怒而与刘辉发生争执，刘辉将公主推落床下并殴打践踏公主，公主伤胎，刘辉逃亡。不久刘辉被捕，本应判处死刑，因恩赦被免。正光三年（522 年），复其官爵，为征虏将军，中散大夫。正光四年（523 年）卒。

573　坐：参见前注 394。

574　河阴县：古县名。三国魏黄初中改平阴县置，治所在今河南孟津东北。隋初移治今宜阳东，大业初废，并入洛阳县。

妹容妃、陈庆和妹慧猛,奸乱耽惑[575],殴主伤胎。辉惧罪逃亡。门下[576]处奏:"各入死刑,智寿、庆和并以知情不加防限,处以流坐。"诏曰:"容妃、慧猛恕死,髡鞭付宫[577],余如奏。"尚书三公郎中崔纂执曰:"伏见旨募若获刘辉者,职人[578]赏二阶[579],白民[580]听出身进一阶,厮役[581]免役,奴婢为良。案辉无叛逆之罪,赏同反人刘宣明[582]之格。又寻门下处奏,以'容

575　奸乱耽惑:奸乱,淫乱。《汉书·江充传》:"诣阙告太子丹与同产姊及王后宫奸乱。"耽惑,沉溺。

576　门下:即门下省。参见前注323。

577　髡鞭付宫:处以髡刑与鞭笞后,再罚入宫中做奴婢。

578　职人:北魏文官体系中的候补官员,"职人"相对于"白民"而言,"职人"已有出身,出仕受命于朝廷,拥有名位;"职人"相对于"职事官"而言,"职人"尚无实官,不承担行政职事。《魏书·孝庄帝纪》:"己酉,诏诸有私马仗从戎者,职人优两大阶,亦授实官;白民出身外优两阶,亦授实官。"(参见阎步克:《北魏北齐"职人"初探——附论魏晋的"王官司徒吏"》,载阎步克:《乐师与史官:传统政治文化与政治制度论集》,生活·读书·新知三联书店2001年版,第356—403页)

579　阶:官阶。参见前注367。

580　白民:指没有功名的平民。《魏书·食货志》:"白民输五百石,听依第出身,一千石,加一大阶。"

581　厮役:供使役的人。根据本段描述,白民、厮役、奴婢降序排列,厮役的地位应介于自由民和奴隶之间。《公羊传·宣公十二年》:"厮役扈养死者数百人。"何休注:"艾草为防者曰厮;汲水浆者曰役。"此处指需服一定劳役的人。

582　刘宣明:据《魏书·肃宗纪》《魏书·杨昱列传》记载,神龟二年(519年)九月,瀛州民刘宣明谋反,事觉逃窜,后伏法。

妃、慧猛与辉私奸，两情耽惑，令辉挟[583]忿，殴主伤胎。虽律无正条，罪合极法，并处入死。其智寿等二家，配敦煌[584]为兵'。天慈广被[585]，不即依决[586]，虽恕其命，窃谓未可。夫律令，高皇帝[587]所以治天下，不为喜怒增减，不由亲疏改易。案《斗律》：'祖父母、父母忿怒，以兵刃杀子孙者五岁刑，殴杀者四岁刑，若心有爱憎而故杀者，各加一等。'虽王姬[588]下降，贵殊常妻，然人妇之孕，不得非子。又依永平四年[589]

583　挟：新版作"侠"。内田氏校：南监本作"挟"；《册府元龟》卷615亦作"挟"。今从此翻译。（〔日〕内田氏：《译注》，第241页）按：侠，古又同"挟"。

584　敦煌：古郡名，治所在今甘肃省敦煌县。西汉元鼎六年（前111年）置，北魏改敦煌镇，后复改郡。

585　广被：遍及。《文选·京都中·东京赋》："惠风广被，泽泊幽荒。"

586　不即依决：据旧版校勘记〔一七〕："百衲本'依决'二字空二格，诸本作'施行'，《册府》卷615（七三九七页）作'依决'。按二语意义不同，'不即依决'是说不即依从判决，'不即施行'则是暂不施行。上文门下处奏张容妃、陈慧猛'各入死刑'，诏书'恕死，髡鞭付宫'，则是不依门下的判决，并非暂不施行。旧本二字脱，南本当是以意补，诸本从之，今据《册府元龟》补。"

587　高皇帝：高祖孝文帝元宏。参见前注213。

588　王姬：本指周朝天子的女儿。周，姬姓，故称王姬。后世称帝王或诸侯之女。《庾子山集注·周仪同松滋公拓跋竞夫人尉迟氏墓志铭》："春则帝女采桑，秋则王姬筑馆。"

589　永平四年：宣武帝的第三个年号（508—512年），永平四年即511年。

先朝旧格:⁵⁹⁰'诸刑流及死,皆首罪判定,后决从者。'事必因本以求支,狱

590　不得非子。又依永平四年先朝旧格:旧版校勘记〔一八〕:"诸本
'子又依'三字作'一夕生',《册府元龟》卷615(七三九七页)、《通典》卷一
六七作'子又依'。按'不得非一夕生'不可解。上文引《斗律》祖父母、父母
杀子孙条,这里是说公主虽贵,怀孕之胎,不得谓之'非子',则刘辉殴公主以
致伤胎,也只能算作父亲杀子。下文是说按永平旧格,定罪应先首后从,这
是另一理由,故云'又依'。《册府元龟》《通典》是,今据改。"

格:自晋以来,律以正罪名,令以存事制,至唐大抵犹然,学界并无疑义。
唐代律令格式体系形成的关键,在于南北朝时期格、式作为两种特定法律形
式的出现。格、式的产生,是由于大量处于律、令之外的法律规范的存在,一
个是为处理相关政务的制敕,常在上奏和皇帝批复的过程中产生;另一个是
作为既定的规范或成例,指导着今后同类事务的处理,有明确的法律效力。

《唐六典·尚书刑部》注:"后魏以格代科",由此可以断定格与科有相承
的关系,格是科的发展与延续。关于科的内容,传统观点以为科是将比分类
编纂而成的,其作为辅助律的副法而行用。北魏初期,科作为副法而被继续
使用。《魏书·太祖纪》略云:天兴元年(398年)"十有一月辛亥,诏……三
公郎中王德定律令,申科禁……吏部尚书崔玄伯总而裁之"。

北魏汉化过程中,胡汉各种势力胶着消长,国策政略在汉化和保守等关
键问题上屡有反复,自道武帝天兴元年至孝文帝太和元年(477年)五修律
令,律令的效力常限一时,法律和秩序自难依赖法典,而不能不主要由各种
随时随事下达的制敕规定来维系。

《魏书·杨椿列传》:"廷尉奏,椿前为太仆卿日,招引细人,盗种牧田三
百四十顷,依律处刑五岁。尚书邢峦据正始别格奏:椿罪应除名为庶人,注
籍盗门,同籍合门不仕。世宗以新律既班,不宜杂用旧制,诏依寺断,听以赎
论。"正始别格,是世宗时制定的律外条文,《魏书·刑罚志》记:"(世宗时)
尚书门下可于中书外省论律令,诸有疑事,斟酌新旧,更加思理,增减上下,
必令周备,随有所立,别以申闻"。显然正始别格是律令之外的副法,其内容

若以辉逃避,便应悬处⁵⁹¹,未有舍其首罪而成其末愆。流死参差,或时未允。门下中禁⁵⁹²大臣,职在敷奏⁵⁹³。昔邴吉⁵⁹⁴为相,不存斗毙,而问牛

是"疑事"判例的集成,以补律令之不周。孝武帝于太昌元年(532年)下诏,认为"前主为律,后主为令,历世永久,实用滋章,非所以准的庶品,隄防万物"。于是"令执事之官,四品以上集于都省,取诸条格,议定一途,其不可施用者,当局停记,新定之格勿与旧制相连,务在约通,无致冗滞。"(《魏书·出帝平阳王记》)此时的格取代了律文,成为当时主要的法律形式。在东魏十七年的历史中(534—550年)没有修定律令的记载,而在兴和三年(541年)十月,颁定了著名的《麟趾格》。《魏书·孝静帝记》:"先是,诏文襄王与群臣于麟趾阁议定新制,甲寅,班于天下"。(参见楼劲:《〈格〉、〈式〉之源与魏晋以来敕例的编纂》,《文史》2012年第2辑)

591　悬处:对未归案的犯罪定罪。《魏书·宋弁列传》:"文殊父子惧而逃遁。鞫无反状。以文殊亡走,悬处大辟。"

592　中禁:同"禁中",皇帝所居之处,此处指朝廷。

593　敷奏:向君王报告。《尚书·舜典》:"敷奏以言,明试以功,车服以庸。"

594　邴吉:在《汉书》作丙吉(前?—前55年),字少卿,西汉鲁国北海人,曾任西汉宣帝时丞相。此处所言邴吉的事迹见《汉书·丙吉传》:"吉又尝出,逢清道群斗者,死伤横道,吉过之不问,掾史独怪之。吉前行,逢人逐牛,牛喘吐舌,吉止驻,使骑吏问:'逐牛行几里矣?'掾史独谓丞相前后失问,或以讥吉,吉曰:'民斗相杀伤,长安令、京兆尹职所当禁备逐捕,岁竟丞相课其殿最,奏行赏罚而已。宰相不亲小事,非所当于道路问也。方春少阳用事,未可大热,恐牛近行,用暑故喘,此时气失节,恐有所伤害也。三公典调和阴阳,职所当忧,是以问之。'"

喘，岂不以司别故也。案容妃等，罪止于奸私。若擒之秽席[595]，众证[596]分明，即律科处，不越刑坐。何得同官掖[597]之罪，齐奚官之役。[598]案智寿口

---

595 擒之秽席：此即后来民间法谚"捉贼见赃，捉奸见双"之意。秽席：肮脏的床铺。

596 众证：许多人的证明。《唐律疏议·断狱律》"议请减老小疾不合拷讯"条："诸应议、请、减，若年七十以上，十五以下及废疾者，并不合拷讯，皆据众证定罪，违者以故失论。"疏议曰："称'众'者，三人以上，明证其事，始合定罪。"学者进一步指出："据众证定罪"规则包括"不得令其为证""证人不言情"和"证人证言为伪"三种情形。中国古代律例规定"属于相容隐范围的人""年八十以上、十岁以下和笃疾者""监生和妇女"等特殊身份人不得令其作证。对证人的证词采取"干证当面对质"方式，"质之"是中国古代司法官吏断案时的必要程序，包括在案发现场干证当面对质、审判官堂审时与两造当面对质或"直牒追摄"对质。"质之"的对象是"证见之人"，通过对质，辨别两造供辞的真伪。该规则使儒家的差异原则、恤刑原则法律化、具体化，也是拷讯制度的必然结果。"（参见祖伟：《中国古代"据众证定罪"证据规则论》，《当代法学》2012 年 1 期）

597 宫掖：皇宫。掖，掖庭，宫中的旁舍，嫔妃居住的地方。《后汉书·窦宪传》："宪恃宫掖声势，遂以贱直请夺沁水公主园田。"据上文"案辉无叛逆之罪，赏同反人刘宣明之格"，则此处宫掖之罪指叛逆之罪的女犯容妃等应没入宫掖。

598 齐奚官之役：旧版校勘记[二○]："百衲本'役'字空格，北、汲、殿三本注'阙'，南本、局本作'律'，《册府元龟》卷 615（七三九七页）、《通典》卷 167 作'役'。按南本当是以意补，局本从之，今据《册府元龟》《通典》补'役'字。"

奚官：官署名。南朝、隋、唐皆置，属内侍省。掌守宫人疾病、罪罚、丧葬等事。多以犯罪者从坐之家属为之。《隋书·刑法志》："母妻姊妹及应从坐弃市者，妻子女妾同补奚官为奴婢。"奚官，另有一意，官名，职司养马。晋置，属少府。《晋书·职官志》："少府，统材官校尉、中左右三尚方、中黄左右藏、左校、甄官、平准、奚官等令。"

诉,妹适司士曹参军罗显贵[599],已生二女于其夫,则他家之母。《礼》云妇人不二夫,犹曰不二天。[600]若私门[601]失度,罪在于夫,衅非兄弟。昔魏晋未除五族之刑,有免子戮母之坐。[602]何曾[603]诤之,谓:'在室之女,从父母之

599　妹适司士曹参军罗显贵:校勘记[三五]:"'司'下疑脱'徒'或'空'字。"司士曹参军可能是指士曹参军。士曹参军,州府六曹之一,掌婚姻、田土、斗殴等诉讼案。罗显贵:事迹不详。

600　《礼》云妇人不二夫,犹曰不二天:此句源于《仪礼·丧服》:"夫者妻之天也。妇人不二斩者,犹曰不二天也,妇人不能二尊也。"

601　私门:家门,私人的住宅。《后汉书·何进传》:"老臣得罪,当与新妇俱归私门。"

602　昔魏晋未除五族之刑,有免子戮母之坐:从前曹魏司马晋没有废除五族之刑,却有赦免其子而杀戮母亲的刑罚。

五族之刑:关于五族之刑的范围有不同说法,一是指王温舒案中,株连范围不仅包括温舒兄弟的三族,还牵连二人的妻族,《汉书·王温舒传》:"夫古有三族,而王温舒罪至同时而五族乎!"颜师古注:"温舒与弟同三族,而两妻家各一,故为五也。"一是指五服内的亲属,《后汉书·党锢传序》:"而今党人锢及五族,既乖典训之文,有谬经常之法。"《资治通鉴》卷109《晋纪三十一》安帝隆安元年八月条胡三省注:"五族,谓五服内亲也。"

曹魏时期因本家之罪对出嫁女子追坐,使得出嫁女"内外受辟"。《晋书·宣帝纪》:"诛曹爽之际,支党皆夷及三族,男女无少长,姑姊妹女子之适人者皆杀之。"《晋书·刑法志》:"及景帝辅政,是时魏法,犯大逆者诛及已出之女。"但至魏废帝即位之后,情况有所变化。毌丘俭因谋反被诛杀,其子毌丘甸之妻荀氏也当连坐处死,荀氏族兄荀顗与景帝有姻亲关系,上表魏帝,请求保全她性命。皇帝于是下诏准许荀氏与毌丘甸离婚。荀氏之女毌丘芝已是颖川太守刘子元之妻也应当连坐处死,荀氏向司隶校尉何曾呈递诉状求情,表示愿意没为官婢,来赎女儿的性命。何曾哀怜荀氏,便让主簿程咸上奏赦免毌丘芝性命。魏废帝正元二年(255年),根据主簿程咸的上议改定

妇女从坐之律,成为缘坐不及出嫁女之先例。《晋书·刑法志》:"'臣(何曾)以为在室之女,从父母之诛;既醮之妇,从夫家之罚。宜改旧科,以为永制。'于是有诏改定律令。"(参见《晋志译注》,第212—223页;周东平、刘安迪:《族刑中"已出之女"的缘坐追刑》,《中国社会科学报》2021年6月9日)从此以后,出嫁女子从夫家之罪,改变了"内外受辟"的局面。唐、宋、明、清的法律均规定:谋反大逆罪犯之女及姊妹没入官府为奴,妇女已许嫁或出嫁便不在缘坐范围。

603　何曾(199—278年):三国曹魏时曾任司隶校尉、司徒等,封郎陵侯。参与司马氏对曹爽的争权斗争及其嬗代密谋。晋武帝即位,拜司徒、太尉、太傅。《晋书·何曾列传》:"毌丘俭诛,子甸、妻荀应坐死。其族兄颙、族父虞并景帝姻通,共表魏帝以匄其命。诏听离婚,荀所生女芝为颍川太守刘子元妻,亦坐死,以怀妊系狱。荀辞诣曾乞恩曰:'芝系在廷尉,顾影知命,计日备法。乞没为官婢,以赎芝命。'曾哀之,腾辞上议。朝廷佥以为当,遂改法。"

刑;已醮⁶⁰⁴之妇,从夫家之刑。'⁶⁰⁵斯乃不刊之令轨,古今之通议。《律》,

604　醮:指女子出嫁。《北齐书·羊烈传》:"一门女不再醮。"《资治通鉴》卷76《魏纪八》"高贵乡公上二年二月"条胡三省注引毛晃曰:"醮,冠娶祭名,酌而无酬酢曰醮。"

605　从夫家之刑:旧版校勘记[二二]:"《册府》卷615(七三九八页)、《通典》卷167'刑'作'戮'。按'刑'字与上句重复,当时文体通行骈偶,疑作'戮'是。"

'期亲相隐'之谓凡罪。[606]况奸私之丑，岂得以同气[607]相证。论刑过其所犯，语情又乖律宪。案《律》，奸罪无相缘之坐。不可借辉之忿，加兄弟之刑。夫刑人于市，与众弃之，爵人于朝，与众共之，[608]明不私于天下，无欺于耳目。何得以非正刑书[609]，施行四海。刑名一失，驷马不追[610]。既有诏旨[611]，依即行下，非律之案，理宜更请。"

（张光辉、薛夷风注）

606　"期亲相隐"之谓凡罪：旧版校勘记［二三］："《册府元龟》卷615（七三九八页）'之'作'指'，疑是。"

期亲相隐：即容隐。源于《论语·子路》孔子曰："吾党之直者异于是：父为子隐，子为父隐，直在其中矣。"汉宣帝始规定"亲亲得相首匿"："父子之亲，夫妇之道，天性也，虽有患祸，犹蒙死而存之。诚爱结于心，仁厚之至也，岂能违之哉！自今子首匿父母，妻匿夫，孙匿大父母，皆勿坐；其父母匿子，夫匿妻，大父母匿孙，罪殊死，皆上请廷尉以闻。"（《汉书·宣帝纪》）唐律发展为"同居相隐"："诸同居，若大功以上亲及外祖父母、外孙，若孙之妇、夫之兄弟及兄弟妻，有罪相为隐；部曲、奴婢为主隐：皆勿论。""其小功以下相隐，减凡人三等。若犯谋叛以上者，不用此律。"（《唐律疏议·名例律》）

607　同气：有血统关系的亲属，指兄弟姊妹。《后汉书·东平宪王苍传》："凡匹夫一介，尚不忘箪食之惠，况臣居宰相之位，同气之亲哉！"

608　夫刑人于市，与众弃之，爵人于朝，与众共之：出自《礼记·王制》："爵人于朝，与士共之。刑人于市，与众弃之。"《孔子家语·刑政》："疑狱则泛与众共之，疑则赦之。皆以小大之比成也。是故爵人必于朝，与众共之也；刑人必于市，与众弃之也。"

609　何得以非正刑书：旧版校勘记［二四］："百衲本'非'字空格，诸本作'非'，《册府》卷615（七三九八页）无'非'字，也不空格。按这里阙一字无疑，《册府》不阙，乃刊本之误。但所阙不知何字，今姑从诸本。"

610　驷马不追：同"驷马难追"。《邓析子·转辞》："一言而非，驷马不能追；一言而急，驷马不能及。"

611　诏旨：指前文所载诏书："容妃、慧猛恕死，髡鞭付宫，余如奏。"

【今译】

神龟年间，兰陵公主的驸马都尉刘辉，因为与河阴县民张智寿妹妹张容妃以及陈庆和的妹妹陈慧猛，通奸淫乱，耽溺迷惑，殴打公主并伤及公主腹中胎儿。刘辉畏罪潜逃。门下省判决之后上奏："刘辉、张容妃、陈慧猛判处死刑，张智寿、陈庆和都明知奸情却不加以防范制止，判处流刑。"皇帝下诏："张容妃、陈慧猛免除死罪，处髡刑鞭笞后，贬为奴婢在官中服役，其余人员的处罚按照上奏所言。"尚书三公郎中崔纂坚持自己的意见说："臣谨见圣旨，如果俘获刘辉，职人就官晋两阶，普通老百姓按原出身官晋一阶，受人驱使的奴仆则免除其奴役的身份，奴婢则改放为良民。据查刘辉并无叛逆之罪，捕获他的奖赏却同反叛罪犯刘宣明的赏格一样。再探究门下省的上奏认为'张容妃、陈慧猛与刘辉私通，双方沉迷于淫乐，使刘辉心怀愤怒而殴打公主，伤及胎儿。虽然法律没有明文规定这种情形，但这种罪应当处以极刑，因此都应判处死刑。至于张智寿、陈庆和两家，发配到敦煌郡当兵戍边。'圣上仁慈宽宏广大，没有依照门下省的判决，虽然饶恕了张容妃、陈慧猛二人的性命，臣私下认为这样未必可行。律令，是高祖孝文帝用来治理天下的，不能因为喜怒有所增减，也不能因为亲疏远近而有所改变。按照《斗律》：'祖父母、父母因怀忿怒，用兵刃等凶器杀死自己子孙的，判处五年徒刑，殴打致死的则判处四年徒刑，因心怀憎恨之念而故意杀死的，刑罚各加一等。'虽然皇帝的女儿下嫁，由于身份尊贵而不同于普通人家的妻子，然而，既为人妻怀有身孕，不能说这不是父亲的孩子。再按照永平四年的先朝旧格：'凡是徒刑、流刑及死刑，都应先对首犯进行判决，然后再对从犯进行判决。'事情必须根据根本才能探求其他细枝末节，本案中因为刘辉逃亡在外，就应该缺席判决，没有舍弃首犯而判决从犯罪刑的道理。流刑和死刑是有区别的，有时一念之差就判决不妥。门下等中央官员的职责在于陈述奏进。从前，邠吉为相的时候,不过问民众打架而死的事,却去过问牛为什么热得喘息,这难道不是主管职责不同的缘故吗？臣认为张容妃等人,所犯者不过是私通而已。如果在私通的现场被抓捕,证据确凿充分,按照刑律科处刑罚,也不会超过徒刑。怎么能等同于应处没入宫掖的叛逆大罪,接受奚官服役那样的刑罚呢？按照张智寿的口供,张容妃已嫁给司士曹参军罗显贵为妻,并和丈夫育有二女,已为罗家孩子的母亲。《仪礼》说妇女不嫁给两个丈夫,就像世上没有两个天一样。如果家门失去法度,其罪过在于丈夫,而不能责怪兄弟。从前曹魏、司马晋时没有废除五族之刑,却有赦免其子而杀戮母亲的刑罚。何曾诤谏说：'未嫁在室的女儿,跟随父母的刑罚；已嫁的妇女,跟随夫家的刑罚。'这是不可改变的规定,古今相同的看法。《律》'期亲相隐'之规定适用于一般犯罪。更何况这种通奸丑陋之事,怎么可以让自家兄弟去作证呢？要判处的刑罚超过其所犯之罪刑,推究本案实情又与'期亲相隐'律条相违背。按照《律》,通奸罪无缘坐之规定。不可借对刘辉的愤怒,而加重对张智寿、陈庆和的刑罚。在集市处死罪犯,是和众人共同抛弃他,在朝廷上加官进爵,是和众人共同见证这一荣耀,这是向天下表明大公无私,不欺骗视听。怎么可以用不正确的判决来修正刑书上的规定,施行天下呢？法律适用一旦失去正当性,驷马难追。既然已颁布诏令,就应按照诏令的规定施行,不符合法律规定之部分,应上请重审。"

（张光辉、薛夷风译）

【原文】

尚书元修义[612]以为："昔哀姜[613]悖礼于鲁,齐侯取而杀之,《春秋》所讥。[614]

【注释】

612　元修义:武英殿版为"元修议",而百衲本、宋明本、南监本、汲古阁本均作"元修义"。且《魏书·景穆十二王上》有"元修义传"。([日]内田氏:《译注》,第247—248页)

元修义(?—525年),字寿安,河南洛阳人,景穆帝之孙。对著作典籍颇有涉猎,且富有文采。高祖孝文帝时迁官至齐州刺史,任内为政宽和,当地百姓皆感念其政。孝明帝时官至吏部尚书。正光五年(524年),关中地区发生叛乱,元修义担任西道行台、行秦州事、骠骑大将军而奉命讨伐,但因病而无任何助益。后转任雍州刺史而卒。

613　哀姜(前?—前659年):姜姓,哀为谥号,齐侯之女。鲁庄公二十四年(前670年)聘之为夫人,无子。后哀姜与鲁庄公的庶兄庆父通奸,庄公死,其子闵公立。哀姜欲杀闵公而立庆父。后国人暴动,乃逃到邾国,被齐国引回国后酖杀之,以其尸归鲁,鲁以夫人之礼葬之。事见《史记·鲁周公世家》。关于哀姜之父,有齐僖公、齐襄公、齐桓公三说。王先谦《诗三家义集疏》云:"鲁庄之二十四年,齐桓公十六年也。齐襄立十二年而死,又十六年而女嫁,盖是即位后所生,二十内外而嫁,其为襄季女无疑云。"据此则哀姜为齐襄公之女,齐桓公侄女。

614　《春秋》所讥:《春秋·僖公元年》:"夫人姜氏薨于夷,齐人以归。"《左传·僖公元年》:"夫人氏之丧至自齐。君子以齐人之杀哀姜也,为已甚矣,女子,从人者也。"

又夏姬[615]罪滥于陈国，但责征舒[616]，而不非父母。明妇人外成[617]，犯礼之

615　夏姬(约前640—? 年)：姬姓，名少。春秋郑穆公女儿。因嫁于陈国大夫夏御叔为妻而称为夏姬。有一子为夏征舒。夏姬生性淫乱，与陈国国君陈灵公、大夫孔宁、仪行父三人通奸。后夏征舒射杀陈灵公。夏征舒后被批评是杀死国君的罪人。《春秋·宣公十年》："癸巳，陈夏征舒弑其君平国。"《左传·宣公十一年》："夏征舒弑其君，其罪大矣，讨而戮之，君之义也。"以此批评夏征舒是杀死国君的罪人，但对夏姬的父母却无任何指责。

616　征舒：指夏征舒。字子南，生于商丘柘城。陈国大夫，其父为夏御叔，其母为夏姬。陈灵公在位时为司马。陈灵公十五年(鲁宣公十年，前599年)，陈灵公和孔宁、仪行父三人在夏征舒家饮酒。陈灵公与仪行父开玩笑，说夏征舒长得像他，仪行父也与陈灵公说夏征舒长得像他。夏征舒听后很生气。待陈灵公喝完酒，夏征舒在马棚边设埋伏射死陈灵公。陈灵公死后，孔宁与仪行父逃往楚国，陈灵公之子太子午逃往晋国，夏征舒自立为陈国国君。陈成公元年(鲁宣公十一年，前598年)，楚庄王率军讨伐并杀死夏征舒，迎回太子午继位，是为陈成公。

617　外成：指女子出嫁。班固《白虎通·嫁娶》："妇人外成，以出适人为家。"

您，无关本属[618]。况出适[619]之妹，衅及兄弟乎？"右仆射[620]游肇[621]奏言：
"臣等谬参枢辖[622]，献替是司，门下出纳[623]，谟[624]明常则。至于无良犯

618　本属：指本族的世系。《礼记·檀弓上》："彼虽贱，不以己尊降之，各随本属之亲轻重而服之。"

619　出适：指出嫁。班固《白虎通·嫁娶》："妇人外成，以出适人为家。"《抱朴子·疾谬》："男女无行媒，不相见，不杂坐，不通问，不同衣物，不得亲授。姊妹出适而反，兄弟不共席而坐。外言不入，内言不出。"

620　右仆射：尚书省长官为尚书令，其下置左、右二仆射。仆射，秦始置，汉以后因之。汉成帝建始四年（前29年），初置尚书五人，一人为仆射，位仅次于尚书令，职权渐重。汉献帝建安四年（199年），始分置左右仆射。左右仆射分领尚书诸曹，左仆射又有纠弹百官之权，权力大于右仆射。《后汉书·孝桓帝纪》："六月，初以小黄门为守宫令，置冗从右仆射官。"魏晋以后，仆射已处于副相地位，号称端副（尚书令称端右）。

621　游肇："游"，南监本作"遊"。（［日］内田氏：《译注》，第247页）
　　游肇（452—520年）：字伯始，广平任县人。其名为高祖孝文帝所赐。孝文帝时历任通直郎、秘阁令、散骑侍郎等。景明末年（500—503年），任黄门侍郎、散骑常侍，兼任侍中。孝明帝继位后，升任中书令、尚书右仆射。为人谦虚廉洁，刚正耿直，敢于直言谏诤。于正光元年（520年）去世，谥号文贞公。

622　枢辖：指中央政府的机要部门。《北史·高道悦传》："尚书左丞公孙良，职维枢辖，蒙冒莫举。"

623　出纳：出指将帝王意旨向下宣布，纳指将下情转达于帝王。即传达帝王命令，反映下面意见。亦作"出内"。《尚书·舜典》："命汝作纳言，夙夜出纳朕命，惟允。"《后汉书·陈蕃传》："辅弼先帝，出内累年。"

624　谟：计谋，谋议。《说文解字》："谟，谋也。"

法,职有司存[625],劾罪结案,本非其[626]事。容妃[627]等奸状,罪止[628]于刑,并处极法,准律未当。出适之女,坐及其兄,推据典宪,理实为猛[629]。又辉虽逃刑,罪非孥戮,募同大逆,亦谓加重。乖律之案,理宜陈请。乞付有司[630],重更详议。"诏曰:"辉悖法乱理[631],罪不可纵。厚赏悬募,必望擒获。容妃、慧猛与辉私乱,因此耽惑,主致非常[632]。此而不诛,将何惩肃[633]!且

625　司存:指执掌,职掌。《论语·泰伯》:"笾豆之事,则有司存。"《晋书·桓冲传》:"臣司存阃外,辄随宜处分。"

626　其:指示代词,内田氏、高氏、谢氏均翻译为门下省。下文亦有"特敕门下结狱,不拘恒司"。

627　妃:武英殿版本为"犯",而百衲本、宋明本、南监本、汲古阁本均作"妃"。([日]内田氏:《译注》,第247页)

628　止:百衲本作"至"。([日]内田氏:《译注》,第247页)根据句意,百衲本应有误。

629　猛:严厉,苛酷。如猛法。

630　有司:主管官员。这里指"无良犯法,职有司存"的司法官吏。

631　悖法乱理:旧版校勘记[二五]:"诸本'乱理'作'者之',不可通。今据《册府》卷615(七三九八页)、《通典》卷167改。"

632　非常:突如其来的事变。《史记·项羽本纪》:"吾入关,秋豪不敢有所近……所以遣将守关者,备他盗之出入与非常也。"《后汉书·独行·谯玄传》:"夫警卫不修,则患生非常。"

633　惩肃:惩:惩罚、警戒。肃:严正。惩肃:使警戒、端肃。《隋书·刑法志》:"枭首轘身,义无所取,不益惩肃之理,徒表安忍之怀。"

已醮之女,不应坐及昆弟[634],但智寿、庆和知妹奸情,初不防御[635],招引刘辉,共成淫丑,败风秽化,理深其罚,特敕门下结狱,不拘恒司,岂得一同常例,以为通准。且古有诏狱[636],宁复一归大理[637]。而尚书治本[638],纳

---

634 昆弟:指兄弟。《左传·僖公二十四年》:"我请昆弟仕焉。"

635 初不防御:初:加强否定语气,可译作"完全""丝毫";初不:在中古汉语里面一般翻译为"一点也不"。参见康振栋:《中古近代汉语里否定词前"初"的意义及其归属》,《华南师范大学学报(社会科学版)》2002 年第 4 期。"防御":校勘记[四〇]:《册府》卷 615、《通典》卷 167《刑五·杂议下》作"防禁",疑是。

636 诏狱:指奉皇帝之诏而审理的案件。《后汉书·百官志二》:"平一人,六百石。本注曰:掌平决诏狱。"诏狱最早见于汉文帝时期,周勃案与淳于意案均为诏狱。《汉书·文帝纪》:"绛侯周勃有罪,逮诣廷尉诏狱。"《史记·孝文本纪》:"齐太仓令淳于公有罪当刑,诏狱逮徙系长安。"其后西汉也多有关于诏狱的记载,《汉书·路温舒传》:"元凤中,廷尉(解)光以治诏狱,请温舒署奏曹掾,守廷尉史。"诏狱在西汉已成为一项重要制度。西汉后期因情势变化,诸多诏狱萎缩,汉成帝"罢上林诏狱"。东汉光武帝时更是把中都官狱大部废除,仅保留廷尉诏狱和洛阳诏狱。(参见黄静:《西汉"诏狱"与法制》,《河北法学》2015 年第 7 期)

637 大理:谢氏和内田氏翻译为案件归由"大理寺"审理,(谢氏:《注译》,第 412 页;[日]内田氏:《译注》,第 247 页)高氏翻译为案件归由"廷尉"审理。(高氏:《注译》,第 180 页)北魏时中央审判机关应为"廷尉",北齐(550—577 年)改为"大理寺",后代沿袭。故这里高氏翻译更确切。

638 治本:指治国的根本措施。《管子·权修》:"民之修小礼,行小义,饰小廉,谨小耻,禁微邪,治之本也。"

言⁶³⁹所属。弗究悖理之浅深,不详损化之多少,违彼义途,苟存执宪⁶⁴⁰,殊乖任寄⁶⁴¹,深合罪责。崔纂可免郎,都坐尚书,⁶⁴²悉夺禄一时⁶⁴³。"

（周道康、周东平注）

639　纳言:官名,主要负责出纳王命。《尚书·舜典》:"命汝作纳言,夙夜出纳朕命,惟允。"孔安国传:"纳言,喉舌之官,听下言纳于上,受上言宣于下,必以信。"关于纳言,秦汉没有设置,王莽时期依古制,改大司农为羲和,后更为纳言。北周初有御伯中大夫,掌出入侍从。保定四年（564年）改御伯为纳言。宣帝末又置侍中。至隋朝为避文帝之父杨忠之讳,凡中字皆不用,故以纳言以代侍中,为门下省长官。隋炀帝大业十二年（616年）又改纳言为侍内。唐初为纳言,唐武德四年（621年）改为侍中,唐光宅三年（686年）又改回纳言。

640　执宪:指执行法令。《汉书·丙吉传》:"廷尉于定国执宪详平,天下自以不冤。"

641　任寄:指委任,付托。《宋书·谢瞻传》:"（谢）晦遂建佐命之功,任寄隆重,（谢）瞻愈忧惧。"

642　都座尚书:都坐:亦作"都座",魏晋时大臣商议政事的地方。《晋书·孔愉传》:"王导闻而非之,于都坐谓愉曰:'君言奸吏擅威,暴人肆虐,为患是谁?'"《北齐书·文苑·樊逊传》:"秘书监尉瑾移尚书都坐,凡得别本三千余卷,《五经》诸史殆无遗阙。"《资治通鉴》卷128《宋纪十》"大明二年三月"条:"宗爱方用事,威振四海。尝召百官于都坐。"唐代的都座指尚书都省,是唐代中央最高行政机关尚书省设立的总办事机构,它统一管理六部事务,各部应行文州县者,均须由尚书都省发出。都坐尚书:官名。北魏时的职务不详,可能指入都坐的尚书。（参考高氏:《注译》,第179页）或认为是指前文的八座尚书。（[日]内田氏:《注译》,第248页）

643　一时:《通典·刑法典五·杂议下》作"一秩"。（[日]内田氏:《译注》,第247页）一时,指一个季度。《淮南子·天文训》:"三月而为一时,三十日为一月。"

【今译】

　　尚书元修义认为："从前哀姜在鲁国违背了礼法，齐桓公召回并毒死哀姜，被《春秋》讥责。又夏姬在陈国罪过严重，但《春秋》只谴责其子夏征舒，而不责备夏姬的父母。这就表明妇女既已出嫁成家，当有触犯礼法的罪过时，与娘家亲属无关。何况是出嫁的妹妹，罪过怎可波及其兄弟？"右仆射游肇上奏说："臣等以不才之身参与政治机要工作，负责进谏诤言，而门下省主要负责传达帝王命令或上奏文书，谋议严明不变的规则。至于德行不好的人触犯法律，应由主管官员负责，举劾罪状及判罪结案原本不是门下省的职责。容妃等的私通情状，判罪也只是徒刑，而门下省判处极刑，依据法律并不恰当。出嫁的妇女，若犯罪而连坐其兄长，依据法律来推论探究，从道理上说确实过于严厉。再者，刘辉虽逃亡以逃避刑罚，但所犯并非诛及妻子儿女之罪，（为了逮捕刘辉）征募悬赏的标准与大逆罪相同，也是处置的过重。这样违背法律的判决，按理应当陈述奏请。臣等乞求交付主管官员，重新详细审议。"孝明帝下诏说："刘辉违背法律扰乱理义，其罪不可宽纵。因此重金悬赏，希望务必抓获归案。容妃、慧猛与刘辉通奸，因此沉迷于淫乐，使公主遭致异常灾祸。犯了这等罪行而不加诛杀，将如何惩戒他人以肃国法！况且已嫁妇女犯罪，虽不应连坐其兄弟，但张智寿、陈庆和知道其妹私通奸情，一点也不防备阻止，反而招引刘辉，共同造成淫乱的丑事，如此败坏风俗、污秽教化的行为，理应加重处罚，特令门下省定罪结案，不必拘泥于通常法司的办案方式，（像这样的案件）怎么能一概按照通常法例，将其作为处理的通用标准？况且自古就有皇帝下诏专门办理的诏狱案件，岂需将这些诏狱再统一归由大理（廷尉）审理？尚书应该掌握治国之根本措施，这也是纳言的职责。而你们不去追究违背理义的程度，不去审慎考虑损害教化的多少，违背了道义的途径，只顾拘泥于执行法律，严重背离了朕所寄予的重任，应当重加论罪责罚。崔纂应当免去三公郎中之职,都坐尚书全部剥夺俸禄一季。"

（周道康、周东平译）

【原文】

孝昌[644]已后,天下淆乱,法令不恒,或宽或猛。及尔朱擅权[645],轻重肆意,在官者,多以深酷为能。至迁邺[646],京畿[647]羣盗颇起。有司奏立严制:诸强盗杀人者,首从皆斩,妻子同籍[648],配为乐户[649];其不杀人,及赃不

【注释】

644　孝昌:北魏孝明帝元诩的第四个年号(525—528 年)。

645　尔朱擅权:指尔朱荣执掌大权。"尔"古同"尔",亦作"尔朱",复姓。尔朱氏世居于尔朱川(今山西省西北部流经神池、五寨、保德县之朱家川),遂以此为姓,其先祖世为契胡部落酋帅。至尔朱荣(493—530 年),成为北魏执政大臣,初为领民酋长,遇北魏四方兵起,遂起兵征讨,除杀太后、少主,立孝庄帝,史称河阴之变。历任都督中外诸军事、大将军兼尚书令等,权倾朝野,后被孝庄帝所杀。见《魏书·尔朱荣列传》。

646　迁邺:权臣高欢拥立东魏孝静帝元善见迁都邺城。《魏书·孝静纪》:"(天平元年)丙子,车驾北迁于邺……庚寅,车驾至邺,居北城相州之廨。改相州刺史为司州牧,魏郡太守为魏尹,徙邺旧人西径百里,以居新迁之人。"

邺,古地名,今河北邯郸临漳县西、河南安阳市北郊一带。战国时代,魏国置邺县。历史上先后属于魏郡、邺郡、相州。《隋书·地理志》载:"邺,东魏都。后周平齐,置相州。大象初县随州徙安阳,此改为灵芝县。开皇十年又改焉。"

647　京畿:国都和国都周围的地方。《魏书·孝静纪》:"……分邺置临漳县,以魏郡、林虑、广平、阳丘、汲郡、黎阳、东濮阳、清河、广宗等郡为皇畿。"

648　籍:登记隶属关系的簿册。《说文解字》:"籍,簿书也。"同籍:同一户籍的人,指家人。

睡虎地秦简《法律答问》:"'同居',独户母之谓殹(也)";"可(何)谓'同居'? 户为同居"。有学者考证云:前句中"同居"指一户中同母之人,强

调血缘亲属关系,后者指同户籍者即是同居。即秦律判断同居的标准有二:亲属关系、同户籍者。但是,户籍更为重要。汉魏晋南北朝时期,同居的判断标准依然是户籍,包括亲属和依附人口都被算在同居范围之内。《汉书·惠帝纪》:"今吏六百石以上父母妻子与同居",颜师古注:"同居,谓父母妻子之外,若兄弟与兄弟之子等见与同居业者,若今言同籍及同财也。"《唐律疏议》至少在两种不同的法律关系上使用"同居":(1)法律连带责任上的"同居",即《唐律疏议·名例律》"同居相为隐":"诸同居,若大功以上亲及外祖父母、外孙,若孙之妇、夫之兄及兄弟妻,有罪相为隐",包括"同财共居"、不共财的亲属关系,统称为"诸同居"。(2)"虽复同住,亦为异居":即随母亲改嫁后的子女与继父之间的法律关系。同时,唐朝还存在"同籍别居",即户籍同属,没有生活在一起,相当于分家异财。同籍是政治、行政上的,异财是经济上的。在民间,异财是分家;在官方,别籍才是分家。官方默认财产上的分家,拒绝户籍上的分家。由以上可以看出,同籍范围在不同时期不尽相同。(张国刚:《唐代家庭形态的复合型特征》,《历史研究》2005 年第 4 期)

　　649　乐户:官妓,供统治阶级取乐的人户。《左传·襄公二十三年》孔颖达正义:"近世《魏律》缘坐配没为工乐杂户者,皆用赤纸为籍,其卷以铅为轴。"项阳认为,乐户应该是源自进入阶级社会的夏商时代,"女乐""乐工"便是这一群体的代称。乐人群体以及相关的机构在制度上有着相当的延续性,但是,作为罪罚之人的亲属入籍,以乐籍制度的形式得以确立,史籍的记载却是从北魏时期始。这便决定了这一群体的"贱民"身份与地位。(项阳:《山西乐户研究》,文物出版社 2001 年版,第 1—2 页)为进一步补充乐妓队伍的来源,北魏规定了把罪犯配没为乐户的制度,史籍上首次出现了"乐户"这一专门称呼。配为乐户的一般是犯有谋反大逆罪的家属。以罪犯配没为乐户,表明北朝在乐伎管理上的制度化,进一步从法律上确定了乐户的低贱身份,完成了其贱民身份的法律化、固定化。(欧燕:《略论魏晋南北朝乐户》,《青岛大学师范学院学报》2008 年第 4 期)据黎国韬考证,乐户制度作满五匹,魁首[650]斩,从者死,妻子亦为乐户;小盗赃满十匹已上,魁首死,妻子配驿[651],从者流。侍中[652]孙腾[653]上言:"谨详,法若画一[654],理尚不

为一种正式的户民制度,最初出现的准确时间应在东魏时期。因为据前文,东魏孝静帝迁都邺城,其时东魏刚建立,"京畿"所指应是东魏新都邺城,"配为乐户"的产生与迁都及"京畿群盗颇起"这一特定的历史条件有密切关系。(黎国韬:《早期乐户若干问题考》,《戏剧艺术》2014 年第 3 期)

《唐律疏议·名例律》:"工、乐者,工属少府,乐属太常,并不贯州县。"

650 魁首:共同犯罪的首领。

651 配驿:发配为驿户。驿,古时专供传递文书者或来往官吏中途住宿、补给、换马的处所。《说文解字》:"驿,置骑也。"驿户,终年在驿站服务的人户,属于杂户的一种,杂户产生于北魏,身分低于普通百姓,高于奴婢。北齐武成帝河清三年(564 年),尚书令赵郡王叡等奏上《齐律》十二篇:"盗及杀人而亡者,即悬名注籍,甄其一房配驿户。"(《隋书·刑法志》)《旧唐书·职官志二》:"凡反逆相坐,没其家为官奴婢。一免为蕃户,再免为杂户,三免为良民,皆因赦宥所及则免之。"

652 侍中:古官名,战国时期似已出现。如应劭《汉官仪》:"侍中,周官也……其后,秦始皇破赵,得其冠以赐侍中。"《史记·李斯列传》载赵高对秦二世云:"且陛下深拱禁中,与臣及侍中习法者待事,事来有以揆之。"两汉沿置。《汉官仪》:"侍中,左蝉右貂,本秦丞相史。往来殿中,故谓之侍中。分掌乘舆服物,下至亵器虎子之属。"从汉武帝开始,侍中除了侍帝左右,掌管乘舆服物等事务外,因接近皇帝,渐渐成为朝廷中的实权人物,地位渐形重要。(参见徐杰令:《两汉侍中考》,《中华文化论坛》2006 年第 1 期)魏晋时与三公共同参政,直接侍奉皇帝左右。晋代的侍中为三品,《北堂书钞》卷 58 引晋《官品令》:"侍中职掌摈威仪,尽献纳,纠正补过。文乐若有不正,皆得驳除;书表章奏,皆掌署也。"

653 孙腾(481—548 年):字龙雀,咸阳石安人。北魏正光年间(520—525 年),孙腾随尔朱荣入洛,例除冗从仆射,后跟随高欢。高欢采纳其建议

立中兴主,建立东魏政权。高欢攻克邺城后,孙腾入朝累迁侍中、尚书左仆射、司徒等。孙腾早依附高欢,勤力恭谨,深受敬重,后志气骄盈,亲狎小人,专为聚敛,非法专恣尤甚,高欢屡加规劝,终不悔改,为朝野非笑。参见《北齐书·孙腾列传》。

　　654　画一:整齐一致。《史记·曹相国世家》:"百姓歌之曰:'萧何为法,颢若画一。'"

二,不可喜怒由情,而致轻重。案《律》,公私劫盗,[655]罪止流刑。而比[656]执事苦违[657],好为穿凿,律令之外,更立余条,通相纠[658]之路,班捉获之

655　公私劫盗:此处的"公私"是指实施劫盗的人的身份,还是指劫盗的目的物的所属,不详。疑指后者。劫盗:犹今日之抢劫罪,可参见前注428。

656　比:近来,副词。《吕氏春秋·先识览·先识》:"臣比在晋也,不敢直言。"

657　执事苦违:高氏译为:"官吏苦于违法严重。"(高氏:《注译》,第181页)谢氏注为:"执法的官吏偏偏违反这些规定。"(谢氏:《注译》,第415页)高氏将"苦"字作动词,"违"字作名词;谢氏将"苦"字作副词,"违"字作动词。前文指出官吏"多以深酷为能",后文"好为穿凿",不太可能苦于违法,更可能主动违反法律规定。因而,此处"违"字用作动词解释更佳,谢氏译注更为可取。苦:竭力地、尽力地;甚、很。

658　相纠:相互检举、监察。《周礼·地官·邻长》:"邻长掌相纠相受。"郑玄注:"相纠,相举察。"

赏。斯乃刑书徒设，狱讼更烦，法令滋彰，盗贼多有[659]。非所谓不严而治，遵守典故者矣。臣以为升平[660]之美，义在省刑；陵迟[661]之弊，必由峻

659　法令滋彰，盗贼多有：法令越是繁密森严，盗贼越多。出自《老子》第五十七章："天下多忌讳，而民弥贫；民多利器，国家滋昏；人多伎巧，奇物滋起；法令滋彰，盗贼多有。"通行本"法令"二字，在帛书《老子》甲、乙本以及河上公本皆为"法物"，而郭店简本同样是"法物"，可见，《老子》的"法令"应为"法物"，方符合古本《老子》原貌。河上公注曰："法物，好物也"，即人类运用自己的智慧发明的奇好之物。老子的原意是指，因为人类追逐奇好之物，导致社会混乱和盗贼蜂起。（马作武：《先秦法律思想史》，中华书局 2015 年版，第 207 页）然"法令滋彰，盗贼多有"之义亦多为古人所取，此即为一例。

660　升平：形容繁华盛世，《汉书·梅福传》："使孝武帝听用其计，升平可致。"张晏曰："民有三年之储曰升平。"另有公羊学所谓据乱世、升平世、太平世的"三世"说。

661　陵迟：亦作"凌迟"，本意为"丘陵之势渐慢也"，即坡势下斜渐缓。引申为逐渐衰落、败坏、衰败、衰微。《诗经·王风·大车序》："《大车》，刺周大夫也。礼义陵迟，男女淫奔，故陈古以刺今。"孔颖达疏："陵迟，犹陂陁，言礼义废坏之意也。"《汉书·刑法志》："今堤防凌迟，礼制未立；死刑过制，生刑易犯……此刑之所以蕃也。"

法。是以汉约三章[662]，天下归德；秦酷五刑[663]，率土[664]瓦解。礼训君子，

662　汉约三章：秦末战争中，刘邦占领秦都咸阳，废除秦朝的严刑苛法，与民约法三章。《史记·高祖本纪》："与父老约，法三章耳：杀人者死，伤人及盗抵罪。"后泛指订立简明的条款，以资遵守。参见前注47。

663　秦酷五刑：五刑为墨、劓、刖、宫、大辟，载于《尚书·吕刑》《周礼·秋官》等古典文献。此处言秦逞用五刑，滥酷刑罚。

另，文献中有"具五刑"的记载，是肉刑与死刑合并施行、使受刑人备受各种刑罚的酷刑。《史记·李斯列传》载，李斯被诬谋反，夷三族，"具斯五刑，论腰斩咸阳市"。《汉书·刑法志》："汉兴之初……尚有夷三族之令。令曰：'当三族者，皆先黥、劓、斩左右止，笞杀之，枭其首，菹其骨肉于市。其诽谤詈诅者，又先断舌。'故谓之具五刑。"

664　率土："率土之滨"之省，指王土，谓境域之内。《诗经·小雅·北山》："率土之滨，莫非王臣。"

律禁小人,举罪定名[665],国有常辟[666]。至如'眚灾肆赦,怙终贼刑'[667],经典[668]垂言,国朝成范。随时[669]所用,各有司存。[670]不宜巨细滋烦,令民豫备。恐防之弥坚,攻之弥甚。请诸犯盗之人,悉准律令,以明恒宪[671]。庶使刑杀[672]折衷,不得弃本从末。"诏从之。

665　举罪定名:举劾罪行,确定刑名,即定罪量刑。

666　常辟:固定、常行的法规。辟,《说文解字》:"辟,法也。从卩从辛,节制其辠也。从口,用法者也。"段玉裁《说文解字注》:"引伸之为罪也。"

667　眚灾肆赦,怙终贼刑:出自《尚书·舜典》:"象以典刑,流宥五刑,鞭作官刑,扑作教刑,金作赎刑,眚灾肆赦,怙终贼刑"。因过失或者灾害、不可抗拒的原因而犯罪的,加以缓刑或赦免;有所仗恃终不悔改的,要处死或肉刑,即怙奸自终,当刑杀之。参见前注18。

668　经典:儒家经义典籍,此处特指《尚书》。儒家经典是儒生的必修教科书,也是古代政治决策的理论依据,在礼法体制下具有大经大法的神圣地位。如违反经典,就会遭致离经叛道的攻讦甚至处罚。《晋书·李重传》:"每大事及疑议,辄参以经典处决,多皆施行。"

669　随时:顺应时势;切合时宜。《周易·随》:"大亨贞,无咎,而天下随时,随时之义大矣哉。"王弼注:"得时,则天下随之矣。随之所施,唯在于时也;时异而不随,否之道也。"《国语·越语下》:"夫圣人随时以行,是为守时。"韦昭注:"随时:时行则行,时止则止。"

670　各有司存:司存:参见前注625。高氏译为"各官署有官吏存放"。(高氏:《注译》,第181页)内田氏译为"可委诸各种专门负责的官吏来处理"。([日]内田氏:《译注》,第250页)谢氏基本同此,译为"可委由专司来处理"。(谢氏:《注译》,第415页)根据前后文、词意,内田氏、谢氏的注译更可取。

671　宪:法令。《尔雅》:"宪,法也。"

672　刑杀:刑罚杀戮。《周礼·秋官·掌囚》:"及刑杀,告刑于王,奉而适朝士,加明梏,以适市而刑杀之。"

天平⁶⁷³后，迁移草创⁶⁷⁴，百司多不奉法，货贿公行。兴和⁶⁷⁵初，齐文襄王⁶⁷⁶入辅朝政，以公平肃物⁶⁷⁷，大改其风。至武定⁶⁷⁸中，法令严明，四海知治矣。

（刘晓清、周东平注）

673　天平：东魏孝静帝的第一个年号（534—537 年）。

674　迁移草创：北魏永熙三年（534 年），北魏孝武帝西奔长安，勃海王高欢拥立元善见为帝（东魏孝静帝），改元天平，史称东魏，次年迁都邺城。东魏初期时局动荡且复杂，实由高氏父子把持朝政。

675　兴和：东魏孝静帝的第三个年号（539—542 年）。

676　齐文襄王（521—549 年）：即高澄，字子惠，"齐文襄王"是北齐建立后对他的追谥。北齐神武帝高欢的长子，母曰娄太后。魏中兴元年（531 年），立为勃海王世子。天平三年（536 年），入辅朝政，加领左右、京畿大都督。天平年间（534—537 年），诏群臣修纂律法，并颁行天下，史称《麟趾格》。后平定侯景之叛，获江淮之地，收复淮南。武定七年（549 年），遇盗而崩，时年二十九。天保初，追尊曰文襄皇帝，庙号世宗，陵曰峻成。参见《北齐书·文襄本纪》。

677　肃物：整肃万物，谓待人接物严肃端正。肃，严正。《说文解字》："持事振敬也。"《旧唐书·良吏·薛珏传》："建中初，上分命使臣黜陟官吏……使河南卢翰以珏之肃物，皆以陟状闻，加中散大夫，赐紫。"

678　武定：东魏孝静帝的第四个年号（543—550 年）。

【今译】

　　孝昌以后，天下混乱，法令不稳定，时而宽大，时而严厉。到了尒朱氏专权时，随意轻重法律，为官的人多以苛刻严酷为本事。至东魏孝静帝迁都于邺，京城一带经常发生群盗案件。于是，相关官吏上奏建议设立严厉的法制：凡是强盗杀人的，首犯从犯都处以斩刑，妻子儿女和同户籍之人，发配为乐户；不杀人，以及盗赃所得不满五匹绢的，首犯处以斩首刑，从犯处死刑绞杀，妻子儿女也发配为乐户；盗窃的赃物超过十匹绢的，首犯处死刑绞杀，妻子儿女发配为驿户，从犯处流刑。侍中孙腾上奏说：“臣谨慎地考察说明，法律如果保持统一，那么其中的道理也没有两样，不可因为喜怒之情，致使法律时轻时重。按照《律》的规定，抢劫窃盗公私财物的，刑罚止于流刑。然而，近来官员偏偏违反规定，喜欢穿凿附会，在律令之外，另立其他的条文，开启相互纠察的道路，颁发捉获罪犯之奖赏。这使得刑法形同虚设，诉讼更加烦杂，法令越是繁密森严，盗贼就越多。这并非所谓的不用严厉的手段就能治理好国家，只是遵循典制和先例罢了。臣认为升平之美，要义在于减少刑罚；国家衰微的弊端，必定是由严刑峻法引起。所以，汉初刘邦与百姓约法三章，促使天下归于德政；秦朝实行严酷的五刑，导致国家土崩瓦解。礼用以规训君子，律用来制止小人作恶，故定罪量刑，国家应有常法。至于‘因过失造成损害的犯罪应予宽免，有所仗恃终不悔改的要处死刑或肉刑’，均是经典训言，也是本朝适用的准则。顺应时势予以运用，各项事务均有专门的官吏执掌。不应法无巨细，越来越多，让百姓时时戒备。要担心对百姓防备得越牢固，受到的攻击也越厉害。请对所有犯盗罪的人，均依照律令处理，才能彰明恒定不变的法令。希望刑罚杀戮能够公正适中，不可舍弃根本，追逐细枝末节。”于是孝静帝下诏依照孙腾的奏请处理。

　　天平之后，因迁都草创，百官多不遵从法律，公然贿赂。兴和初期，高澄入朝辅政,公正地整肃世务,大大改善了当时的风气。到了武定年间,法令严明,百姓已经感受到太平气象。

（刘晓清、周东平译）

附录一　费羊皮卖女张回转卖案的各方观点列表

马　腾　周东平

人物	法律依据	案情分析	法律分析	核心观点	量刑建议
尚书李平	盗律"掠人、掠卖人、和卖人为奴婢者，死"	张回故买费羊皮之女，图谋将其转卖获利	张回犯掠卖人为奴之罪	张回故买，后转卖之行为构成掠罪	绞刑
世宗	盗律"和卖人"	1. 费羊皮明确告知其女良人身份 2. 张回转卖应有所迟疑却毅然真卖	1. 费羊皮父、女与张回你情我愿，虽不存在欺诈，但利贱公买，于律俱乖 2. 张回转卖无迟疑，于情不可，应有所惩罚	张回转卖本无罪，但应有迟疑（或说明）	议定适当刑罚
廷尉少卿杨钧	1. 盗律"掠人、掠卖人为奴婢者，皆死" 2. 盗律"卖子孙者，一岁刑" 3. 盗律"群盗强盗，首从皆同" 4. 盗律"知人掠盗之物，而故买者，以随从论" 5. 盗律"恐喝条"注："尊长与之已决，恐喝幼贱求之"	1. 费羊皮卖女为婢不言追赎 2. 张回本是真买，并非为了转卖 3. 张回真买真卖，两次都不存在被迫情形 4. 张回转卖之时未有犹豫	1. 所卖良人是否为子孙，在法律定罪量刑上差别很大 2. 和卖人、掠卖人罪如同群盗、强盗罪，首从皆同 3. 亲属相卖，卖者之罪有规定，买者无明文定罪，按理买者之罪不得超过卖者之罪 4. 张回构成和、掠，该罪卖者死刑，买者可判处流刑	张回虽构成掠卖人罪，但和、掠之间有因缘关系，买家之罪无明文规定，可视为从犯，判处轻于掠罪死刑的流刑	流刑

续表

人物	法律依据	案情分析	法律分析	核心观点	量刑建议
三公郎中崔鸿	1. 盗律"卖子有一岁刑;卖五服内亲属,在尊长者死,期亲及妾与子妇流" 2. 盗律"知人掠盗之物而故买者,以随从论"	张回行为分为购买行为与转卖行为: 1. 购买行为方面,按照费羊皮卖子有罪,张回购买也有罪,但情有可原(对应法律分析1—5) 2. 转卖行为方面,张回未告知奴婢原是良人,可能造成一再转卖,永无追赎及复良可能(对应法律分析6)	1. 虽买者无罪文,但卖者有罪,买者必然有罪 2. 买者之罪未必轻于卖者之罪,二者不存在必然关联 3. 明知掠盗,买者作为从犯,最高处流刑 4. 亲属相卖与一般掠卖人罪不同,买者之罪也不同 5. 就亲属相卖的买者之罪轻于一般掠人罪买者之罪,可按流刑斟酌降等处罚处五年徒刑 6. 就买人亲属转卖之罪因未告知由来,损害后果如同掠人罪,应按掠人罪处理	张回作为亲属相卖的买者与被买者无血缘宗亲关系,其定罪量刑不应比较卖者之罪,但可以比较一般掠人罪的买者之罪从轻处理;但张回转卖且未告知由来,损害结果严重,按掠人罪处理	买人亲属的行为本可处五岁刑;但转卖行为应按掠人罪处绞刑
太保高阳王雍	1. 盗律"群盗强盗,无首从皆同" 2. 贼律"谋杀人而发觉者流,从者五岁刑;已伤及杀而还苏者死,从者流;已杀者斩,从而加功者死,不加者流" 3. 盗律"知人掠盗之物而故买者,以随从论" 4. "诸共犯罪,皆以发意为首"	1. 费羊皮是首犯,张回只是从犯 2. 出卖已经由良为奴,与张回转卖无关 3. 费羊皮卖女葬母的行为还应当另外嘉奖	1. 掠人罪的买者之罪确无法律明文规定 2. 杀人罪虽重于掠人罪,但杀人罪有首从区别,掠人罪却无 3. 谋杀与盗掠原本均可依准,但谋杀有等差,故更有利于从轻 4. 一般掠人罪与亲属和掠存在本质不同,不分首从不能适用于亲属和掠 5. 主犯徒刑,从犯绞刑肯定不妥,应参照主犯罪刑从轻	费羊皮应免罪嘉奖;张回定罪量刑依准盗律之掠人罪不恰当,应比照杀人罪区分首从,如果费羊皮判处徒刑,张回应从轻处罚	免费羊皮之罪,酬赏;张回鞭刑一百

人物	法律依据	案情分析	法律分析	核心观点	量刑建议
世宗结论		1. 费羊皮卖女葬母孝诚可嘉,免罪 2. 张回不应转卖		对费羊皮,采纳元雍的意见;对张回,采纳三公郎中崔鸿意见的前半部分,总体上是崔鸿与元雍意见的折衷	费羊皮免罪;张回五岁刑

附录二　案例分析："驸马刘辉殴打公主伤胎案"

周东平　毛允佳

Ⅰ. 事 实 概 要

据《魏书·刑罚志》所述,北魏神龟年间(具体时间可能是公元 520年),驸马刘辉与兰陵公主二人因刘辉通奸之事发生争执,刘辉殴伤公主并致使其腹中胎儿流产,旋即畏罪潜逃。就刘辉、与刘辉通奸的女子及其哥哥应受何种之刑罚,在当时皇帝(皇权)与大臣各执一词。

Ⅱ. 判 决 内 容

门下省作出判决:刘辉判处死刑,奸妇张容妃、陈慧猛判处死刑,奸妇的哥哥张智寿、陈庆和判处流刑。

随后,皇帝下诏,改奸妇之死罪为处髡刑鞭刑,并没为奴婢在宫中服役。维持刘辉和奸妇哥哥的刑罚。

尚书三公郎中崔纂、尚书元修义、右仆射游肇等三位大臣不同意皇帝的判决,主张刘辉不应处以死刑,而应依《斗律》:"祖父母、父母忿怒,以兵刃杀子孙者五岁刑,殴杀者四岁刑,若心有爱憎而故杀者,各加一等"处刑;奸妇张容妃、陈慧猛应依通奸罪论刑,刑罚不超过徒刑;奸妇的哥哥张智寿、陈庆和无罪,不应处刑。并且根据"对首犯进行判决,然后再对从犯进行判决"的原则,由于刘辉潜逃在外,应将案件主犯刘辉缺席判决。

最后,皇帝驳斥了大臣的看法,坚持自己的判决,并处罚了相关大臣。

Ⅲ. 案 件 评 析

一、争论的由来

(一)大臣主张之目的

首先,大臣的主张是为维护刑罚的正统。一方面,刑罚的认定要符合北魏律的规定,故崔纂在认定刑罚时便引用具体条文为据;若行为未被北魏律禁止,则不能加以处罚。当论及刘辉殴主伤胎的刑罚,崔纂认为,根据《斗律》,"祖父母、父母因怀忿怒,用兵刃等凶器杀死自己子孙的,判处五年徒刑,殴打致死的则判处四年徒刑,因心怀憎恨之念而故意杀死的,刑罚各加一等。"又根据永平四年的先朝旧格:凡是徒刑、流刑及死刑,都应先对首犯进行判决,然后再对从犯进行判决。因为刘辉逃亡在外,不能舍弃首犯而判决从犯罪刑,则应将案件主犯刘辉缺席判决。"夫律令,高皇帝所以治天下,不为喜怒增减,不由亲疏改易。"这种罪刑法定的思想是皇权用来治天下、取信于民的工具,皇权虽大,仍受天命、天道的制约。中国最早的政治思想,以民意代表天命,故奉天承命的人君必须表现对民意的尊重。①

另一方面,刑罚应该符合法理,大臣所指之法理自然是儒家的文化和

---

① 　参见唐君毅:《中华人文与当今世界》,台湾学生书局 1978 年版,第 901 页。

教义。瞿同祖认为,北魏律经崔浩、高允等儒者拟定,又由经学大师刘芳修订,其尽量将儒家礼教倾入其中,魏律的儒家化彻底而又系统。① 此案亦体现北魏律律文的儒家化,如律文规定了儒家期亲相隐的主张,且期亲相隐适用于一般的犯罪。融入了儒家经义的北魏律,在司法中作为裁判依循之规范。崔纂运用"期亲相隐"这一法律规定,推定张智寿、陈庆和无需为其妹通奸罪作证,自然无需因通奸罪获罚。在司法过程中,除律文外,仍引用儒家经典作为裁判依据。例如,崔纂引用《仪礼》之"妇人不二夫,犹曰不二天",来说明妇女出嫁后归属、依附夫家,从而降低其与母家之关联。又如,尚书元修义引用《春秋》谴责齐桓公和子夏征舒,说明出嫁成家的妇女触犯礼法,与娘家亲属无关。二者都作为出嫁妇女之罪不能及于其兄弟的理据,从而张智寿、陈庆和免于刑罚。

其次,其主张还在于维护官僚系统的正统。门下省的主要职责是传达帝王命令或上奏文书,谋议严明不变的规则,不包括举劾罪状及判罪结案,因此不应有越权行为。《论语·泰伯篇第八》有云:"不在其位,不谋其政。"官僚机关都应该在自己的职务范围内行事,这样才合乎礼。礼不仅将社会划分成不同的差序格局,低层不得僭越高层,也强调在同阶层中的横向划分,这样社会才能以"礼"向"和"。在北魏前,中央司法权一般都交由专门的机关如西周的司寇、秦汉的廷尉等行使。当然也不乏一些例外情形,皇帝会将案件临时交由其他机关,如秦汉时期皇帝也会临时将案件交由负责纠察百官的御史大夫处理。然而,纠察百官的监察权与司法权具有亲缘性,而门下省的上传下达职责与司法权则大相径庭。不过,唐代的参酌院倒是与门下省的情形极为类似。《新唐书·刑法志》称:

---

① 参见瞿同祖:《中国法律与中国社会》,商务印书馆 2010 年版,第 390、392 页。

"穆宗童昏,然颇知慎刑法,每有司断大狱,令中书舍人一人参酌而轻重之,号'参酌院'"。中书舍人的职责本是在中书省掌制诰,与司法权相去甚远。故而,参酌院也颇受质疑,大理寺少卿崔杞上言,以为参酌之名不正,遂罢废。

再次,倘若结合当时的历史背景,还可以揣测一下大臣行为的动机,是为了维护皇权的正统。驸马殴主伤胎案正好发生在胡太后摄政时期,胡太后第一次掌政从延昌四年(515年)九月至神龟三年(或正光元年,即520年)七月,案件发生的时间很可能是神龟三年。摄政期间胡太后清除异己、任用亲近,而女人掌政这一事实本就违背儒家传统,《尚书·牧誓》所谓"牝鸡之晨,惟家之索",崔纂等大臣也有可能想借此敲打胡太后。不过,纵然不能确定其主张是否为反对胡太后祸乱正统,儒家传统也认为皇权应受限制。在儒家经典《中庸》中有所谓"可大可久"及"悠久成物"之观念。[①] 天道靡常,王朝统治的长久要倚赖统治者克己反省、不恣意而为。

(二) 皇帝(皇权)主张之目的

胡太后之所以要为兰陵公主出头而严惩刘辉等人,更多的是因为两人关系亲厚,决不是旨在为女性出头。崔纂言:"夫律令,高皇帝所以治天下,不为喜怒增减,不由亲疏改易",即在暗示胡太后的做法是在以自己的喜怒,为自己亲厚之人而毁坏法律。在兰陵公主杀了与刘辉通奸的侍婢后,刘辉疏远公主,公主的姐姐告诉胡太后,胡太后敕清河王元怿审理其事。元怿与高阳王元雍、广平王元怀奏他们夫妻不和之状,请离婚,削除封位。太后听从。公主在宫一年,高阳王元雍和刘腾都为公主向太后说好话。在高阳王元雍等的劝解调和下,两人复婚。并且"太后流涕

---

① 　参见唐君毅:《中华人文与当今世界》,台湾学生书局1978年版,第891页。

送公主,诚令谨护"。在公主重伤而亡后,胡太后的反应是"亲临恸哭,举哀太极东堂,出葬城西,太后亲送数里,尽哀而还"。换言之,这绝非女性意识的觉醒,只是一个人掌握权力之后想要保全关心之人,而掌握权力的人是女性,所保全的人也恰好是女性罢了。另外,胡太后还为济南长公主出头,贬黜杀害济南长公主的卢道虔为民,终身不仕。显然也是在帮熟稔之人。此外,在发现汝南王元悦捶挞王妃一事后,胡太后下令,"诸亲王及三蕃,其有正妃疾患百日已上,皆遣奏闻。若有犹行捶挞,就削封位"。她要保护的,也仅是正王妃等所熟稔之人。她想保护的女性,仅在皇室范围内,甚至没有触及普通大臣的家眷,这种对女性的保护之狭隘比阶级偏见更甚。故我们自然更无法把这一行为和女性主义联系在一起。女性主义所追求的是性别平权,它希冀所有的女性在父权结构下逐步走向解放,达到两性的平等。

二、大臣主张之理据

就皇帝诏令对崔纂的评价,"苟存执宪,殊乖任寄",可以看出皇帝至少也认可大臣们适用法律的精准,只是认为不应当死守法律条文的规定。相较于皇帝仅以"悖法乱理,罪不可纵"和"败风秽化,理深其罚"这样便匆匆带过,大臣们则提出一系列理据,来佐证自己的观点,故本文先予以剖析之。

从大臣引用的条文可以看出,第一,杀子孙是北魏律明确禁止的行为,即"祖父母、父母忿怒,以兵刃杀子孙者五岁刑,殴杀者四岁刑,若心有爱憎而故杀者,各加一等";第二,从犯的定罪量刑要后于主犯,即"诸刑流及死,皆首罪判定,后决从者";第三,"期亲相隐"之规定适用于一般犯罪。

（一）刘辉之罪

首先，大臣认为，对刘辉应依照父母杀子的行为处以刑罚。必须看到，刘辉和兰陵公主组成的皇室家庭不同于普通家庭，由于与兰陵公主建立家庭的关系，刘辉才获得驸马的称号，该身份与普通家庭的丈夫角色迥然不同，给刘辉带来相应的特权。公主腹中胎儿也因为与公主的关系，不同于普通人家的孩子。而胎儿的皇家身份更为稳固，毕竟血亲远远牢固于姻亲，只要与兰陵公主离婚，刘辉便与皇家无关。由于北魏律对驸马殴主伤胎行为未作规定，所以大臣主张仅采用刘辉的父亲身份处以刑罚，即适用《斗律》父杀子的规定，而忽略了刘辉和胎儿不同于普通家庭的皇家身份。《斗律》规定："祖父母、父母忿怒，以兵刃杀子孙者五岁刑，殴杀者四岁刑，若心有爱憎而故杀者，各加一等"。崔纂只是单纯引用法条，没有直接释明刘辉应该适用的刑罚，但根据《刑罚志》描述的案件事实，没有提到刘辉使用兵器，刘辉也只是与公主发生口角才殴打公主，应该没有杀胎儿的故意，故应适用条文前半段"殴杀者四岁刑"。

从条文表述来看，"因怀忿怒"和"因心怀憎恨之念而故意"都是施害人的主观状态，那么，这两种主观状态有什么区别？或许可以借用《唐律疏议》中的相关条文辅助理解。《唐律疏议·斗讼篇》的斗殴杀人条规定："诸斗殴杀人者，绞。以刃及故杀人者，斩。"疏议曰："斗殴者，元无杀心，因相斗殴而杀人者，绞。以刃及故杀者，谓斗而用刃，即有害心；及非因斗争，无事而杀，是名'故杀'：各合斩罪。'虽因斗而用兵刃杀者'，本虽是斗，乃用兵刃杀人者，与故杀同，亦得斩罪，并同故杀之法。"[1]在这里，以刃杀人与故杀人同等处罚，区分于普通的斗殴杀人。前者有害心，

---

①　刘俊文：《唐律疏议笺解》，中华书局 1996 年版，第 1478 页。

后者无害心。反观北魏《斗律》的规定："祖父母、父母忿怒，以兵刃杀子孙者五岁刑，殴杀者四岁刑，若心有爱憎而故杀者，各加一等。"其区分主客观定罪，先判断客观行为，是普通的殴打还是使用特殊的兵刃凶器殴打，若没有杀人的故意而杀者，仅适用五岁四岁刑；若主观有杀人故意，则在对应的客观行为处罚的基础上加一等。两个法条各自具有优点，北魏《斗律》该条严格按照"客观到主观"的进路，合乎逻辑；而《唐律疏议》斗殴杀人条将以武器杀人推定为有害心，与故杀罪并列，也有利于抑制斗殴中兵器的使用，降低被害人严重受伤的可能性。

　　北魏《斗律》将尊长殴打子孙单独定罪，与平常的殴杀相区分，其实是法律儒家化的体现。瞿同祖认为，魏晋南北朝时期每一朝都会制定自己的法律，而制定法律的程序落入大臣之手，便使得法律儒家化在此期间已然完成，其中北魏时期是关键。[①]　相异于南朝颛守晋律，拓跋氏入主中原，初期议定刑律诸人多中原士族，其家世所传之律学乃汉代之旧。[②]　北魏崔宏、崔浩父子等儒生主持制定的《北魏律》，大规模地将儒家的礼教精神引入法典中，这是法律儒家化的一个重要节点。以服制的差异影响定罪量刑是法律儒家化的一个重要面向。服制越近，亲属关系越近，以尊犯卑在法律上所处刑罚越轻，以卑犯尊在法律上所处越重。在制定《北魏律》之前，杀人者可以不用以命相抵而是以钱抵命，[③]即采用赔偿主义刑罚而非实刑主义刑罚，这种由朝廷制定划一的乃至定率的赔偿，既能使被害人得到满足，又能使侵害人负有支付义务。在制律之后，无论历任统

---

① 参见瞿同祖：《中国法律与中国社会》，中华书局 1981 年版，第 335 页。
② 参见陈寅恪：《隋唐制度渊源略论稿　唐代政治史述论稿》，生活·读书·新知三联书店 2001 年版，第 119 页。
③ 《魏书·刑罚志》："昭成建国二年：当死者，听其家献金马以赎；犯大逆者，亲族男女无少长皆斩；男女不以礼交皆死；民相杀者，听与死家马牛四十九头，及送葬器物以平之。"

治者怎样修改法律,都没有改变杀人者处以死刑的规定。① 虽然《魏书》中没有记录普通殴杀罪的刑罚,无法将殴杀罪直接与之比较,但根据所呈现的杀人罪的刑罚,也可推知普通殴杀罪的刑罚很可能高于殴杀子孙罪,这种差异便是准五服以制罪精神的具体实现。

其次,大臣认为刘辉未触犯叛逆罪,因而不应适用如叛逆罪一般的悬赏标准来通缉他。皇帝诏令并没有明确说明刘辉是否犯了叛逆之罪,只是意欲为厚赏解释:"辉悖法乱理,罪不可纵。厚赏悬募,必望擒获。"即以叛逆罪悬赏刘辉的原因是希望让其被捉拿归案。朝廷的解释没有明确认定刘辉犯叛逆之罪,而仅仅是按照谋反②的规格来悬赏缉捕刘辉。并且皇帝反对严格适用律令的做法也可以反向证明皇帝承认崔纂准确适用法律,所以皇帝未明确表明刘辉犯叛逆之罪。北齐法律首设"重罪十条",将叛逆行为加重处罚,严格区别于一般的犯罪。但根据北魏神麚中崔浩所定律令,"大逆不道腰斩,诛其同籍",可以看出,北魏律对犯叛逆之人处以腰斩并连坐,早已体现对叛逆的严重惩罚。

再次,刘辉的行为造成的结果是胎死且公主伤,大臣只论及胎死应处

---

① 参见《魏书·刑罚志》中的相关规定:1. 和平(460—465年)末,冀州刺史源贺上言:"自非大逆、手杀人者,请原其命,谪守边戍。"诏从之。2. 高祖驭宇,留心刑法。故事,斩者皆裸形伏质,入死者绞,虽有律,未之行也。太和元年(477年),诏曰:"刑法所以禁暴息奸,绝其命不在裸形。其更详旧典,务从宽仁。"司徒元丕等奏言:"圣心垂仁恕之惠,使受戮者免裸骸之耻。普天感德,莫不幸甚。臣等谨议,大逆及贼各弃市祖斩,盗及吏受赇各绞刑,踣诸甸师。"又诏曰:"民由化穆,非严刑所制。防之虽峻,陷者弥甚。今犯法至死,同入斩刑,去衣裸体,男女媟见。岂齐之以法,示之以礼者也。今具为之制。"3. 案《贼律》云:谋杀人而发觉者流,从者五岁刑;已伤及杀而还苏者死,从者流;已杀者斩,从而加功者死,不加者流。4. 毒杀人者斩,妻子流,计其所犯,实重余宪。5. 至迁邺,京畿蚩盗颇起。有司奏立严制:诸强盗杀人者,首从皆斩,妻子同籍,配为乐户。

② 此处的"谋反"或被误读为:朝廷以谋杀罪通缉刘辉。参见李贞德:《公主之死》,生活·读书·新知三联书店2008年版,第17页。所谓"赏同反人刘宣明之格"。刘宣明:据《魏书·肃宗纪》和《杨昱列传》记载,神龟二年九月(519年),瀛州民刘宣明谋反,事觉逃窜,后伏法。

之刑罚,而未触及殴伤公主的刑罚。这是因为北魏律可以基于"两罪并发,取其重者"的原则,因杀子之罪的刑罚重于殴妻之罪,故殴妻之刑罚被吸收而不论。"两罪并发,取其重者"的原则自汉代就已存在,《公羊传·庄公十年》何休注:"律,一人有数罪,以重者论之"。唐律关于数罪俱发的规定,除赃罪外,一般按"数罪从重者论"处理。

《魏书》中没有记载殴妻的法律条文,我们只能先一窥其他朝代的法律规定。《睡虎地秦简·法律答问》:"妻悍,夫殴治之,夬(决)其耳,若折支(肢)指、胅膚(体),问夫可(何)论? 当耐。"秦朝的殴妻罪以损伤结果作为入罪依据,刑罚为耐刑。《张家山汉简·二年律令》:"妻悍而夫殴笞之,非以兵刃也,虽伤之,毋罪。"汉朝的殴妻罪以犯罪工具为犯罪构成要件,单凭损伤结果无法入罪。《唐律疏议》规定:殴妻减凡人两等,殴死同凡人处罚。具体处罚标准:"伤见血者笞四十,拔发者杖六十,内损吐血者八十,折一齿、一指者杖九十,折二齿、二指者杖一百,折肋、堕胎者徒一年,折一支、瞎一目者徒三年,损二事以上者徒二年半,死者绞。"①该法规定,丈夫殴妻需受刑罚,堕胎和其他殴伤结果一样,是殴妻罪的定刑情节。

那么,北魏时期,其他殴妻事件又是如何处理? 丈夫是否受到了处罚? 与该案相似的是其他两件皇家殴妻事件,其一便是上文所述的汝南王元悦捶挞王妃事件,结果是灵太后下令,"诸亲王及三蕃,其有正妃疾患百日已上,皆遣奏闻。若有犹行捶挞,就削封位。"换言之,汝南王元悦未因这个捶挞王妃事件受到处罚,只是被训诫不得再犯,否则削除封位。另一殴妻事件,是赵郡王元谌殴伤其妃子,也即灵太后的侄女,而后果是元谌被灵太后免官。免官之举,未经过主审官员而仅凭灵太后一人决断,大概也是灵太后凭借义理而非法律而为的。

---

① 刘俊文:《唐律疏议笺解》,中华书局 1996 年版,第 1545 页。

最后，大臣未论及刘辉的通奸罪，这是因为，虽有和奸罪，但基于"两罪并发，取其重者"的原则，杀子之罪的刑罚重于通奸罪，故通奸之刑罚被吸收而不论。北魏有另外两个通奸事例，分别是广阳王元深与城阳王的妻子于氏通奸①、窦僧演与平民贾邈的妻子通奸②，它们的相似之处在于，由于奸妇的丈夫告发，奸夫因此丢官失爵。广阳王的免官处罚是由高阳王等宗室议决而作出的，应该未适用北魏律。而窦僧演非皇室，北魏又规定了"官当"制度，其因奸通民妇而被免官应该是适用北魏律的结果。

值得一提的是，纵然刘辉被判死刑，但遇到赦免，安然无恙，不久后得以恢复官爵。有学者将刘辉未被实际处刑的事实视作胡太后让步于官僚集团，③实则不然，该结果仅是恩赦制度作用下的产物。恩赦制度分为大赦、降罪与曲赦、曲降、录囚等。其中，大赦的范围最广，惠及天下，程度最高，得以免罪。刘辉适逢大赦，才未被处刑。恩赦的原因主要是国家庆典、皇室喜庆、荒灾和天文异象、战争民乱等，其无可能是胡太后为让步于官僚集团所为。④

（二）张容妃、陈慧猛之罪

首先，刘辉没有犯叛逆之罪，张、陈二人自然没可能被卷入叛逆罪；其次，刘辉确犯殴杀子孙之罪，但这仅仅是刘辉一人所为，与张、陈二人无关。故崔纂认为，她们只犯了通奸罪，如果在私通的现场被抓捕，证据确凿充分，按照刑律科处刑罚，也不会超过徒刑。北魏对通奸的处罚在制律

---

① 《北史·太武五王列传》："（广阳王元深）坐淫城阳王徽妃于氏，为徽表讼。诏付丞相、高阳王雍等宗室议决其罪，以王还第。"

② 《北史·窦瑾列传》："（窦遵）位濮阳太守，多所受纳。其子僧演奸通人妇，为部人贾邈告，坐免。"

③ 参见张一民：《北魏"殴主伤胎"案中的司法适用问题探析》，《法律适用》2020年第4期，第151页。

④ 关于恩赦制度的内容，请参见陈俊强：《皇权的另一面——北朝隋唐恩赦制度研究》，北京大学出版社2007年版，第9—11页。关于北魏期间的恩赦记录，请参见该书第235—240页。

前后有区分。在制律之前,对通奸的行为处罚很重:昭成帝建国二年制定
法规定,男女之间不遵守礼法通奸的,皆处死(绞)。此时刑法对待杀人
的行为仍采取定额赔偿制,给予死者家以物质赔偿来息事,比照之下,对
通奸所处的报复刑显得格外严厉。然而到本案发生的时代,如崔纂所言,
通奸的女方只被判处徒刑以下的刑罚。法律规范之嬗变,也反映着社会
主流文化对通奸行为的观念已经转变,其社会危害性明显降低。并且,纵
然法律规定通奸罪,《魏书》的记载表明,事实上许多女性未因通奸行为
受到处罚。如太原公主与散骑常侍尉显业奸通生子①、与裴询通奸②后魏
孝明帝还令其婚配,元钦与从父兄丽妻崔氏奸通③,韩子熙未婚与寡妪李
氏奸合而生三子。④ 看来,规范与事实间的鸿沟,不唯存在于本案。并
且,和奸为罪,秦汉已然如此。⑤ 唐律又依和奸主体的不同身份细化和奸
罪的刑罚幅度。⑥

(三) 张容妃、陈慧猛哥哥之罪

大臣们还从张、陈二女之兄不应受连坐,以及应适用期亲相隐等两个
方面,论证二人无罪。

就张、陈二女之兄不应受连坐而言,当时朝臣从两个层面论述。一方
面,崔纂认为,北魏律没有规定通奸罪的连坐,故兄弟二人不应被连坐。
另一方面,崔纂和元修义借用儒家经典来阐述出嫁妇女之罪不应连坐兄
弟的法理。崔纂借"妇人不二夫,犹曰不二天",试图说明如果家门失去
法度,其罪过在于丈夫,而不能责怪兄弟。又借晋朝何曾之言,"在室之

---

① 《魏书·长孙肥列传》。
② 《魏书·裴骏列传》。
③ 《魏书·封懿列传》。
④ 《魏书·韩麒麟列传》。
⑤ 参见[日]冨谷至:《奸罪的概念——从汉律到唐律》,赵晶译,《中国古代法律文献研究》2014 年第 8 辑,第 130—147 页。
⑥ 参见《唐律疏议·杂律》总第 410—416 条。

女,从父母之刑;已醮之妇,从夫家之刑",说明已嫁的妇女的刑罚应跟随夫家。但是崔纂的论述仅仅说明出嫁女性的处罚从夫,即出嫁女性与父亲家族的关系完全切割,父家的处罚不会波及出嫁之女。换言之,崔纂的论据只是证明已婚妇女会因谁犯罪而入刑、不会因谁犯罪而入刑,而未证明出嫁妇女所受刑罚会波及谁,而元修义的论据才证明后者。元修义列举哀姜和夏姬的例子,才真正证明了妇女既已出嫁成家,当有触犯礼法的罪过时,与娘家亲属无关。这体现了家长的义务,古代女子的一生,据三从原则依次依附于父亲、丈夫和儿子,家长的身份在这三人间依次流转,家长有义务为家庭成员的行为负责,而当父亲的家长身份流转到丈夫时,丈夫而非父亲应对其行为负责。

《魏书》对连坐着墨颇多,神麚中崔浩定律令,大逆不道腰斩,诛其同籍。延兴四年(474年),高祖孝文帝下诏,只要不是罪犯大逆之人,都只惩罚其本人,废除门房株连之刑。太和五年(481年)冬,新定律令共有八百三十二条,其中,门房之诛有十六条,修律中又废除团伙抢劫的首犯应受门房之诛的旧规。太和十一年(487年)春,孝文帝认为门房之诛仍存在于律典中,违背了《周书》所倡导的父子犯罪不连坐的原则,下诏要求讨论更改,删除繁酷的律文。改革是否取消门诛,因《魏书》缺载不得而知,但根据崔纂所言可以明确的是,通奸罪断无连坐规定。

崔纂认为,既然"期亲相隐"适用于一般犯罪,张、陈二女之兄便可以免除作证义务。期亲指依丧服制度应服齐衰期年之服的亲戚,即服丧一年的亲属。五服分为斩衰、齐衰、大功、小功、缌麻。其中齐衰按居丧期的长短和用杖与否又分为齐衰三年、齐衰杖期、齐衰不杖期和齐衰三月,齐衰不杖期也是服丧一年、不用杖,适用于为祖父母、伯叔父母、兄弟、未嫁之姐妹,已嫁之女为父母。期亲相隐,是法律儒家化的体现,调整对象是家庭与社会间的关系。在强调君臣伦理的时代,它为家庭与皇权间划了一条或明或暗但绝非可有可无的界线。它缘起于儒家的"父为子隐,子为父隐"思想,通过汉代董仲舒的《春秋》经义确立合法性。早在秦简《法律答问》中,就有禁止子女控告父母、奴婢控告主人的规定(非公室告),此时容隐呈现卑容隐尊的单方向特性。汉宣帝时确立"亲亲得相首匿"制度,"自今子首匿父母,妻匿夫,孙匿大父母,皆勿坐。其父母匿子,夫匿妻,大父母匿孙,罪殊死,皆上请廷尉以闻"①。这时的容隐呈现卑为尊与尊为卑的双方向容隐,但范围限定在一家祖孙三代之内,且不容许同辈之间的容隐。晋律"峻礼教之防,准五服以制罪",将五服话语变成法律话语。亲属间犯罪只限定在"五服亲"内,五服范围之外就不再是法律意义中的"亲属",则为常人犯罪。② 这一规定极大地推进礼法合流的进程,使得北魏律得以将服制与容隐联系起来,进而使容隐的范围得以完善。唐律"同居相隐不为罪"制度又进一步扩大容隐的范围:"诸同居,若大功以上亲及外祖父母、外孙,若孙之妇、夫之兄弟及兄弟妻,有罪相为隐;部曲、奴婢为主隐:皆勿论","其小功以下相隐,减凡人三等。若犯谋叛以上者,不用此律"。无服的同居之人也允许相隐。明清律又将容隐范围进一步扩大到妻亲,连岳父母和女婿也一并列入。③

三、皇帝主张之理据

纵然儒臣引经据典,皇权一方并不打算听从,反倒以"弗究悖理之浅深,不详损化之多少,违彼义途"批驳儒臣的裁判,试图突破形式法律规定。然而,皇权一方只匆匆一句带过,并未详陈。在儒家所倡导的人伦秩序中,《孟子·滕文公上》提出"父子有亲,君臣有义,夫妇有别,长幼有

---

① 《汉书·宣帝纪》。
② 参见陈晓枫、金潇:《传统法律中的服制话语探究》,《甘肃社会科学》2020年第1期。
③ 瞿同祖:《中国法律与中国社会》,中华书局1981年版,第56页。

序,朋友有信"的"五伦"道德规范,其中将"义"用来描述君臣关系。①那么,驸马殴主伤胎是违背君臣之义吗? 申言之,公主与驸马的关系是否属于儒家意义的君臣关系?

《孟子·万章章句下》:"万章曰:'庶人,召之役,则往役;君欲见之,召之,则不往见之,何也?'曰:'往役,义也;往见,不义也。且君之欲见之也,何为也哉?'"孟子认为,平民以其身份应召见国君为"不义",应身份相同的人的召唤而做事方为"义"。

《孟子·梁惠王》:"千乘之国,弑其君者必百乘之家。(天子建国,诸侯立家。百乘之家,谓大国之卿食采邑有兵车百乘之赋者也,若齐崔、卫宁、晋六卿等,是以其终亦皆弑君,此以百乘取千乘也。上下乘当言国,而言家者,诸侯以国为家,亦以避万乘称国,故称家。)"

孟子口中的君,与诸侯或平民相对,仅指君王,不包括其他皇室成员。故公主和驸马之间不存在君臣关系,故不存在君臣之义。

由于"以帝女贵",唐朝出现了公主不行舅姑之礼的现象。这种现象也被唐高宗批评,并下诏规定:"父母之尊,人伦以极,舅姑之敬,礼经攸重,苟违斯义,有黩彝伦。如闻公主出适,王妃作嫔,舅姑父母,皆降礼答拜,此乃子道亡替,妇德不修,何以式序家邦,仪刑列阃。自今已后,可明加禁断,一依礼法。"②德宗时期,为了制约公主守礼,抑制"舅姑返拜而妇不答"的现象,礼官定制曰:"既成婚于礼会院,明晨,舅坐于堂东阶西向,姑

---

①　关于"义""不义""义合"等的一般解释,可参考高明士:《义合与义绝》,《中国中古礼律综论——法文化的定型》,元照出版有限公司 2014 年版。后来作者对本文予以修订,2019 年 11 月 3 日在厦门大学法学院以《"义"与非血缘人伦秩序——以唐律所见义合与义绝为例》为题演讲,强调"义合"的类型应包括君臣、官吏(长官与部属)、师生、夫妻以及朋友、僧道师弟等五种类型,而夫妻义同父子,但夫妻在律文实际以期亲长幼来处理。后以同名论文收入《法律史译评》第 8 卷,中西书局 2020 年版,第 263—284 页。

②　《唐会要·皇太子不许与诸王及公主抗礼》。

南向,妇执笲,盛以枣栗,升自西阶,再拜,跪奠于舅席前,退降受笲,盛以腶脩。升,北面再拜,跪奠于姑席前。降,东面拜堉之伯叔兄弟姊妹。已而谢恩于光顺门,堉之亲族亦随之,然后会讌于十六宅。"[1]这些做法都表明,公主出嫁后的应然身份仅为驸马之妻,其应以夫为纲,不应以己为贵。

"义"的意义也可以广义解释为合宜性,《中庸》说"义者,宜也"。《孟子·告子上》:"心之所同然者何也? 谓理也,义也"。"义"是君子行为的重要准则,孔子语"君子之于天下也,无适也,无莫也,义之与比"。董仲舒循"阴阳五行"说,确立了"纲常"理论,"君臣父子夫妇之义皆取诸阴阳之道"。

《礼记·昏义》曰:"敬慎重正而后亲之,礼之大体,而所以成男女之别,而立夫妇之义也。"《左传·僖公三十三年》:"臼季使,过冀,见冀缺耨,其妻馌之,敬,相待如宾。"相敬如宾是夫妻关系的理想状态,刘辉的殴妻行为自然与此相悖。纵然如此,也无证据证明刘辉殴妻的行为足以致其受刑死亡。《荀子·正论篇》称:"杀人者死,伤人者刑,是百王之所同也,未有知其所由来者也"。而根据三纲五常所制定的"准五服以制罪"又为"杀人者死"设置许多例外,这些例外逐渐化为常理。这使得刘辉杀子之罪不及死刑。

皇权一方的审判依据付之阙如,皇帝(皇权)的主张恐难称得上确有道理,但诏狱超法规的强词夺理,可"特敕门下结狱,不拘恒司",可奈其何!

韦伯在论述古代中国时,认为分封制瓦解后的古代中国是家产官僚制,古代中国司法是卡迪司法。[2] 近年来,中国学界批判韦伯研究结论的

---

① 《旧唐书·珍王诚列传》。
② 参见[德]韦伯:《中国的宗教:宗教与世界》,康乐、简惠美译,广西师范大学出版社2004年版,第86、157页。

热潮持续不退,尤其是针对古代中国法律是卡迪司法的论述。① 在本案中,儒臣引用律法和儒家经典这样遵循规则的举动,的确体现出古代中国的官僚制面向,更可以看到他们的释法并不是恣意而为的卡迪司法。然而皇权的主张——这一最后决定性意见,则极大程度为本案笼罩上卡迪司法的阴影。

Ⅳ. 参 考 文 献

[1]唐君毅:《中华人文与当今世界》,台湾学生书局 1978 年版。

[2]刘俊文:《唐律疏议笺解》,中华书局 1996 年版。

[3]瞿同祖:《中国法律与中国社会》,中华书局 1981 年版。

[4]陈寅恪:《隋唐制度渊源略论稿唐代政治史述论稿》,生活·读书·新知三联书店 2009 年版。

[5]李贞德:《公主之死:你所不知道的中国法律史》,生活·读书·新知三联书店 2008 年版。

[6][日]冨谷至:《奸罪的概念——从汉律到唐律》,赵晶译,载《中国古代法律文献研究》第 8 辑,社会科学文献出版社 2014 年版。

[7]高明士:《中国中古礼律综论——法文化的定型》,元照出版有限公司 2014 年版。

[8]《魏书》,中华书局 1974 年版。

[9]《北史》,中华书局 1974 年版。

[10]《唐会要》,中华书局 1955 年版。

---

① 参见赖骏楠:《家产官僚制与早期现代法:韦伯理论与清代法的对话》,《清华法学》2022 年第 2 期;周永坤:《"韦伯命题"之争及其启示》,《法律科学》2020 年第 2 期;刘盈辛:《清末刺马案:清代刑事司法实践的合理性指向》,《法律适用》2019 年第 20 期。

［11］《旧唐书》,中华书局 1956 年版。

［12］张一民:《北魏"殴主伤胎"案中的司法适用问题探析》,《法律适用》2020 年第 4 期。

附录三 《魏书·刑罚志》点校问题评议[*]

周东平

摘 要：中华书局 2017 年修订本《魏书·刑罚志》，在点校的用字、标点符号等方面，比 1974 年的旧版有所改进。但仍存在一些值得商榷的问题，如"详（祥）刑""狱理是诚（成）"等用字可以更准确，至少这些改动文字应出校勘记以说明之；标点符号上还留有值得改进的地方；尤其对神麚律"分大辟为二科死斩死入绞"，因对刑罚制度理解上的错误引发句读错误。

关键词：魏书 刑罚志 点校 句读 死斩

我们于 2014 年 11 月至 2015 年 10 月，曾以轮读会形式集体轮读《魏书·刑罚志》，当时以中华书局 1974 年点校版《魏书》为底本（以下简称中华"旧版"）。在后来的整理过程中，中华书局修订本《魏书》于 2017 年出版（以下简称中华"新版"）。作为修订本，仅就《刑罚志》的重新点校而言，与旧版等比较，有许多改进。但仍然存在一些问题，值得将来进一步检讨修订。解剖麻雀，举一反三，希冀对《魏书》等点校的完善也有所裨益。

中华新旧版均为竖排版，本文改为横排版，各标点符号相应据改。在介绍本文引用《魏书·刑罚志》主要注释本资料时，为节约篇幅，所引各

---

* 本文原刊载于《古籍整理研究学刊》2020 年第 6 期，第 21—27+5 页。今略有订正而附录于此。

注释本简称如下：

1.［日］内田智雄编、冨谷至补：《译注　中国历代刑法志（补）》（1964年初版），内田智雄编、梅原郁补：《译注　续中国历代刑法志（补）》（1971年初版），均为创文社 2005 年版。底本为武英殿本光绪十年上海同文书局影印。——（引用时简称）内田氏：《译注》或《续译注》，第××页。

2.高潮、马建石主编：《中国历代刑法志注译》（徐晶石负责《魏书·刑罚志注译》部分），吉林人民出版社 1994 年版。底本为中华书局 1974年版。——高氏：《注译》，第××页。

3.谢瑞智、谢俐莹注译：《中国历代刑法志：汉书·晋书·魏书》，文笙书局 2002 年版。未说明底本来源。——谢氏：《注译》，第××页。

4. 周国林主编：《二十四史全译·魏书》，汉语大词典出版社 2004 年版。作者虽未具体说明，但认为中华书局 1974 年点校本是相对比较好的，故应以其为底本。——周氏：《全译》，第××页。

一、新版《魏书·刑罚志》的优点

（一）用字更准确

1. 上下相殴［新版作"敺"］，以刻为明，深者获公名，平者多后患。（旧版第 2872 页；新版第 3128 页）

意思是"上下争先恐后，以处刑苛刻为执法严明。"此处的相"殴"，明显不如新版相"驱"来得合理。

2. 高宗初……其所穷治，有司苦加讯恻［新版：测］，而多相诬逮，辄劾以不敬。（旧版第 2875 页；新版第 3131 页）

"测"，旧版（第 2875 页）、内田氏《译注》（第 200 页）均作"恻"，无任何说明。据新版校勘［六］：有司苦加讯测，"测"，原作"恻"，据《通典》卷170《刑八·峻酷》改。按《陈书》卷33《沈洙传》见"测囚之法"，"讯恻"无义，"恻"乃"测"之形讹。（此处所指的《陈书》，内田氏在《译注　续历代中国刑法志》释《隋书·刑法志》"测罚"时，误引为《梁书》。见内田氏：《续译注》，第24页。）

恻，忧伤、悲痛。《说文解字·心部》："恻，痛也。""讯恻"相连作为一个词组，各注释本在词义解释上多解释为极其苛酷的审讯，颇显勉强。校改为"测"，亦有《通典》的支持，十分正确。我们阅读《刑罚志》时，也曾猜测"讯恻"可能与测罚制度有关。北魏高宗（440—465 年）时的讯测，固可引《陈书·沈洙传》"测囚之法"加以印证，但最好指明梁武帝（464—549 年）时已有"测罚"之制，这在时间上更接近北魏的讯测之制。据《隋书·刑法志》介绍梁武帝创始的刑讯手法："凡系狱者，不即答款，应加测罚，不得以人士为隔。"即靠断绝饮食、上垛审问，逼使其招供。前引《沈洙传》亦云："梁代旧律，测囚之法，日一上，起自晡鼓，尽于二更。""且测人时节，本非古制，近代以来，方有此法。"明确陈承梁制，从"测罚"发展为"测立"，不仅让囚犯着械上垛，而且兼施鞭杖，比梁制更残酷。隋朝后废除。

梁之测罚，虽非古制，但究竟渊源于"近代"的何时何处，甚或是否仿效北魏的讯测，目前不详。

3. 若羊皮不云卖，则回无买心，则羊皮为元首，张回为从坐。首有沽［新版：活］刑之科，从有极默之戾，推之宪律，法刑无据。（旧版第2883页；新版第3139页）

"活刑"旧版作"沽刑"。但《册府元龟·刑法部·议谳》作"活刑"。即虽处以徒刑、流刑等，但保留犯人性命的这类刑罚，与后面的极默对应。据新版校勘二三，按："活刑"与下"极默"对文，"沽"乃"活"之形讹。这一改正也是合理的。

(二)标点符号有改进

1. 和平末,冀州刺史源贺上言:"自非大逆[新版:、]手杀人者,请原其命,谪守边戍。"诏从之。(旧版第 2875 页;新版第 3132 页)

新版"自非大逆、手杀人者"中间的顿号,旧版及各注释本均没有标明以示区隔,但在各注释本的译文中,都区分为大逆罪及亲手杀人两者,可见新版增加顿号,是合适的。

据冨谷至《解说》补注(39),大逆罪、杀人罪排除于流刑之外的同上奏文,亦分别见于《魏书》卷41、《北史》卷28"源贺传",在那儿,"赃及盗与过误之愆,本应适用死刑"。(内田氏:《译注》,第285页)《魏书》本传作:"臣愚以为自非大逆、赤手杀人之罪,其坐赃及盗与过误之愆应入死者,皆可原命,谪守边境。"

这样,新版句读也就与本传一致。

2. 然贼律杀人,有首从之科,盗人卖买,无唱和差等。(旧版第 2882页)

新版(第3139页)改为:"然《贼律》杀人有首从之科,盗人卖买,无唱和差等。"加上法典篇名的书名号,再省去一个逗号后,整句读起来更加流畅,书名号使用合理(详下文)。

3. 尽量注意到对法典的篇名统一使用书名号。

(1)对法典的篇名,应使用书名号。对此,旧版有使用书名号的,新版仍继承之,如:

"《法例律》:'诸逃亡,赦书断限之后,不自归首者,复罪如初。'依《贼律》,谋反大逆,处买枭首。"……"又案《法例律》:'八十已上,八岁已下,杀伤论坐者上请。'"(旧版2884、2885页;新版第3141页)

"案《斗律》：'祖父母、父母忿怒，以兵刃杀子孙者五岁刑，殴杀者四岁刑，若心有爱憎而故杀者，各加一等。'"（旧版第2886页；新版第3143页）

在"法例律""贼律""斗律"等法典篇目名上均已加书名号。

（2）也有旧版没有对法典的篇名统一使用书名号，新版予以补正的情形（用方括弧表示）。如：

太保、高阳王雍议曰："州处张回，专引[《]盗律[》]，检回所犯，本非和掠，保证明然，去盗远矣。今引以[《]盗律[》]之条，处以和掠之罪，原情究律，实为乖当。如臣钧之议，知买掠良人者，本无罪文。何以言之？'群盗强盗，无首从皆同'，和掠之罪，故应不异。明此自无正条，引类以结罪。臣鸿以转卖流漂，罪与掠等，可谓'罪人斯得'。案《贼律》云：'谋杀人而发觉者流，从者五岁刑；已伤及杀而还苏者死，从者流；已杀者斩，从而加功者死，不加者流。'详沉贱之与身死，流漂之与腐骨，一存一亡，为害孰甚？然[《]贼律[》]杀人，有首从之科，盗人卖买，无唱和差等。"（旧版第2882页；新版第3138—3139页）

旧版"太保、高阳王雍议曰……"这一段的前一"贼律"使用书名号，后一"贼律"却没有使用书名号；同样是法典篇名的"盗律"也一律没有使用书名号。对此，新版把这一段的"贼律""盗律"都加上书名号，既统一了本段的体例，也与前引《刑罚志》其他场合的法典篇名应加书名号的处理方式一致，更为合理。

（3）还有大量法典篇名在旧版没有使用书名号、新版予以增加的情形，例如：

初，[《]盗律[》]，赃四十匹致大辟，民多慢政，峻其法，赃三匹皆死……于是游雅与中书侍郎胡方回等改定律制。[《]盗律[》]复旧，加故纵、通情、止舍之法及他罪，凡三百九十一条。（旧版第2875页；新版第

3131 页）

案[《]盗律[》]"掠人、掠卖人、和卖人为奴婢者,死"。回故买羊皮女,谋以转卖。依律处绞刑。（旧版第 2880 页;新版第 3137 页）

廷尉少卿杨钧议曰:"谨详[《]盗律[》]'掠人、掠卖人为奴婢者,皆死'……"（旧版第 2881 页;新版第 3137 页）

4. 对特定法典"律"的书名号有所注意,但未能统一使用

（1）新旧版注意到对概称性的"律""律令""律文""宪律",一般不使用书名号。如志文:

"诏议律之制,与八坐门下参论。""据律准犯,罪当孥戮";"依律则罪合孥戮,准赦则例皆除名。""请依律处,除名为民。""诚于律俱乖,而两各非诈。""买者之罪,律所不载。""依此律文,知人掠良,从其宜买,罪止于流。""准律斟降,合刑五岁。""准之情律,所亏不浅。""推之宪律,法刑无据。""夫律令,高皇帝所以治天下";"若擒之秽席,众证分明,即律科处,不越刑坐";"律令之外,更立余条";"悉准律令,以明恒宪",等等,是合理的。

（2）对引用具体律条的特定"律",新旧版有注意使用书名号,这部分也合理。如:

《律》,"期亲相隐"之谓凡罪。况奸私之丑,岂得以同气相证。论刑过其所犯,语情又乖律宪。案《律》,奸罪无相缘之坐。不可借辉之忿,加兄弟之刑……既有诏旨,依即行下,非律之案,理宜更请。（旧版第 2887 页;新版第 3143 页）

案《律》,公私劫盗,罪止流刑。（旧版第 2888 页;新版第 3144 页）

（3）对部分同样引用具体律条的特定之"律",新旧版没有使用书名号。本来,（2）的处理方式很好。可惜在《刑罚志》中没有一以贯之地坚持该体例。如以下划线标示的下述情形,按照上述（2）的做法,新版至少

应该有所修正,使用书名号。但很遗憾,最终没有标示书名号。

<u>律</u>:"枉法十匹,义赃二百匹大辟。"(旧版第 2877 页;新版第 3133 页)——此"律"应指太和五年(481 年)之《律》。

三公郎中崔鸿议曰:"案<u>律</u>'卖子有一岁刑;卖五服内亲属,在尊长者死,期亲及妾与子妇流'。唯买者无罪文……"(旧版第 2881 页;新版第 3137—3138 页)

"依<u>律</u>:'诸共犯罪,皆以发意为首。'"(旧版第 2882—2883 页;新版第 3139 页)

(4)还有下面一些以下划线标示的类似情形,是否使用书名号,也可以再斟酌,如:

<u>律</u>称和卖人者,谓两人诈取他财。(旧版第 2880 页;新版第 3137 页)

十一年春,诏曰:"三千之罪,莫大于不孝,而<u>律</u>不逊父母,罪止髡刑。"(旧版第 2878 页;新版第 3134 页)

"检除名之例,依<u>律</u>文,'狱成'谓处罪案成者。"(旧版第 2883 页;新版第 3140 页)

<u>律</u>文,狱已成及决竟,经所绾,而疑有奸欺,不直于法,及诉冤枉者,得摄讯覆治之。(旧版第 2884 页;新版第 3140 页)

赦令之后方显其事;律令之外,更求其罪。<u>赦律</u>①何以取信于天下,天下焉得不疑于<u>赦律</u>乎!(旧版第 2885 页;新版第 3141 页)

---

① 赦律:赦律是否北魏律篇名,有不同意见。据沈家本考证,北魏律篇名除上引《法例律》《盗律》《贼律》《斗律》外,还有《赦律》。(沈家本:《历代刑法考·律令三》,中华书局 1985 年版,第 913 页)但程树德考证北魏律十五篇,没有《赦律》。(程树德:《九朝律考·后魏律考》,中华书局 1963 年版,第 352 页)张建国推测北魏律 20 篇的篇名是:"刑名、法例、斗、盗、贼、诈伪、请赇、告劾、捕亡、系讯、断狱、杂、户、擅兴、毁亡、卫宫、水火、厩牧、关市、违制。"(张建国:《中国律令法体系概论》,《北京大学学报(哲学社会科学版)》1998 年第 5 期)也没有赦律。

二、新版《魏书·刑罚志》存在的问题

如前述,中华新版较旧版在《刑罚志》点校方面有所改进,但仍存在一些值得斟酌之处。

(一)用字可以更准确

1. 周道既衰,穆王荒耄,命吕侯度作祥[新版:详]刑,以诘四方,五刑之属增矣。(旧版第 2871 页;新版第 3127—3128 页)

祥刑:妥善之刑法。殿本、中华旧版、内田氏作"祥";百衲本、汲古阁本、中华新版作"详"。新旧版均未出校勘记,说明其他版本的情况。新版《魏书》从底本用字,方法上没有问题;殿本晚出,似不足为据。

但若从渊源看,本志该表述所本的《尚书·吕刑》皆作"祥刑"。《吕刑》:"有邦有土,告尔祥刑。"孔安国传:"有国土诸侯,告汝以善用刑之道。"后文孔颖达疏:"五刑之疑赦刑取赎,五罚疑者反使服刑,是刑疑而输赎,罚疑而受刑,不疑而更轻,可疑而益重,事之颠倒一至此乎? 谓之'祥刑',岂当若是?"《吕刑》又云:"受王嘉师,监于兹祥刑。"孔安国传:"有邦有土,受王之善众而治之者,视于此善刑,欲其勤而法之。"

另一方面,《周礼》郑玄注曾引《尚书》云"度作详刑,以诘四方",可见至少汉时已有两者通用或混用迹象。两字相通,古书常见,《汉书》师古注引《吕刑》时,正作"详刑",《后汉书》祥刑二见,详刑五见。清代王鸣盛《尚书后案》已有考证:"吕刑'告尔祥刑',后汉《刘恺传》引作'详刑';郑氏《周礼》注亦云:'度作详刑,以诘四方',皆古'祥'字。故《左传》'裸祥',服虔引《公羊》作'详'。今《公羊》作'侵羊'者,《春秋繁露》云:'羊之为言,犹祥与';郑众《百官六礼辞》亦云:'羊者,祥也';郑注

'车人'云:'羊,善也',然则'祥'可通'详',又可省作'羊',其实一也。"

关于羊及羊神判,日本学者白鸟清《日本·中国古代法の研究——神判·盟誓の研究》(柏书房 1972 年版)的相关研究值得注意。例如其中的《古代支那におけれ神判の一形式》,从《诗经·生民》"诞寘之隘巷,牛羊腓字之",《史记·周本纪》"弃之隘巷,马牛过者皆辟不践"等感生说材料对比(牛羊、牛马)开始,讨论威灵与不祥;《盟の形式より観たる古代支那の羊神判》,从《墨子·明鬼》记载的羊神判开始,阐论重神羊的盟誓神判;《羊神判の反映した二、三の漢字について》,从《说文解字》"美,甘也,从羊从大。羊在六畜,主给膳也。美与善同意"开始,在回顾讨论狱(犬神判)、告(牛神判)等动物神判之后,进而论及善(竞言、从羊)、详(单言与羊合字)、祥(判凶吉之兆)、佯(人羊合字)等与羊神判有关的古汉字。尤其祥,有吉凶征兆之义。《左传·僖公十六年》:"周内史叔兴聘于宋,宋襄公问焉,曰:'是何祥也? 吉凶焉在?'"杜预注:"祥,吉凶之先见者。"孔颖达疏:"《正义》曰:《中庸》云:国家将兴,必有祯祥;国家将亡,必有妖孽。则事之先见,善恶异名。吉之先见谓之祥,凶之先见谓之妖。此总云祥者,彼对文耳……《五行传》云:青祥、白祥之类恶事,亦称为祥,祥是总名。"在判断吉兆恶征的意义上,或者保证将来的盟誓上,使用远古的以羊判定善恶正邪的羊神判传统,该"祥"字凶吉两意均存,其作为反映构成羊神判风习的文字,值得重视。

我们进一步考索诸书,《易经·履》:"视履考祥。"《释文》:"'祥',本亦作'详'。"《集解》"祥"作"详"。《音训》:"祥,晁氏曰:'郑作详。'"惠栋《九经古义二·周易下》:"本作'详'(见《释文》),古'祥'字(古文'祥'作'祥',又见蔡邕《尚书石经》)。"《易经·大壮》:"不详也。"《释文》:"详,郑王肃作'祥'。"《集解》"详"作"祥"。《易经·困·象传》:"不见其妻,不祥也。"《集解》"祥"作"详"。《易经·系辞下》:"吉事有祥。"《集解》"祥"作"详"。《尚书·君奭》:"其终出于不祥。"《汉石经》"祥"作"详"。《左传·成公十六年》:"德、刑、详、义、礼、信,战之器也。德以施惠,刑以正邪,详以事神,义以建利。"孔颖达疏:"详,祥也,古字同。"《公羊传·宣公十二年》:"告从不赦不详。"《管子·宙合》:"道也者,通乎无上,详乎无穷,运乎诸生。"皆有"祥"之义。《老子》五十五章"益生曰祥",而遂州龙兴观碑"祥"作"详"。《孟子·公孙丑下》"申详",而《礼记·檀弓上》作"申祥"。《荀子·修身》:"则可谓不详少有者矣。"杨倞注:"'详'当为'祥'。"《荀子·成相》:"百家之说诚不详。"杨倞注:"'详'或为'祥'。"《春秋繁露·王道》"详"作"祥"。《史记·太史公自序》:"大祥而众犯忌。"《集解》:"徐广曰:'祥,一作详。'"《汉书·司马迁传》作"详"。《文子·上义》"详于鬼神",《淮南子·泛论训》则作"祥于鬼神。"参见高亨:《古字通假会典》,齐鲁书社 1989 年版,第 270—271 页。

后世还发生"祥刑"写作"详刑"引发疑惑的实例,南宋史绳祖《学斋占毕·祥刑详刑字义之通》:

先师鹤山在遂宁漕廨,作极堂碑时,摄宪书详刑字。余后继忝漕节,重新极堂,仍立鹤山之碑。一时僚属咸疑"详刑"字,以为《尚书·吕刑》篇"告尔祥刑""监于兹祥刑"只作"祥"字。余因谓之曰:"唐《百官志》改'大理正'为'详刑大夫',固已用此'详刑'字,然不为无所本也。当时颜师古辈留意经学,故于传注咸通焉。盖《吕刑》篇中'告尔祥刑'只作'祥'字,注谓'善用刑之道'。然《周礼》太宰之职'五曰刑典以诘邦国',注引《书》曰:'度作详刑,以诘四方。'考今古文《尚书·吕刑》只曰:'度作刑,以诘四方。'即无'详'字。然'详刑'字见于经注,亦可通用也。"

综上传世经注而言,"祥刑"两见于经,而"详刑"仅见于注而不见于经,且史绳祖所述轶事虽有唐之"详刑大夫"为史证,却仍反映南宋多以《吕刑》"祥刑"为正的一般观念。

不仅权威注疏,后世典籍、皇帝谕告亦取"祥刑"之义。《古今图书集成》有"祥刑典"一百八十卷。《明史·刑法志》载洪武三十年谕:"古人谓刑为祥刑,岂非欲民并生于天地间哉!"

"祥"本有吉凶征兆之义,亦专指吉利福善之义。《逸周书·武顺》:"天道曰祥。"《易·系辞》:"吉事有祥。"《左传·僖公十六年》:"周内史叔兴聘于宋,宋襄公问焉,曰:'是何祥也? 吉凶焉在?'"杜预注:"祥,吉凶之先见者。"《说文解字注》祥:"福也。凡统言则灾亦谓之祥。析言则善者谓之祥。"学者已指出:"在汉代以前的文献中'祥'字并无确定意义,甚至可以做完全相反的解释……汉以后,'祥'的字义逐渐确定为正面的用法。"(包振宇《〈尚书〉"祥刑"思想中的司法理性》,《扬州大学学报(人文社会科学版)》2016 年第 5 期)如《说文》:"祥,福也,从示,羊声,一云善。"《尔雅》:"祥,善也。"祥刑,如前引《尚书》(两处)、孔传(两处)、孔疏(一处)均解为"善刑"。南宋蔡沈《尚书集传·吕刑》中对祥刑的解释:"夫刑,凶器也,而谓之祥。祥者,刑期无刑,民协于中,其祥莫大焉。"明人丘濬《大学衍义补》卷 101 也认为祥刑:"其为器也固若不祥,而其意则至善,大祥之所在也。"盖前述经传谕告,皆以妥善之刑法为本义。

"祥""详"二字虽通于吉善之义,但其混用造成思想理解上的众说纷纭。据丘澎生的研究,明人丘濬将"祥刑"区分为三个层次:一是"详细",二是"慈祥",三是"以中道除去不祥";嘉靖重编吴讷《祥刑要览》时将"祥刑"解释为"吉祥";王肯堂《律例笺释》中将"祥刑"与"阴遣"关联,更与"福祚流及子孙"联系(参见邱澎生:《晚明有关法律知识的两种价值观》,载《当法律遇上经济:明清中国的商业法律》,浙江大学出版社 2017年版)。而现代学者仍莫衷一是,有的取"详刑",阐释审刑之义。(包振宇:《〈尚书〉"祥刑"思想中的司法理性》,《扬州大学学报(人文社会科学版)》2016 年第 5 期)如顾颉刚、刘起釪对"祥刑"注释有三种观点:"善"

则"祥";"祥"与"详"通用,"祥刑"实为"详审之刑";"无刑而民安"则"祥"。(《尚书校释译论》,中华书局2005年版,第1997页)有的认为《吕刑》是祥刑的典范,取"祥刑"阐释善刑之义。(吕丽:《善刑与善用刑:传统中国的祥刑追求》,《吉林大学社会科学学报》2018年第3期)

综上,作"祥刑",以《吕刑》为正本;作"详刑",以所据版本为优。古来两者多有相通混用之例,亦不乏分疏异解之说。我们认为,此处可本于《尚书》,从旧版作"祥刑"为宜。即使一仍百衲本之底本原文,至少应出校勘记以说明之。

2. 其年六月,兼廷尉卿元志、监王靖等上言:"检除名之例,依律文,'狱成'谓处罪案成者。寺谓犯罪迳弹后,使覆检鞫证定刑,罪状彰露,案署分晒,狱理是成(新版、百衲本作"诚";旧版、内田版均作"成")。若使案虽成,虽已申省,事下廷尉,或寺以情状未尽,或邀驾挝鼓,或门下立疑,更付别使者,可从未成之条。"(旧版第2883—2884页;新版第3140页)

旧版"狱理是成"之"成",新版改为"诚",应是基于底本百衲本的缘故。且百衲本该页,版心有宋代刻工名"方中",知刻于南宋(参见王肇文:《古籍宋元刊工姓名索引》,上海古籍出版社2012年版,第5页)。而三朝本、殿本皆作"成"。三朝本该页为嘉靖十年补刊(第19a页),殿本更晚出。再查明刻初印本《册府元龟》卷610《刑法部》,亦作"狱理是成"和"狱成"。从版本源流上讲,宋刻页的"诚"字,应较明代补刻页以及明版《册府元龟》的"成"字可信。

问题是改"成"为"诚"虽有独自版本依据,但如此使用乃唯一见,果真毫无疑义?

据冨谷至《解说》补注(39):元志、王靖的上奏文,提供了有关审判程序的重要资料。"覆""检""鞫""证""狱成"等,是表示诉讼程序各阶段的法制用语。其具体究竟意味着什么,值得探讨的地方颇多。(内田氏:

《译注》,第286页)

　　"狱理是成"是"处罪案成",即被起诉后,走完"覆""检""鞫""证"程序,赃状露验,案署分明,并解送至省,只是"尚书省断讫未奏者"。此时就是"狱理是成"。这可证之本志前文"论刑者,部主具状,公车鞫辞,而三都决之。当死者,部案奏闻。以死不可复生,惧监官不能平,狱成皆呈,帝亲临问,无异辞怨言乃绝之",以及后文"律文,狱已成及决竟,经所绾,而疑有奸欺,不直于法,及诉冤枉者,得摄讯覆治之"等。

　　按"狱成"本于《尚书·吕刑》:"其刑其罚,其审克之。狱成而孚,输而孚。其刑上备,有并两刑。"据屈万里《尚书今注今译》解释,成,定。又,《礼记·文王世子》:"狱成,有司谳于公。"《礼记·王制》亦曰:"凡听五刑之讼……必察小大之比以成之。成狱辞,史以狱成告于正,正听之。正以狱成告于大司寇,大司寇听之棘木之下。大司寇以狱之成告于王,王命三公参听之。三公以狱之成告于王,王三又,然后制刑。"还有学者认为:"中国古代刑狱诉讼,自奴隶制时代起,已有'狱成'和'拟论'两个诉讼阶段。'狱成'是由下级司法官吏,通过查证和庭审,核实被告所犯罪行,作出被告犯罪成立、证据确凿的结论。'拟论'则是由上级司法官员根据传入的'狱成'结论,适用法律,裁量刑罚。"①

　　作为法制用语的"狱成"自《尚书》以来,不仅为一般人所理解和接受,而且检北宋版《通典》亦作"狱成"。[唐]杜佑:《北宋版通典》(第7卷),[日]长泽规矩也、[日]尾崎康校订,韩升译订,上海人民出版社2007年版,第186、188、206、255、312页。再查爱如生中国基本古籍库,可知有众多版本可以印证。如清嘉庆二十年(1815年)南昌府学重刊宋本十三经注疏本的《附释音尚书注疏》卷19,《监本附音春秋公羊注疏·隐

---

① 陈晓枫:《决狱平,平于什么?》,载陈晓枫主编:《中国传统司法理念与司法文明》,武汉大学出版社2017年版。

公》卷1,《附释音周礼注疏》卷4、35、36,《附释音礼记注疏》卷13、20;四库丛刊的景宋本《尚书》卷12,《礼记》卷4、6,《翰苑集·唐陆宣公集·请不簿录窦参庄宅状》,明翻宋岳氏本《周礼》卷1,景明翻宋本《孔子家语》卷7;四库丛刊三编景宋本《故唐律疏议》;百衲本景宋绍熙刻本《后汉书·张酺传》《仲长统传》;民国景宋本《白氏六帖事类集》;宋刻本《端明集·莆阳居士蔡公文集·耿谏议传》,《后山集·后山居士文集》卷14;宋绍定刻本《宋九朝编年备要·皇朝编年备要》卷9、19、20、26;清景宋钞本《夷坚支志》景卷1、卷10,庚卷1、卷3,癸卷5等宋刻本(或以宋刻本为祖本者),均作"狱成"。"狱成"一词在出土资料方面亦获印证,如新出清华简(玖)《成人》篇与《吕刑》文义多有相通,其"狱成"一词出现三次,曰"狱成而输,典狱时惠"(简19),"狱成有几,日求厥审"(简22),"狱成有耻,勿以不刑"(简23)。参见黄德宽主编:《清华大学藏战国竹简(玖)》,中西书局2019年版,第155页。而"狱诚"用法未见,"狱理是诚"仅此一见,殊难理解,或许传刻讹误也未必可知。故这一改动未必合理,宜从旧版,不应从新版作"诚"。

退一步说,即使新版依照百衲本的原文,至少应出校勘记以说明这一独特现象。

(二)值得商榷、改进的标点符号

1.《法例律》:"五等列爵及在[《]官品令[》]从第五,以阶当刑二岁。"(旧版第2879页;新版第3135页)前文对"官品令"加书名号,与法典篇名,以及既有的"狱官令"篇名("谨按《狱官令》",旧版第2878页;新版第3135页)的处理方式相一致。但后文:"案诸州中正,亦非品令所载"(旧版第2886页;新版第3142页),"品令"即"官品令",故又存在狱官令、官品令与品令的书名号不一致问题,"品令"应加书名号。

《官品令》：北魏令的篇名之一，源于曹魏九品中正制，北魏道武帝时期就采用此制度。内田氏指出：这里的《官品令》，就是高祖孝文帝太和十九年（495 年）撰次的《品令》。（内田氏：《译注》，第 216 页）据《魏书·高祖纪》载，太和十九年"十有二月乙未朔，引见群臣于光极堂，宣示品令，为大选之始。"《资治通鉴》胡三省注："品令，九品之令也。大选者，谓将大选群臣也。"可见品令即官品令，对此，《本纪》《刑罚志》均应加书名号。

北魏令篇名无考，除官品令，仅见狱官令。（沈家本：《历代刑法考·律令三》，第 913 页。[日]浅井虎夫：《中国法典编纂沿革史》，中国政法大学出版社 2007 年版，第 62—63 页）程树德则将其分为品令、职令和狱官令。（氏著：《九朝律考·后魏律考下》"魏令"条，第 391—392 页）

2. 河东郡民李怜生行毒药，案以死坐……检籍不谬，未及判申，怜母身丧……且怜既怀酖毒之心，谓不可参邻人伍。（旧版第 2885 页；新版第 3141 页。此处的人名号依中华版）

内田氏断句在李怜，并说明后文"生"字，《通典》卷 167、《册府元龟》卷 615 作"坐"，今从此。（内田氏：《译注》，第 237 页）这个句读，以及"坐行毒药"的解释非常正确！后文"怜母身丧""且怜既怀酖毒之心"等两处亦明言"（李）怜"，可以旁证。尽管旧版校勘记十四、新版校勘记二八，均注意到李怜生之"生"作"坐"的关系"疑是"，但仍采用保守处理，无论旧版或新版均将"李怜生"或"（李）怜"标示人名线，然前者"李怜生"之名应有误，至少不妥。而高氏"今译"时三者均谓"李怜生"（《注译》，第 174 页）；谢氏从中华版标注人名，今译时亦将三者均谓"李怜生"。（《注译》，第 397—398 页）不知何故，这两个注释本均未察觉其异。

3. 应该加顿号区分而未区分的。正如前揭新版"自非大逆、手杀人者"中间所加那个顿号以示区隔是合适的，那么，类似情形就应一致处理。

但如下引标有下划线的情形,新版应加顿号区隔而没有,似有待改进。

尚书、江阳王继等奏曰:"臣等闻王者继天子物,为民父母,导之以德化,齐之以刑法,小大必以情,哀矜而勿喜,务于<u>三讯五听</u>,不以木石定狱……非<u>大逆外叛</u>之罪,皆不大枷、高杻、重械,又无用石之文……进乖五听,退违令文……以拟<u>大逆外叛</u>。"(旧版第 2878—2879 页;新版第 3135 页)

诏议律之制,<u>与八坐门下参论</u>。(旧版第 2879 页;新版第 3136 页)

4. 帝恶其若此,故一切禁之,酿、<u>沽饮</u>皆斩之,吉凶宾亲,则开禁,有日程。(旧版第 2875 页;新版第 3131 页)

"酿、沽饮皆斩之",内田氏句读为"酿沽饮皆斩之",译为:造酒、卖酒或者饮酒,均处斩刑。(参见内田氏:《注译》,第 200 页)高氏、谢氏句读同中华版,但译为:酿酒、买卖酒和饮酒的全都处斩。(高氏:《注译》,第 152 页;谢氏:《注译》,第 343 页)

酿,酿酒;沽,商贩,与"酤"通,指在市场上卖买酒①;饮,饮酒。酿、酤、饮为酒禁的三种行为,《通典·刑法八·峻酷》(王文锦等点校,中华书局 1988 年版)正作"酿、酤、饮斩",故此处似句读为"酿、沽、饮,皆斩之"更合适。

(三)因刑罚制度理解上的错误引发句读错误

最成问题的是对神麚律"分大辟为二科死斩死入绞"(旧版第 2874 页;新版第 3130 页。注 122)的认识,事关中古五刑体系形成史,尤需认

---

① 《睡虎地秦墓竹简·秦律十八种·田律》:"百姓居田舍者,毋敢酤(酤)酉(酒),田嗇夫、部佐谨禁御之,有不从令者有罪。田律。"(简 12)又《岳麓书院藏秦简》:田律曰:"黔首居田舍者,毋敢酤(酤)酒,有不从令者迁之。田嗇夫、工吏、吏部弗得,赀二甲。·第乙"(0993)转引自陈松长:《岳麓书院所藏秦简综述》,《文物》2009 年第 3 期。

真对待。新旧版均因理解差异而引发句读的错误。总结目前的句读，有
以下几种：

世祖即位，以刑禁重，神麚中，诏司徒崔浩定律令。除五岁四岁刑，增
一年刑。

①分大辟为二科死，斩死，入绞。（旧版、高氏、谢氏）

②分大辟为二科：死，斩；死，入绞。（新版）

③分大辟为二，科死斩死入绞。（程树德）

④分大辟为二科，死斩，死入绞。（布目氏、内田氏、冨谷氏）

⑤分大辟为二科：死、斩，死入绞。（笔者）

对"分大辟为二科死斩死入绞"这句话，旧版、高氏、谢氏皆从①句
读，高氏翻译为"死刑分为两种处死，砍杀，绞死"；谢氏翻译为"死刑分为
两种行刑方式，一为斩首，一为绞死。"（高氏：《注译》，第 148—149 页；谢
氏：《注译》，第 334 页）新版从②句读，把"死"作为"大辟"的代称，故句
读为：分大辟为二科：死，斩；死，入绞。认为"死"是总例，二科死，指正式
入刑的死法斩、绞，即"判处死刑，处斩；判处死刑，处以绞刑。"采取这两
种方式，以明轻重。但作为"分大辟为二科"之后总例的"死"似乎多余的
说明，未必符合当时情况。程树德或句读为"分大辟为二，科死斩死入
绞"；或为"分大辟为二，科死斩死，入绞"。（分别见氏著：《九朝律考·后
魏律考上》，中华书局 1963 年版，"魏数次改定律令"条，第 346 页；"死
刑"条，第 361 页。当然，程著原无标点，中华书局版的标点是后来加上，
未必是程氏意见，但可反映标点者的意见。）程氏句读难以通读。相对于
此，布目氏、内田氏、冨谷至句读为"分大辟为二科，死斩，死入绞"，翻译
为"分大辟为二种，即'死'与'斩'。处'死'时用绞刑"。（［日］布目潮
沨：《唐律研究（一）》，《立命馆文学》163 号，1958 年，后收入《布目潮沨
中国史论集（上卷）》，汲古书院 2003 年版，第 240 页；内田氏：《译注》，第

194 页;冨谷至:《汉唐法制史研究》,创文社 2016 年版,第 241 页)

按:内田氏等的句读之意可从,可完善句读为:"分大辟为二科:死、斩,死入绞。"分大辟为二科,即死、斩二等。其中斩仍旧,无需说明;死采用绞刑(入绞)执行,因为它是北魏胡汉融合新出现的刑罚,隋唐绞斩二等死刑起源于北魏(前揭布目潮沨:《唐律研究(一)》),特予说明。

再往后看,元魏之律文仍作"大辟"而不作"死(刑、罪)"×××条,如正平元年(451 年)律"大辟一四五条"、太安年间(455—459 年)律"大辟三五条"、太和五年(481 年)律"大辟二三五条"等,可推知这么多条的"大辟"罪,均分为死、斩二科处罚。而把"大辟"作为死刑总称,不仅上古五刑如此,后代也仍有沿用的。如此前的《汉书·刑法志》"大辟四百九条,千八百八十二事";《唐六典·尚书刑部》说魏律"依古义,制为五刑,其大辟有三";晋律"其刑名之制,大辟之刑有三:一曰枭,二曰斩,三曰弃市。"《通典·刑法二·刑制中》记载元魏正平元年改定律制,"凡三百七十条,门房之诛四,大辟百四十五,刑二百二十一。"此后的《唐会要·定格令》记载贞观律"[减]大辟者九十二条",《旧唐书·刑法志》"比隋代旧律,减大辟者九十二条",《新唐书·刑法志》"玄龄等遂与法司增损隋律,降大辟为流者九十二"等,皆是。而"死"若作为总例,为何不如后世之律径称"死刑二(或分死为二科):绞、斩"? 如此理解的"死"不与前面的"大辟"重复而显赘字? 尤其绞斩二等之"绞"写作"入绞",不符合律文刑种刑等之"绞"的名目,且与"故事,斩者皆裸形伏质,入死者绞"等法律抵牾。

在北魏律的条文中,"死"作为一种法定刑的名称已出现。如本志前文云:"当死者,听其家献金马以赎;犯大逆者,亲族男女无少长皆斩;男女不以礼交皆死"。冨谷至认为,道武帝之前的拓跋部建国时期的法令中"犯大逆者,亲族男女无少长皆斩"的"斩"与"男女不以礼交皆死"的"死",分别相当于本志后文世祖神䴥四年(431 年)"诏司徒崔浩定律令……分大辟为二科：死斩，死入绞"的"斩"与"死"，即斩首与绞杀。（参见富谷至：《汉唐法制史研究》，创文社 2016 年版，第 246 页）后文云："案《盗律》'掠人、掠卖人、和卖人为奴婢者，死'。回故买羊皮女谋以转卖，依律处绞刑。"又云："案《贼律》云：'谋杀人而发觉者流，从者五岁刑；已伤及杀而还苏者死，从者流；已杀者斩，从而加功者死，不加者流。'"又云："诸强盗杀人者，首从皆斩，妻子同籍，配为乐户；其不杀人，及赃不满五匹，魁首斩，从者死，妻子亦为乐户。"《魏书·定安王传》："御史中丞侯刚案以不道，处死，绞刑，会赦免"。可见，"死"的执行方法是"绞"。本志后文就孝文帝时期的情况云："故事，斩者皆裸形伏质，入死者绞，虽有律，未之行也……司徒元丕等奏言："臣等谨议，大逆及贼各弃市袒斩，盗及吏受赇各绞刑，蹭诸甸师。"又诏曰：'……今犯法至死，同入斩刑……'"

　　据此可知：首先，此处的"斩"与"死"并列，都是"大辟"的二科之一，新版的"死"并不等同于"大辟"，不是"总例"，故其句读不可取。其次，各个条文中分别有"死"的法定刑以外，北魏律中似乎还有"死"处以绞刑的总括性规定。再次，"死"是法定刑，"绞"是"死"的执行方法。最后，虽然当时律中有"入死者绞"的规定，但有时实施，如"御史中丞侯刚案以不道，处死，绞刑"《魏书·奚康生传》的"亦就市绞刑"；有时未实施，"死"亦以斩刑处理。

附录四　相关阶段性成果一览

1.《〈魏书·刑罚志〉译注札记》,载《中国古代法律文献研究》第 14 辑,社科文献出版社 2020 年版,第 62—77 页。

2.《〈魏书·刑罚志〉点校问题评议》,《古籍整理研究学刊》2020 年第 6 期。

3.《托古改制与破旧立新之间的法理言说》,《原道》第 39 辑,2020 年 12 月。

4.《论中国传统法律中的佛教影响》,《厦门大学学报》2020 年第 6 期。

5.《论汉隋间法律文明的转型》,《法律科学》2021 年第 2 期。

6.《北朝胡汉融合视域下中古"五刑"刑罚体系形成史新论——兼评冨谷至〈汉唐法制史研究〉》,《学术月刊》2021 年第 3 期。

7.《冨谷至〈汉唐法制史研究〉介评》,载《唐研究》第 26 辑,北大出版社 2021 年版,第 559—571 页。

8.《论佛教对中国传统法律语言的影响》,《现代法治研究》2021 年第 3 期。

9.《论佛教对中国传统法律思想的影响》,《清华法学》2022 年第 1 期。

责任编辑:张　立

图书在版编目(CIP)数据

《魏书·刑罚志》译注/周东平 主编. —北京:人民出版社,2023.10
(国家社科基金后期资助项目)
ISBN 978－7－01－025267－4

Ⅰ.①魏…　Ⅱ.①周…　Ⅲ.①《魏书》-译文②魏书-注释　Ⅳ.①K239.21

中国版本图书馆 CIP 数据核字(2022)第 216802 号

《魏书·刑罚志》译注
WEISHU XINGFAZHI YIZHU

周东平　主编

人民出版社 出版发行
(100706　北京市东城区隆福寺街 99 号)

北京中科印刷有限公司印刷　新华书店经销

2023 年 10 月第 1 版　2023 年 10 月北京第 1 次印刷
开本:710 毫米×1000 毫米 1/16　印张:19
字数:245 千字

ISBN 978－7－01－025267－4　定价:98.00 元

邮购地址 100706　北京市东城区隆福寺街 99 号
人民东方图书销售中心　电话 (010)65250042　65289539